KB062800

1퍼센트의
부자들과
99퍼센트의
우리들

The Rich and the Rest of Us

by Tavis Smiley and Cornel West

Copyright © 2012 by Tavis Smily and Cornel West

Originally published in 2012 by SmileyBooks

All rights reserved.

Korean translation rights © 2014 Sodam&Taeil Publishing Co., Ltd.

Korean translation rights are arranged with Hay House UK Ltd. through Amo Agency Korea.

Tune into Hay House broadcasting at: www.hayhouseradio.com

1퍼센트의 부자들과
99퍼센트의 우리들

펴 낸 날 | 2014년 4월 18일 초판 1쇄

지 은 이 | 태비스 스마일리, 코넬 웨스트
옮 긴 이 | 허수연
펴 낸 이 | 이태권
펴 낸 곳 | (주)태일소담
　　　　　서울시 성북구 성북동 178-2 (우)136-020
　　　　　전화 | 745-8566~7　팩스 | 747-3238
　　　　　e-mail | sodam@dreamsodam.co.kr
　　　　　등록번호 | 제2-42호(1979년 11월 14일)
　　　　　홈페이지 | www.dreamsodam.co.kr

ISBN 978-89-7381-775-7　03300

이 도서의 국립중앙도서관 출판시도서목록(CIP)은 서지정보유통지원시스템 홈페이지
(http://seoji.nl.go.kr)와 국가자료공동목록시스템(http://www.nl.go.kr/kolisnet)에서
이용하실 수 있습니다.(CIP제어번호: CIP2014009601)

- 책값은 뒤표지에 있습니다.
- 잘못된 책은 구입하신 곳에서 교환해드립니다.

1퍼센트의
부자들과
99퍼센트의
우리들

태비스 스마일리,
코넬 웨스트 지음
허수연 옮김

소담출판사

×××
서문
×××

만약 우리가 자기 것을 손에 쥔 채로 우리보다 뒤처진 사람들을 위해 돈과 시간을 포함한 어떤 노력도 기울일 필요가 없다고 생각한다면, 우리는 쓰러져가는 사회가 떠안은 문제 자체이지, 그 해답을 가진 자들이 아니다.
– 메리언 라이트 에덜먼*

우리가 함께한 이번 여정이 어찌나 평화롭고 매끄럽게 진행되었던지 지금도 우리는 깜짝 놀란다. 교육 현장에 종사하는 철학자와 공공 언론의 무대를 이끄는 방송인이 한마음 한뜻이 되어, 우리 둘의 영웅인 마틴 루서 킹 목사가 아주 적절히 표현했듯이, '진짜로 중요한 것들'에 대한 사람들의 의식을 끌어올리기 위해 온 힘을 쏟는 것은 극히 드문 일이다.

같이 수천 킬로미터를 여행하면서 대중매체를 상대로 무수한 인터뷰를 했다. 우리는 수많은 가정집의 문을 두드렸고 지역사회 구석구석

---

* 미국 미시시피 주 최초의 흑인 여성 변호사, 아동보호기금 설립자, 아동인권운동가.

을 돌아봤으며, 각 지역의 주요 기관장들과 집회를 열어 연설하기도 했
다. 그리고 이제는 우리에게 정말로 중요한 주제를 놓고 함께 힘을 합쳐
한 권의 책을 쓰고자 한다.

우리는 미국 내 빈곤이 참으로 걱정스럽다. 빈곤 문제는 우리 삶뿐
아니라, 우리의 사명과도 같은 구제 활동의 활발한 진행, 진보 사상가로
서 우리가 마땅히 해야 할 일에 커다란 영향을 끼치고 있기 때문이다.

내겐 소중한 친동생과도 같은 태비스에게 가난은 추상적인 개념이
아니라, 어린 시절 그 자체이다. 어릴 적 그는 가난을 이해하기 위해서
낙후한 흑인 빈민가나 중남미 이민자들의 집단 거주지, 슬럼 등을 떠올
릴 필요가 없었다. 열 명의 형제들 중 맏이였던 태비스는 인디애나 주 벙
커힐에 위치한 어느 이동 주택 주차장에서 대부분 가난한 백인들과 이
웃하며 살았다. 저임금으로 고달프면서도 먹고살기 위해 기를 썼던 그
의 부모, 에모리와 조이스 스마일리 부부는 태비스의 할머니인 빅 마마
와 함께 열세 명이 살기에는 너무나 비좁은 이동 주택에서 펜테코스트
파Pentecost*의 교리를 엄격히 따르며 살림을 꾸렸다. 태비스의 이모가
살해된 후에는 그녀의 네 명의 자식들도 스마일리 가족과 같이 살았다.
누군가 오랫동안 입고 물려준 낡은 헌 옷에 구멍 난 밑창을 두꺼운 판지
로 틀어막은 신발을 신고 등교하면서 느꼈던 그때의 창피함을 태비스는
지금도 고스란히 기억하고 있다. 오래전 그의 마음속에 새겨진 가난의
흔적은 오늘날 그가 이룬 성공으로도 지워지지 않았고 어쩌면 그대로

---

* 성령의 힘을 강조하는 기독교 종파.

영영 남을지도 모른다.

철학자이자 프린스턴 대학의 교수인 내 오랜 친구, 코넬 웨스트에게 가난은 지극히 중요한 문제이다. 미 정부 소속 건설 청부업자였던 그의 아버지, 클리프턴 L. 웨스트 주니어와 교사 출신의 선구적인 학교장이었던 어머니, 아이린 B. 웨스트는 초기 시민평등권운동에 적극적으로 참여했던 분들이다. 코넬 웨스트는 자신의 성장기에 관한 이야기를 할 때, "맬컴 엑스가 보여준 진정한 흑인의 투지, 흑표당The Black Panther Party*의 완강한 저항 정신, 그리고 제임스 H. 콘의 흑인 신학에 영감을 받았다"라고 자주 말했다. 캘리포니아 주 새크라멘토에 있는 존F.케네디 고등학교 총학생회장으로 활동하면서 그는 본인의 학교와 지역 내 많은 학교들을 상대로 흑인 연구 강좌를 요구하는 집회들을 주최했을 뿐 아니라, 시민평등권을 외치는 시위에 참여하여 가두 행진을 벌이기도 했다. 그는 어렸을 때부터 줄곧 인종적, 사회적 정의를 위한 투사와 다름없었다. 그는 흑인 침례교의 전통과 음악을 중심으로 언제나 미국을 포함한 전 세계의 가난에 맞서 싸워왔다.

마틴 루서 킹 목사에게 가난이 중요했기 때문에 우리에게도 가난은 무척 중요하다. 우리가 하는 일과 주장은 킹 목사의 다음과 같은 말에 영감을 받았다.

"나는 혜택받지 못한 자들과 하나 될 것을 결심합니다, 나는 가난한

---

*   1965년 결성된 미국의 급진적인 흑인 무장 운동 단체.

자들과 하나 될 것을 결심합니다, 나는 굶주린 자들을 위해 내 일생을 바칠 것을 결심합니다, 나는 따듯한 햇살과도 같은 기회를 애초에 부여받지 못한 자들을 위해 내 일생을 바칠 것을 결심합니다.”

우리가 말하는 가난 종식은 1968년 4월 4일 죽기 전까지 평생을 가난과 맞서 싸웠던 킹 목사의 유언에 깊이 뿌리를 두고 있다. 킹 목사의 생애 마지막 여정, 최후의 사명이 좀 더 나은 임금과 단체교섭권, 더욱 안전한 근로 환경을 위해 싸우던 멤피스의 가난한 환경미화원들을 찾아가 그 옆에 서는 것이었다는 사실을 우리는 잊어서는 안 된다. 킹 목사의 마지막 투쟁들은 가난의 뿌리를 뽑는 일과 관계가 깊었다.

2011년, 우리는 미국 공영라디오방송 PRI를 통해 주 1회 나가는 〈스마일리&웨스트〉를 시작했고 이 프로그램은 우리 둘이 나눈 대화나 논의의 내용을 공공 라디오방송으로 내보낼 수 있는 기회가 되었다. 우리가 생각해낸 구체적인 구성 방식은 동네 찻집이나 칵테일파티, 이발소와 미용실에서 쉽게 들을 수 있는 이야기처럼 일반인들의 실제 대화를 활용하는 것이었다. 그러한 목적을 가지고 ‘그들에게 따집시다’라는 코너를 마련했다. 이 시간만큼은 진행자와 청취자의 평범한 관계를 벗어나서 청취자들이 전화를 걸어 우리에게 질문을 던지고 우리가 추구하는 생각이나 사안, 행동 방침에 이의를 제기할 수 있도록 했다.

이디스는 ‘그들에게 따집시다’에 전화를 걸어서 빈곤에 관한 우리의 태도에 이의를 제기한 청취자들 중의 한 사람이었다. 그녀는 우리가 가난에 대해 설교하고 불평하는 것을 들었다. 또 우리가 느끼기에 가난 문제를 악화시키고 있거나 그것과 관련한 조치와 언급을 피하고 있는 정치인들과 다른 사회 지도자들의 행태를 우리가 꼬집어 말하는 것도 그녀는 다 들었다.

이디스가 우리에게 물었다.

"그렇다면 당신 두 사람은 그 문제와 관련해서 무슨 일을 할 준비가 되어 있나요?"

그 질문은 화살처럼 날아와 우리 가슴에 꽂혔다. 우리는 진지하게 자문했다. 철학자와 방송인이 가난에 대해 더 할 수 있는 일이 무엇일까? 해답은 참으로 간단했다. 우리가 하고 있는 일에 최선을 다하는 것, 즉 누구나 참여할 수 있는 대화의 창을 활용해서 의식을 끌어올리고 빈곤 문제를 국가 주요 현안으로 제기하는 것이었다.

열정에 불이 붙으면서 '빈곤층 순방: 양심에 외치다'를 시작하기로 우리는 결심을 굳혔다. 그리고 2011년 8월 6일부터 버스를 타고 18개 도시를 돌면서 인종과 종교에 상관하지 않고 가난한 모든 미국인들의 고단한 삶을 조명해보자고 계획을 세웠다.

우리가 빈곤을 중요한 국가적 문제로 제기한 것을 두고 그해 내내 많은 주요 언론기관들이 우리를 치켜세웠지만 우리는 영웅이 되고자 한 게 아니었다. 우리의 목적은 빈곤 문제를 사람들이 현실적으로 느낄 수 있도록 해서 이 심각한 경기 침체의 늪에서 빈곤층과 유사 빈곤층, 신빈곤층이 등한시되거나 보이지 않는 존재로 전락하지 않게끔 하는 것이었다. 지금처럼 중요한 시점에서 미국 내 빈곤의 새로운 양상이 국가 경제 체제에 따라 수십 년간 계속된 부의 불균등과 어떤 관계에 놓여 있는지 이해하지 못하는 경우가 허다했다. 대침체와 잇따른 주택 압류 사태는 빙산의 일각에 불과하다. 더 많은 일을 하려면 더 많이, 즉 진실에 대해 더 많이 알아야 한다고 우리는 믿는다.

참전 용사를 비롯해서 전직 공장 노동자와 판매 직원 및 공사 현장 인부, 싱글맘, 부부, 아버지, 청소년에 이르기까지 정말 많은 사람들이 답답한 자신의 속내를 털어놓고 싶어 했고 이것은 우리가 듣고자 했던 이야기들과 꼭 맞아떨어졌다. 우리가 탄 순방 버스를 보고 사람들은 다양한 반응을 보였다. 반갑게 맞이하고 고마워하는 이들이 있는가 하면, 적대적인 태도로 손팻말을 들고 시위를 하는 이들도 있었다. 우리가 기대했던 대로였다. 디트로이트의 어느 시위대 무리는 우리 순방의 유일한 목적이 버락 H. 오바마 대통령을 맹비난하려는 것이라고 주장했다.

솔직히 말해서, 대통령과 다른 고위층 인사들이 공개 담론 자리에서 '가난'이나 '빈곤'이라는 단어를 간단히 언급만 해주었어도 훨씬 좋았을 것이다. 하지만 그런 언급 대신 우리 주변은 정치적 문제들과 관련하여 멋지고 인상적인 문구들만 넘쳐났을 뿐, 미국 내 빈곤에 관련해선 믿을 수 없는 공공 정책만 남발되고 있었다. 많은 공화당 쪽 비평가들은 우리가 달리 믿어주길 바라겠지만 어쨌거나 오바마 대통령이 지금의 대침체나 빈곤을 야기하진 않았다. 아무리 미국의 대통령이라도 그런 일을 할 수 있을 만큼 막강하지 못하다.

우리는 순방 일정을 끝낸 후, 그간에 있었던 일들을 간추려서 미국 공영방송 PBS의 심야 텔레비전 토크쇼인 〈태비스 스마일리〉의 특별 기획으로 일주일간 방송을 내보냈다. 시청자들의 반응은 무척 긍정적이었지만 오히려 우리는 빈곤의 복잡한 양상을 제대로 깊이 있게 살피지 못했다는 생각에 괴로웠다. 특정 정치인들이 몹시 무정하고 노골적으로 빈민들을 폄하할 때마다 우리의 마음은 더더욱 무거워졌다. 선전용 멋진 구호 경쟁을 떠나서, 부와 특혜를 누리는 순탄한 삶이 보장된 이 고위직 후보자들은 가난이나 빈민에 대해 아무것도 모르는 듯하다. 중산층에 관심을 가져야 한다고 주장하는 것으로 보아, 그들은 아직도 중요한 사항 하나를 놓치고 있는 듯하다. 오늘의 신빈곤층은 바로 어제의 중산층이었다.

이 중요한 대화를 계속 이어가기 위해서 우리는 미국 내 최고 지성인들 몇몇을 모아 세계에서 가장 잘산다는 미국에서 왜 빈민이 증가하는지, 그 난제를 분석해보기로 결심했다. 이러한 우리의 뜻이 힘을 발휘하여 2012년 1월 12일 워싱턴 D.C.에 위치한 조지워싱턴 대학교에서 '미국 재건하기: 빈곤에서 번영으로'라는 주제로 심포지엄이 열렸다. C-SPAN*을 통해 생중계되었던 그날 행사에 참으로 특별한 선구자적 사상가들이 자리를 함께해주었다. 생활 경제 전문가 수지 오먼, 영화감독 마이클 무어, 정치 활동가 바버라 에런라이크, 경제 자문가 마조라 카터, 지역 경제개발을 위한 인사이트 센터 회장 로저 A. 클레이 주니어, 기아 구호 자선단체 '피딩아메리카' 회장 비키 B. 에스카라.

심포지엄에 관한 자세한 일정을 조정하던 중에, 우리는 출판사로부터 연락을 받았다. 우리가 빈곤층 순방을 통해서 보고 듣고 경험한 바를 책으로 써보면 어떻겠느냐는 것이었다. 비록 우리가 처음부터 계획했던 일은 아니지만 그 제의는 상당히 마음에 와 닿았다. 당시 우리는 빈곤에 관한 매스컴의 보도에 매우 심란하고 실망한 상태였다. 다들 미국의 뱅스터bankster** 및 주택 압류 관련 구제금융으로 한층 심화된 실업 문제에

---

*   정부 활동과 공공 사안을 다루는 미국 연방의회 실시간 중계 방송국.
**   은행bank과 집단 강도gangster의 합성어로 월스트리트 은행가들이 마치 폭력배처럼 국민의 돈을 강탈했음을 꼬집는 신조어.

만 초점을 두는 것 같았다. 하지만 그런 이야기는 무척 근시안적일 뿐 아니라, 마치 경기만 다시 살아나면 지금 우리의 문제들은 자동으로 해결될 거라는 인상을 풍겼다. 분명히 말하지만 우리가 미국 전역을 돌면서 목격한 것들은 약간의 경기 상승이나 회복으로는 결코 해결되지 않는다. 경제 회복은 미국 내 깊게 뿌리내린 빈익빈 부익부라는 문제 상황을 재구성하지 못한다.

우리는 순방을 하면서 가난의 여러 양상을 확인했을 뿐 아니라, 역사적 유산으로서의 가난이 어떻게 진화해왔는지 보게 되었다. 지금의 가난은 이번 대침체의 의붓자식과 같은 존재가 아니다. 지금의 가난은 오래전부터 미국 땅에 존재한 가난이다. 때로는 이 나라가 가난에 용감히 맞서기도 했지만, 대개는 두려움과 비난 속에 뒷걸음질하기 일쑤였다.

대침체에 뒤이어, 미국의 상위 1퍼센트 부자가 나라 전체 자산의 42퍼센트를 통제한다는 충격적인 사실도 드러났다. 탐욕이 관례처럼 제도화되어 이 나라 구조 구석구석과 얽히고설켜 있음을 역사라는 렌즈를 통해서 우리는 이해하게 되었다. 어쩌면 누군가는 미국이 국가이기 이전에 기업이라고 주장할지도 모르겠다.

우리는 빈곤층 순방을 진행하면서 경기 침체 전부터 하루 벌어 하루 먹고살아온 사람들을 많이 만났다. 화려한 중산층에서 침울한 가난의 나락에 어쩌나 빨리 떨어지는지, 이들이 애초에 진짜 중산층이었나 의심도 들었다. 실제로 어떤 경제학자들은 미국 내 중산층이 수십 년 전에 그야말로 증발하듯 사라져버렸다고 주장한다. 어쨌거나 본인은 현재 가난의 나락에 빠져 있으면서도 각 세대는 부모와 조부모 세대보다 더 나은 삶을 살게 되었다고 굳게 믿음으로써 중산층으로서의 옛 정체성을 고집하는 경우를 우리는 자주 보았다. 거실에 떡하니 자리한 대형 텔레비전이 미국인들에게 무슨 짓을 하는지 여실히 보여주는 대목이지 않을까?

우리는 이 근거 없는 믿음의 피해자들을 만났다. 그리고 놀랍게도 균형추처럼 작용하는 삶의 원리를 발견했다. 가난하게 자란 사람들은 커서 성공을 이뤘다 하더라도 다시 가난해질까 두려운 마음에 항상 시달린다. 미국에서 성공하겠다는 수백만 명의 아메리칸드림이 수십 년 만에 악몽으로 바뀌면서 사람들은 엄청난 충격에 빠졌고 간신히 먹고살기 위해 몸부림쳐야 하는 지경에 이르렀다. 지금 침울하게 가라앉은 나라는 한때 블루스를 지어 부르며 고단한 삶을 지탱했던 무리의 지혜를 배워야 한다. 그렇지 않으면 오래 버티지 못할 수도 있다.

우리한테 남은 건 갑자기 졸아버린 아메리칸드림으로 맥이 풀리고 눈만 휘둥그레진 세대의 지나간 추억뿐이다. 10년 전만 하더라도 미국인들은 돈 많은 유명 인사들처럼 살고 싶은 욕망을 어떤 식으로든 채울 수가 있었다. 다시 이야기하지만 오늘날의 가난은 21세기의 자연스러운 현상이 아니다.

역사를 지표로 삼으니, 아메리칸드림이 쇼핑몰에서 벌어지는 모험처럼 변하면서 미국인들이 신용카드와 쇼핑몰 탐색에 빠지기 시작한 시점을 알 수 있었다. 맨 앞줄을 차지하려고 추운 밤 주차장에 진을 치고 상점이 문을 열기를 기다리거나 당일 특별 할인 판매되는 물품을 집으려고 북새통에 끼어드는 일이 한때는 전혀 문제 되지 않는 듯했다. 하지만 내심 우리는 텔레비전에서 보는 것처럼 살 수 없다는 사실을 알고 있었다. 한도가 무한한 신용카드로 무장하고 소비를 반복하도록 세뇌당한 로봇처럼 우리는 환상의 세계를 현실에서 찾고자 했다. 자, 이제 실속 없이 덩치만 컸던, 우리의 슈퍼 사이즈 야망들에서 거품이 빠졌다.

신빈곤층은 예전에 자신이 무시했던 사람들 속에 한데 섞여 복지 사무소나 무료 급식을 제공하는 푸드뱅크, 중고품 할인 상점 등을 서성인다. 자기가 뽑아준 정치인들이 그간의 국가적 재정 지원 혜택들을 도리어 없애고 빈곤층의 사회 안전망을 파기하는 것을 자랑삼아 떠드는 동안, 과거 중산층이었던 이들은 자신이 처한 모순적인 상황의 앞뒤를 맞춰보려고 애쓴다. 지금의 내 처지는 일시적인 거다, 어쨌거나 이번 정치판은 지난번보다 훨씬 낫다는 믿음을 고집하면서 말이다.

이번 저번 따질 필요 없이 다 똑같다는 사실을 어떻게 해야 이해시킬 수 있을까? 국가의 사회 안전망에 싹둑 가위질로 뻥 뚫린 구멍 속으로 너무나 많은 사람들이 빠지고 있다. 소득 불균형은 현실이다. 가진 게 많은 자와 적은 자 사이에는 제도적인 구분이 존재한다. 그래서 이제는 부자들과 나머지 우리로 나뉘는 것이다.

현재 미국은 대단히 중요한 갈림길에 서 있다. 가난과 빈곤층 문제를 과거와 달리 어떻게 새롭게 이해할 것이며, 해결 방안은 무엇인지 찾아내려는 야심 찬 포부에 사로잡혀 있기도 하다. 이 책은 세계 곳곳에서 동요가 일고 있음을 확인해주는 자료와 같다. 이러한 동요는 변명의 여지가 없는 사실이다. 도덕적 유린이라는 쓰나미가 휩쓸고 지나간 5대륙 82개국의 저항 정신을 보여주는 최근의 예가 바로 월스트리트 시위운동이다.

미국인 둘 중 하나는 빈곤층이거나 빈민에 가까운 상황에서 인종에 관계없이 모든 사람들이 극소수의 최고 갑부층의 노골적인 탐욕에 나날이 지쳐가는데, 그 탐욕자들은 경제를 도랑도 아닌 벼랑 끝으로 계속 몰아갔다. 바닥에 쓰러진 만신창이 빈민들이 부유하고 권력 있는 정치적 특사들의 최면술에서 이제 조금씩 깨어나고 있다. 너무나 오랫동안 미국 내 경제적 불평등의 현실이 탐욕에 가려져 있었기 때문에, 불공평한 과세 제도 안에서 부유층이 나머지 모두의 희생으로 이득을 챙겨왔기 때문에, 우리 정치 구조가 제 기능을 다하지 못하고 탐욕과 도덕적 타락에 입을 다물어버렸기 때문에 빈곤층의 반격이 시작된 셈이다.

진정한 민주주의는 공동의 이익에 집중한다. 공리를 보호하고 시민을 지키는 것, 특히 약자와 취약 계층을 살피는 것이 진정한 민주주의가 할 일이다. 연민의 정과 공공 서비스에 대한 확실한 의식 없이는 어떤 민주주의도 존속할 수 없다고 우리는 주장한다. 미국 내 부의 불균등 정도는 이미 손을 쓸 수 없는 지경에 이르렀고 우리 주변에서 남을 불쌍히 여기는 마음은 찾아보기가 힘들다. 미국 민주주의의 미래가 바로 이런 것들에 달려 있는데 참으로 큰일이다. 조금도 과장이 아니다.

이 책은 미국 빈곤층의 현실을 묵살하고 비하하고 부정하기에 탐닉하는 신자유주의 옹호자들과 보수적인 우파 인사들, 기업의 꼭두각시 미디어들과 대조를 이룬다. 이제 가난은 공개적인 비방의 표적이 되기 쉬운 피부색이 까만 사람, 빨간 사람, 갈색인 사람들만의 문제가 아니다. 빈곤 아동의 수는 나날이 늘어 이젠 수치스러울 정도이고 빈곤 문제는 모든 인종에 두루 걸쳐 우리 도시와 교외, 지역 공동체에 대책 없이 널리 퍼져 있다. 가난은 더 이상 특정 계층이나 인종에 국한된 문제가 아니다. 막무가내로 덤벼드는 치명적인 바이러스처럼 가난은 상대를 가리지 않는다.

빈곤층 순방을 통해서 우리는 특히 실업자와 자기 능력 이하의 직업에 종사하는 근로자를 포함한 모든 미국인의 존엄성과 인간애를 다시금 확인했다. 만약 킹 목사가 살아 있었다면, 지금도 그는 불굴의 선지자다운 목소리로 동료 시민들을 공정하게 대우하고자 하는 우리의 의지가 부족함을 깨우쳐주었을 터이다. 생전에 그랬듯이, 킹 목사는 우리 시대의 기회의 빈곤, 긍정의 빈곤, 용기의 빈곤, 연민의 빈곤, 상상력의 빈곤을 맹비난했을 것이다. 킹 목사의 정신에 따라 우리는 이 나라와 세계의 가난한 사람들의 권리를 부정하고 무시하는 세력들을 흔들어 자리에서 몰아내기 위해 당신도 참여하기를 호소한다. 우리는 킹 목사가 아니고, 감히 킹 목사처럼 되기를 꾀하지도 않는다. 하지만 이 땅의 민주주의는 우리가 얼마나 킹 목사의 외침에 귀를 기울이고 빈곤층의 역경에 관심을 갖느냐 하는 것과 서로 뗄 수 없는 관계에 있다고 우리는 굳게 믿는다.

역사뿐 아니라, 솔직한 증언과 설득력 있는 분석을 제공하는 많은 탁월한 목소리들을 근거로 우리는 사회의 근본적인 탈바꿈을 주장한다. 만약 우리가 과거의 패러다임에서 벗어나서 공통의 인간애와 책임을 바탕으로 새로운 방향을 제시할 수 있다면 언제 어떤 식으로 빈곤 퇴치가 이뤄질 수 있는지 입증하고자 한다.

숨길 수 없는 엄연한 사실들의 확실한 증거가 되어줄 통계 자료와 함께, 이 성명서는 우리가 잠깐의 위기를 겪고 있을 뿐이라는 생각을 바로잡아줄 것이다. 지금의 재앙이 어쩌면 이 땅에서 영속될지 모를 위기의 순간에 우리는 놓여 있다.

빈곤에 관한 사람들의 의식을 높이고자 우리는 여행을 떠났다. 도중에 만난 가난한 자들의 반격을 지켜보면서 우리는 더욱 담대해졌다.

이 빈곤 성명서는 우리가 그들에게 바치는 헌사이다.

태비스 스마일리   코넬 웨스트

로스앤젤레스
2012년 4월

제 1 장 빈곤의 실상

나는 길모퉁이 바닥에 앉아
잔돈을 구걸하는 그런 노숙자가 아닙니다.
미국 어디서든 마주칠 수 있는 평범한 사람이에요.
– 폴, 앨라배마 주 버밍햄

노스캐롤라이나 주 길퍼드 카운티에 사는 다이앤 스트루블은 미국 내 빈곤이 새로운 양상을 보이고 있다는 사실을 그 지역신문 독자들이 이해해주길 바랐다. 21세기 미국의 빈곤층은 영원히 취업하기 힘들거나, 최근에 징역을 살았거나, 정신 질환을 앓고 있는 사람들만이 아니다. 누군가 버린 듯한 물건으로 가득한 쇼핑 카트를 덜덜 끌며 황폐한 거리를 지나다니거나, 길바닥 환기구 옆에 드러누워 잠을 자거나, 발 디딜 틈 없는 노숙자 쉼터에서 시간을 보내는 꾀죄죄한 모습의 부랑자들은 더 이상 빈민의 전형이 아니다.

빈곤층 순방이 끝난 후에도 우리는 가난 때문에 고심하는 미국인들의 애환이 떠올라서 계속 시달렸다. 2011년 말, CBS 뉴스가 소개한 다이앤 스트루블의 사연은 우리의 사명을 더욱 부추겼다. 순방 중에 우리는 텔레비전 화면이나 특수 플렉시 글라스 같은 것을 통해서가 아닌, 그야말로 아주 가까운 거리에서 빈곤한 사람들을 지켜보고 그들의 뛰는 심장을 함께 느꼈다. 우리는 가난과 맞대면했다. 우리가 만난 사람들은 다이앤 같은 백인이나 우리 같은 흑인을 비롯해서 갈색인종, 황색인종 등 모든 인종이 포함되었다. 가난은 종교나 민족을 가리지 않았다.[1]

우리가 만난 사람들 중 구빈민층(2007년 말 대침체가 시작되기 전부터 가난했던 사람들)도 상당히 많았지만 신경제 중산층에 밀려 이제는 신빈민층이 되어버린 과거 중산층의 엄청난 숫자에 입이 다물어지지 않았다. 이들은 미술가 노먼 록웰*의 아메리칸드림을 구현했던 세대의 손자나 증손자 세대들이다.

예전에 이들은 꽤 안정되고 편안한 삶을 살았지만 마른하늘에 날벼락 맞듯, 경제적 강탈과 정신적 절망의 소용돌이 속으로 내던져졌다. 최하층이 아메리칸드림에 실패하고 떨어져 나가자, 잠시나마 신분 상승을 이뤘던 중산층과 상위 중산층은 혹사당했던 지난 시절의 악몽을 다시 경험하게 되었다. 그들은 소유 물건들을 압류당하거나 이내 잃었다. 생활 방식에도 확실히 변화가 생겼다. 그들의 존엄성은 짓밟혔다. 신분이 완전히 바뀌었다. 현재 그들의 상당수는 무엇으로부터 말도 안 되는 저주를 받았다고 생각한다. 그들은 말 그대로 멀쩡하게 눈을 뜬 상태로 곧 길바닥에 나앉게 되지 않을까, 그러면 다른 도움 없이 얼마 안 되는 정부 보조에만 의존해야 한다며 몹시 걱정하고 있다.

지방신문에 실린 다이앤 스트루블의 칼럼은 신빈곤층의 실상을 가슴이 아플 만큼 사실적으로 그려놓았다. 그녀와 그녀의 남편 토드는 마땅히 할 일들을 다 했다. 둘 다 대학을 나왔고 연봉 8만 5,000달러의 중산층 생활을 유지했다. CBS 뉴스 인터뷰 중에 이 부부는 2009년 11월 법률 보조원이었던 토드가 어떻게 실직을 하게 되었는지 이야기하고 그 이후로 안정된 직장을 구하지 못했다고 설명했다. 스트루블 부부에겐 여덟 명의 자식이 있는데 그중 네 명은 아직도 부부와 함께 살고 있다. 학교 교사인 다이앤의 연봉 2만 2,000달러로 겨우 버티고 있지만 빈곤선 이하의 생활임은 틀림없다. 다이앤은 401k 플랜 연금을 미리 당겨서

---

*   아메리칸드림을 주제로 4,000여 점의 그림을 남긴 화가.

받았고 토드도 연금에서 현금을 뺄 수 있는 만큼 전부 빼서 썼다. 인터뷰 당시, 그 부부에겐 현금 25달러와 은행의 100달러가 전부였다. 열네 살 된 아들 벤이 2주간 매일 수프만 먹었다고 회상하면서 "쪼금 질려요"라고 실토했다.

"마지막으로 울었던 게 언제입니까?"

CBS 뉴스 리포터 바이런 피츠가 다이앤에게 물었다. 양 볼을 두 손으로 감싸고 있던 그녀의 근심 가득한 적갈색 두 눈동자에 눈물이 맺혔다. "어젯밤이요"라고 다이앤이 속삭였다.

"우린 계속 번져가는 가난의 위기 그 자체예요."

토드가 끼어들었다. 그는 가진 자와 못 가진 자의 차이가 더더욱 벌어지고 있다는 증거가 바로 자신들이라고 덧붙였다.

있다는 것과 없다는 것

미국 인구의 1퍼센트인 최부유층(최소 38만 달러 이상을 버는 자들)의 수입이 지난 20년간 33퍼센트 늘어난 것에 비해, 중산층을 포함한 90퍼센트 미국인들의 수입 증가율에는 사실상 거의 변화가 없다. 현재 미국 내 상위 1퍼센트에 속하는 최고 소득층의 평균 연봉이 130만 달러인 반면, 일반인들은 1년에 고작 3만 3,000달러를 번다.[2]

빈곤층은 2009년과 2010년 사이에 약 260만 명 증가했다. 2011년 발표된 새 인구조사 수치에 따르면 빈곤층에 속하는 미국인의 수가 5,000만 명에 더욱 가까워졌다. 인구조사국의 빈곤 통계 연보를 바탕으로 지난 52년의 기록을 살펴보면 빈곤층의 인구수가 몇 년째 연속 증가 세를 보인 네 번째 시기는 대침체 기간과 일치한다.

빈곤층, 중산층, 부유층의 실질 연간 소득

	1973~2009	2000~2009
빈민층	+5.4%	-8.7%
중산층	+9.6%	-4.8%
부유층	+64.9%	-6.0%

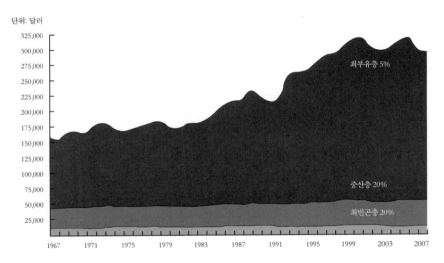

© Chris Caruso and Media Mobilizing
Graphic Design: Nate Adams and Mindi Mumaw

빈곤 통계 연보

연도	빈곤율	내용
1959	22.4%	미국 내 빈곤율의 공식 통계 조사를 처음으로 실시
1964	19.0%	린던 존슨 대통령이 '빈곤과의 전쟁'을 선포
1969	13.7%	존슨 대통령의 '위대한 사회'에 힘입어 빈곤이 감소
1973	11.1%	미국 빈곤율이 이전 20여 년 중에 최저를 기록
1979	12.4%	베트남전쟁, 보수주의자 반발, 빈곤 증가
1983	15.2%	1981년 중반에서 1982년 말에 걸친 불황이 빈곤층에 큰 타격을 초래
1989	13.1%	로널드 레이건 대통령 재임 중에 경제 안정 지속, 빈곤율 감소
1992	14.5%	레이건 대통령이 정부 지원책을 급감, 빈곤 증가
1993	15.1%	지난 10년의 성장이 다시 후퇴, 빈곤이 1983년 수준으로 돌아감
1994	14.5%	경제 성장, 빈곤층이 약간 감소
1996	13.7%	빈곤율 감소, 빌 클린턴 대통령이 과감한 복지 개혁의 도입을 꾀함
2000	11.3%	1990년대 호황에 힘입어 빈곤율 급감
2007	12.5%	빈곤율 증가, 대침체 직전 빈곤층이 3,730만 명에 이름
2008	13.2%	추가로 250만 명의 경제생활 수준이 빈곤선 아래로 떨어짐
2009	14.3%	2007년 이후 빈곤층 630만 명 증가
2010	15.1%	지난 50년 이래 장기 빈곤율 최고

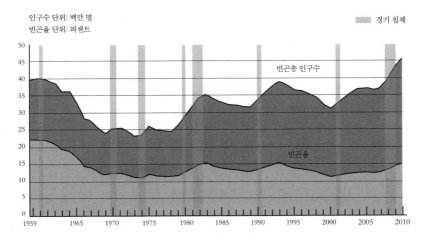

빈곤층 인구수와 빈곤율: 1959년부터 2010년까지

인구수 단위: 백만 명
빈곤율 단위: 퍼센트

경기 침체

위 자료의 연도별 수치는 각 해 중반의 데이터를 활용했음.
자료 출처: 미국 인구조사국의 최근 조사. 1960년부터 2011년 사회, 경제 관련 연간 보충 자료.

© Chris Caruso and Media Mobilizing
Graphic Design: Nate Adams and Mindi Mumaw

그렇잖아도 잔뜩 움츠러든 중산층은 기록적인 실업률 수치에, 주택 거품이 빠지면서 매우 심각한 타격을 입었고 그 결과 거의 400만에 가까운 가구가 주택 압류를 당했다. '중산층이 과연 살아날 수 있을까?'라는 제목으로 종합 시사 잡지 『애틀랜틱』에 실린 돈 펙의 예리한 탐방 기사를 보면, 근로자층과 중산층 가정들이 소득은 늘지 않고 직장이 하향화됨에도 불구하고 스스로 생활수준을 계속 끌어올림으로써 건축 붐이 중산층을 몰아내는 데 일조한 과정이 잘 설명되어 있다.[3]

6개월 혹은 그 이상 실직 상태인 미국인이 2009년에는 630만 명에 이르렀다. 1948년 정부가 장기 실업자의 수치를 파악하기 시작한 이래로 가장 높은 수치였다. 빈곤층에 속하는 근로자 가정의 비율도 지난 수십 년 가운데 최고인 31.2퍼센트를 차지, 즉 1,020만 명을 기록했다.

　여러 도시를 돌면서 우리는 전문적인 기술을 가진 많은 사람들이 일 자리를 찾는 모습을 보았다. 재단법인 프레리 오퍼튜니티는 도움이 필 요한 사람들에게 각종 지원과 서비스를 제공하는 미시시피 비영리단체 인데 우리는 이곳에서 얼리샤 브룩스를 만났다. 컴퓨터 관련 교육을 받 은 이 미혼 여성은 당시 6개월째 실직 상태로 수입이 전혀 없었다. 미시 시피 주 클라크스데일에서는 또 다른 지역사회 자선단체인 재단법인 코 호마 오퍼튜니티를 방문했다. 에릭 포드(39세)의 사연을 비롯해 우리는 이곳 책임자들로부터 가슴 아픈 이야기들을 많이 전해 들었다. 열세 살 과 열여섯 살 난 두 아들을 혼자 키우며 살고 있는 포드는 2011년 3월부 터 줄곧 실직 상태였다. 실업수당도 못 받고 수입이 전혀 없어서 자존심 을 버리고 코호마 오퍼튜니티에 도움을 청하러 왔다.

　오디세이프로젝트를 위해 위스콘신 주 매디슨에 위치한 위스콘신 대학교를 방문했을 때, 우리는 예전에는 시카고에 살았던 키건 카터를 만났다. 큰 키에 상냥한 그녀는 집에서 간단히 식사나 한 끼 하자며 우리 를 집으로 초대했다. 우리 팀의 인원 때문에 아쉽게도 그 초대에 응할 수 가 없었지만 우리는 다행히 그녀의 사연을 들을 수가 있었다. 매디슨에 도착해서 첫 6개월간 카터는 오갈 데가 없었다. 배 속의 아이를 생각하 며 그녀는 진심으로 새 출발을 하고 싶었다. 우연히 공공 도서관에 들렀 다가 오디세이프로젝트 전단을 발견했다. 소득이 낮은 성인들이 고등교 육을 받도록 도와주는 프로젝트였다. 그녀는 이 단체가 자신의 삶을 바꿔주었다며 고마워했다. 세 아이를 둔 싱글맘인 그녀는 단체의 도움으로 위스콘신 대학교에서 영문학 학위를 받았고 이제는 대학원 진학을 계획하고 있다.

우리가 그곳에 머무는 동안, 카터는 프로젝트 관련 소식지를 만들며 근근이 살고 있었다. 경쟁이 치열한 세계 시장에서 발판을 마련하려고 기를 쓰는 국가에 살고 있지만 카터를 포함한 많은 미국인들, 특별한 기술이 없는 자나 미숙련자, 심지어 전문적인 기술을 가지고 있는 자들까지 포함한 이들의 미래가 밝을 것인지는 상당히 의심스럽다. 제조업 일자리가 해외로 이전되면서 노동조합들의 힘은 약해졌다. 근로자보다 이윤을 우선시하는 기업들과, 빠르게 증가하는 빈부 격차 때문에 사실상 중산층이 사라졌다. 이런 상황에 대해 아무런 준비가 되지 않은 미국은 지금 아메리칸 악몽으로 변해가는 아메리칸드림의 망령에 시달리고 있다.

20세기 가난 대 21세기 가난

미니애폴리스 세인트폴의 백인 중산층 가정에서 자란 크리스토퍼 젠크스는 영업 마케팅부에서 한창 잘나가다가 직장에 갑자기 문제가 생기면서 노숙자가 되었다. 빈곤층 순방 중에 우리는 마르게리트케이시 재단이 발행하는 〈한 목소리Equal Voices Newspaper〉라는 인터넷 신문의 팬이 되어버렸다. 이 특별한 온라인 뉴스는 가난한 가정들에 얽힌 여러 사연들을 공유하고 그 속내를 다양한 관점에서 바라보는 기회를 제공하는 데 주력하고 있었다. 우리가 젠크스의 고달픈 삶을 알게 된 것도 〈한 목 소리〉 덕분이었다.

억세게 자존심이 강한 젠크스는 공공 지원을 요청하지 않고 열심히 일자리를 찾아다녔다. 생활이 너무 힘들어지자, 그는 고속도로 나들목 부근에서 구걸을 하며 자가용에서 지냈다. 아무런 희망이 보이지 않는 상황에서 젠크스는 마침내 고집을 꺾고 정부 보조를 신청했다. 그는 지 금껏 살아오면서 자신이 노숙자가 되어 푸드스탬프Food Stamp*로 간신 히 먹고살게 되리라고는 단 한 번도 생각해보지 않았다.

"정부 보조가 없으면 죽는 수밖에요. 난 일하고 싶습니다. 이 비극에 말려든 다른 수많은 미국인들도 같은 심정일 거예요."

젠크스와 마찬가지로 미국 중산층의 수백만 인구가 결코 상상해본 적이 없는 경제적 비극에 자신도 모르게 빠져들고 있다. 하루 벌어 하루 먹고사는 사람들이 직장을 잃으면 당장 생계유지가 어려워지는 것은 당 연한 결과라고 쉽게 생각한다. 그렇지만 중산층이 어느 날 갑자기 가난 의 나락으로 떨어지고 생활고를 겪게 될 수도 있다는 사실은 받아들이 기가 쉽지 않다. 게다가 여긴 미국이 아닌가. 근면과 투지와 교육이야말 로 번영과 아메리칸드림으로 통하는 길이라고 거듭 강조해온 나라에 사 는 이상, 다수의 중산층은 없이 사는 생활에 대해 걱정할 필요가 없었다.

2012년 미국 공화당 대선 예비선거를 앞두고 출마자들은 마치 자기 지역 유권자들이 현재 수백만 명에 이르는 빈곤층과 유사 빈곤층의 범 주에 포함되지 않을 듯이 가난에 대해 언급했다. 따라서 푸드스탬프를

---

* 미 정부가 식생활 복지 차원에서 빈곤층에게 제공하는 식료품 구입용 쿠폰.

손에 쥔 사람들의 사진은 큰 정부가 잘못된 길을 가고 있음을 보여주는 상징이 되어버렸다. 공화당 입후보자 몇몇은 복지 정책 정비의 필요성을 제기하기도 했지만 이전 하원의장 뉴트 깅리치는 인종차별적 편견으로 비칠 수 있는 발언을 했다. 이것은 쿠폰 발행을 많이 한다는 의미에서 그가 오바마 대통령을 '미국 역사상 최고의 푸드스탬프 대통령'이라고 부르고 특별히 아프리카계 미국인들을 향해 "푸드스탬프로 만족하지 말고 일자리 창출을 통한 월급봉투를 요구하라"라고 했던 때와 유사했다.

펜실베이니아 주 스프링 시티에 사는 로니 맥휴(참고로 그녀는 백인이다)는 깅리치의 발언과 그에게 환호를 보내는 청중의 모습에 너무 화가 나서 텔레비전을 꺼버렸다고 했다. 따로 모아놓은 돈 없이 사회보장연금으로 다달이 지급되는 810달러에 의지해 사는 이혼녀 맥휴는 그날 깅리치의 열정적인 연설에 공감하지 못했다.

"직장만 구할 수 있다면 100만 달러라도 내겠어요. 이제 내 나이 예순네 살인데 아무도 날 고용해주지 않아요."

그들도 내 입장이 되어봐야 알 것이라고 그녀는 〈한 목소리〉 리포터에게 이야기했다. 그러면 아마 그들도 대침체로 큰 타격을 입은 근면 성실한 근로자들을 도와주는 정부 지원책이 고마운 줄을 알게 될 것이라며 말이다. 지원책이란 지원책은 다 반가운 심정을 이해하게 되리라.

"나도 한때는 1년에 15만 달러를 버는 남편이 있었어요. 내 연봉도 높았고요. 그런데 우리 둘 다 한 직장에서 동시에 해고됐고 그 이후로 내 삶은 절대로 예전만큼 회복되질 않았어요."[4]

그녀와 같은 처지의 사연들이 2012년 1월 심포지엄에서도 소개되었다. 이 행사는 '미국 재건하기'라는 주제로 태비스가 사회를 맡고 C-

SPAN이 생중계했다. 『노동의 배신』『미끼 상술Bait and Switch』을 포함해서 10여 권의 베스트셀러의 저자인 바버라 에런라이크가 그 자리를 빌려 빈곤을 대하는 요즘의 태도에 대해 이야기했다.

"몇몇 민주당원을 포함해서 우파의 오랜 의견에 따르면 가난은 곧 당신의 성격에 문제가 있다는 것을 의미한다고 합니다. 나쁜 습관을 가지고 있고 생활 방식이 잘못되었고 잘 선택하지 못했다는 거죠. 이 자리를 빌려 나는 다른 의견을 제시하고자 합니다. (……) 가난은 돈이 부족한 상태를 뜻합니다. 그리고 돈이 부족하게 된 가장 큰 이유는 근로자 대부분이 일한 만큼 대가를 충분히 받지 못하고, 그나마 그런 일자리조차 없기 때문입니다."

에런라이크의 의견은 그야말로 상식이 통하는 말들이고 우리 시대의 빈곤을 딱 꼬집어냈다. 애석하게도 정치인들과 다수의 미국인들은 아직 이런 생각의 변화를 받아들이지 못했다. 우리는 가난한 사람들이 마치 살을 파먹는 바이러스성 전염병을 앓고 있는 환자인 것처럼 바라본다. 우리가 가난을 부정하는 이유는 두려움이다. 가난이라는 말을 입에 담는 순간 진짜로 가난해질까 무서운 까닭이다. 그리고 우리가 알고 있는 가난의 정의가 지나간 옛 시대들이 이야기하던 것에서 미처 벗어나지 못했기 때문에 우리는 가난을 부정한다. 우리 안에 내재한 이런 심리적 두려움의 블랙홀이 너무나 위협적이어서 우리는 자주 도덕적 판단을 내리는 데 실패하고 그 결과, 혹시 발생할지 모를 국가 빈곤 전염병에 대한 예방의 노력이 계속 지연된다. 두려움은 우릴 얼어붙게 만들고 사실을 있는 그대로 직시할 수 있는 용기를 앗아 가며 미국의 '오랜' 빈민층과 '새로운' 빈민층을 위한 진정한 해결책을 찾아내지 못하도록 막는다.

길퍼드 카운티의 다이앤 스트루블을 다시 한 번 떠올려보자. 그녀가 자신의 경험을 편지로 써서 지역신문에 보낸 것은 자신의 의견을 말하지 못하는 다른 사람들의 심정을 애써 대변하는 것과 같았다. 스트루블은 길거리에서 구걸하는 거지와 자신을 구분함으로써 21세기 빈곤이 우리 부모나 조부모 세대의 20세기 빈곤과는 다르다는 점을 표현하려 했다.[5]

구빈원

미국에서 공식적인 인구조사가 실시된 것은 1939년에 정부가 소득 수준 자료를 수집하기 시작하면서부터였다. 결과적으로 1960년대 이전에는 빈곤에 대한 제대로 된 개념조차 존재하지 않았다. 공식적으로 발표된 수치들은 아니지만 18세기에서 20세기까지 미국 내 빈곤의 정도를 살피는 데에 도움이 될 만한 자료들이 있다. 주로 사회 개혁 및 자선단체들이 남긴 것들이다.

1969년 조사 연구원 윌리엄 B. 하틀리가 미국 노동통계국의 옛 자료와 그 외에 다른 정보들을 종합 분석한 결과, 1870년 임금 노동자들의 62퍼센트가 빈곤층이었다고 추정했다. 그러던 것이 1900년에는 39퍼센트까지 떨어졌다가, 1909년에는 44퍼센트로 다시 증가했다.

1900년대 초, 사회문제 연구원들과 여성 단체들이 미국 내 빈곤과 빈민에 대한 낡은 관념에 도전하기 전에는 흔히 가난을 부도덕과 알코

올중독, 범죄행위와 같은 개인적인 결함으로 돌렸다.[6] 1854년 2월 17일
「뉴욕 타임스」에 실린 어느 기사는 빈민을 부정한 범죄자로 그리면서 그
자식들에게조차 동정을 보이지 않았다.

> 돌봐줄 부모나 친구가 없거나, 혹은 자기네 부모를 따라 흐리멍덩한 거
> 지 신세에서 헤어나지 못하는 아이들이 이 도시에만도 만 명이 넘는다.
> 이들은 도덕적 감화에 대해 보고 들을 기회가 전혀 없고 모든 도덕적
> 기준에서 완전히 벗어나 있을 뿐 아니라, 범죄와 타락에 밤낮으로 노출
> 되어 있다.

19세기 빈민은 매춘부와 절도범, 제정신이 아닌 상태에서 범죄를
저지르는 사람들과 똑같은 취급을 받았다. 복지 제도와 미 사회보장국
이 세워지기 훨씬 이전에는 가난하다고 여겨지거나 자신을 돌볼 능력
이 없는 사람은 누구나 구빈원으로 보내졌다. 유럽의 제도를 본떠 만든
미국 내 구빈원들의 실상은 공포와 참담 그 자체였다. 사회에서 버림받
고 그곳에 수용된 노인, 과부, 어린아이들은 적절한 보살핌 없이 오히려
육체적 방치 및 성적 학대에 시달렸다. 지방자치단체들의 재정 지원이
거의 이뤄지지 않았기 때문에 시설에 수용된 사람들은 의식주 해결을
위해 남녀노소 할 것 없이 전부 노동을 해야 했을 뿐 아니라, 밭일, 부엌
일, 빨래, 그 밖에 보호시설들이 굴러가는 데 필요한 잡다한 일들도 떠맡
았다.

노약자와 병약자, 정신 질환자, 가난한 여자들과 아이들을 보살필
제도화, 문명화된 방안들을 정부가 마련하기 시작하면서 20세기 초에

이르러 구빈원들은 자취를 감췄다. 그럼에도 불구하고 불우한 사람들에겐 여전히 가난이라는 오명이 따라붙었고 그런 현상은 지금도 마찬가지이다. 사회문제 연구원 마이클 B. 카츠와 마크 J. 스턴은 「20세기 미국 내 빈곤」이라는 보고서를 통해 미국 내 빈곤의 방대한 역사를 기술하고 있다.[7]

이들은 1904년 출간된 사회개혁가 로버트 헌터의 『빈곤Poverty』을 소개하면서 '이 책은 당시 뉴욕 인구의 절반이 절대적 빈곤 상태에서 생활했다고 추정했다. 이 수치는 다른 대도시들을 대표하는 것으로, 조금도 과장되지 않은 듯하다'라고 말한다.[8] 1900년대 초에는 새로운 이민자들과 아프리카계 미국인들이 불균형적으로 빈민층의 대다수를 차지했다. 그런데 꾸준히 일할 기회가 없다 보니, 미국인 노동자 열에 넷은 빈곤선 이하의 임금을 받았다고 카츠와 스턴은 언급했다. 1896년에서 1914년 사이 생활비 증가와 빈곤 노동자들의 임금 감소로 인해 소득 불균형과 빈곤 문제는 훨씬 심각해졌다. 영양실조와 각종 질병이 흔했다. 카츠와 스턴은 '시골 지역들에 널리 퍼진, 그야말로 끝이 보이지 않는 극심한 가난은 1920년대에 시작해서 대공황으로 이어졌다'라고 했다.[9]

1900년에서 1920년 사이 빈민층에 대한 일반인들의 인식은 크게 바뀌었다. 인보관운동을 비롯해서 제인 애덤스, 릴리언 왈드, 플로렌스 켈리, 아이다 B. 웰스-바넷, 줄리아 래스롭 같은 학식 있는 여성들의 용감한 행동주의, 그리고 빈민을 위해 사회복지관을 지은 많은 설립자들과 복지관 책임자들이 이런 인식의 변화에 크게 기여했다.

비영리 민간단체인 미국의 사회복지관들은 주로 가난한 이민자들이 모여 사는 지역을 중심으로 영국 런던의 토인비홀을 모델로 세워졌다. 종교적 신념과 도의심의 영향 아래 설립된 이 복지관들은 극빈자들을 위한 보호시설 그 이상이었다. 사회복지관 대표들은 직접 나서서 행동하는 사회복지 개혁 옹호자들로서, 가난은 반드시 한 개인의 결함으로는 볼 수 없으며 노예 임금과 질병, 배우자의 죽음과 같은 여러 원인에서 비롯되는 일종의 불안정한 상태라고 주장했다. 이 옹호자들은 지역신문들이 빈민을 신랄하게 비난하는 행태에 이의를 제기했을 뿐 아니라, 노동 작업장과 공장, 광산 등지에서 여성과 아동을 착취하는 것으로 비난받는 산업 시대 부호들에 맞서 싸웠다. 어떤 의미에서 사회복지관들은 미국의 초기 싱크탱크, 즉 조직원을 모집해서 훈련하고 조사 연구하고 정책을 수립하는 과정들이 일상생활과 결합된 두뇌 집단인 셈이었다. 1910년 즈음에는 대략 400개 정도의 사회복지관이 미국 내에서 운영되고 있었다.

프랭클린 D. 루스벨트 대통령의 부인인 엘리너 루스벨트 여사는 뉴욕의 사회복지관들에서 전문 훈련을 받았다. 여사의 열정과 영향력은 루스벨트 대통령의 사회 개혁 제안들과도 관련이 깊다. 그러나 무엇보다도 가난의 이미지를 바꾸는 데 가장 큰 영향을 끼친 것은 훗날 대공황으로 이어지는 1929년 주가 폭락이었다. 근로자 계층이 빈민의 처지에 놓이게 되면서 그들은 자신이 한때 얕보았던 가난한 사람들의 사정을 이해하기 시작했다. 오늘날 불황과 마찬가지로 대공황 당시에도 근로자 계층의 사람들은 자신이 한순간에 빈곤의 나락으로 떨어질 수 있음을 깨달았다. 마침내 사람들은 대공황을 거치면서 가난이 조직적이고 제도적인 요인들에 의해 발생한다는 사회개혁가들의 주장을 더는 무시할 수 없게 되었다. 사회개혁가들의 주장이 옳다고 입증되었을뿐더러, 이들과 사회복지관이 실행한 많은 연구 조사와 이론, 정책, 실천 방안이 루스벨트 대통령의 공공사업과 사회보장 정책 등 다양한 프로젝트에 반영되었다.

전쟁 후 빈곤

전시 이득에 따른 번영, 임금 인상, 제조업과 생산성 향상, 실업률 감소와 공공 이익의 확대 등 이 모든 것들이 한데 갖춰지면서 대공황 이후 수년간 미국 내 빈곤은 크게 줄었다.

공산품 수요가 증가하면서 작업장 내 여성의 역할과 그에 대한 태도에 변화가 생겼다. 제2차 세계대전이 발발하여 수백만 명의 남성들이 전쟁에 총력을 기울이는 데 가담한 상태에서 수익성이 높은 대규모 계약들이 성사되고 주문이 밀리자, 미국은 급격한 노동력 부족 사태에 직면했다. 이 빈자리는 곧 '리벳공 로지Rosie the Riveter'라는 허구적 인물을 낳았다. 로지는 수많은 선전 캠페인용 포스터에 등장해서 당시 살림만 하던 여성들을 공장과 조선소, 전시 공장 등으로 이끌어냈다. 미국 국립공원 관리청의 전시회 '리벳공 로지: 제2차 세계대전 당시 일하는 여성들'에 따르면, 미국이 참전을 결정했을 때, 이미 1,200만 명의 여성들이 전체 노동인구의 4분의 1을 차지하며, 노동 현장에서 일을 하고 있었다. 그리고 전쟁이 끝날 즈음에는 그 수치가 1,800만 명에 이르면서 전체 노동인구의 3분의 1을 차지했다. 1940년과 1945년 사이, 방위산업에 종사한 여성 노동인구는 462퍼센트 증가했다.[10]

하지만, 종전 후 노동 현장에서 성차별은 다시 고착되었다. 여성들은 실직을 당하거나 보수가 낮은 일자리로 다시금 밀려났다. 기본적으로 남성들은 자신이 우위를 차지했던 예전의 일자리로 되돌아갔다. 1964년 민권법 제7장*이 통과되고 그 결과 인종, 피부색, 종교, 성, 그리고 출신 국가에 따른 차별이 금지되면서 드디어 여성들도 일터에서 다소 동등하게 일할 수 있는 기회를 얻었다.

우리는 1939년과 1959년 사이에 빈곤율이 급감한 사실에 주목해야 한다. 1939년 이후에 수집된 인구조사 자료에 의하면 대공황 말에 이르러 65세 이하 근로 가정의 40퍼센트가 4인 가족 기준 연 소득 900달러라는 빈곤선 이하의 임금을 받고 있었다. 카츠와 스턴에 따르면 상황은 그때부터 계속 나아졌고 1959년 즈음에는 미국 내 가정의 60퍼센트가 가난에서 벗어나기에 충분할 만큼의 소득을 올렸다.[11]

이 20년 사이에 빈곤율이 갑자기 줄어들었지만 흑인 및 히스패닉 가정과는 아무런 상관이 없었다. 제2차 세계대전이 끝나고 북부 지방으로 이주한 많은 흑인들이 일자리와 가사 노동의 기회를 얻었고 그로 인해 전보다 소득은 증가했지만 그럼에도 1939년 아프리카계 미국인의 빈곤율은 71퍼센트, 라틴아메리카계 미국인의 빈곤율은 59퍼센트로 무척 심각했다.[12]

1950년대 미국이 다소 호황을 누렸다고는 하나, 이때도 미국 내 가족 구조는 커다란 변화들을 맞이하기 시작하는 시점이었다. 1950년에서 1990년 사이, 여성이 이끄는 가정은 16퍼센트에서 32퍼센트로 두 배나

---

* 고용 기관이 인력 배치에 있어 성차별을 두거나 성별 때문에 고용인의 요구를 묵살하는 행위를 금지한다는 내용.

증가했지만 그런 여성 중 소득이 빈곤선 이상인 경우는 열 명 중 오직 네 명에 불과했다.

가난에 대한 국민들과 인식과 정치적 태도가 가장 크게 변화한 때는 미국 시민권운동이 한창이었던 격동의 1960년대였다. 마이클 해링턴의 고전 『또 다른 미국The Other America』은 계층 간 참으로 엄청난 소득 격차가 결과적으론 국가의 번영을 이뤄내게 된 이 난감한 상황을 해결하기 위해서 많은 미국인들이 나서줄 것을 촉구했다.[13] 미국 내 가난에 관한 해링턴의 획기적인 연구가 존슨 대통령이 주창한 '위대한 사회' 정책들의 동기를 마련한 것으로 지금까지 회자되고 있다. 사실 이 책을 먼저 손에 넣은 사람은 존 F. 케네디 대통령이었지만 케네디가 암살되고 나서 자칭 '빈곤 전쟁'의 길잡이로 활용한 사람은 존슨 대통령이었다. 해링턴의 책이 끼친 영향력이 얼마나 대단했던지 메디케이드Medicaid*, 메디케어Medicare**, 푸드스탬프, 전보다 확대 실시된 여러 사회보장 혜택들이 전부 『또 다른 미국』에서 비롯되었다고 일간지 「보스턴 글로브」와 다른 신문들이 썼을 정도였다.[14]

충분한 소득으로 빈곤을 벗어난 가정의 수는 1969년 68퍼센트로 정점을 찍었다. 카츠와 스턴에 따르면 그 수는 1970년대와 80년대를 거치면서 다시 내려갔고 비참하게도 1989년에 이르러서는 미국 내 빈곤율이 1940년대 수준으로 되돌아갔다고 한다.

생활비가 증가한 탓에 한 사람의 수입으로는 가족 전체가 빈곤선 이상의 생활을 유지하기가 힘들어졌다. 그러나 20세기 후반에는 전체 노

---

*   저소득 빈곤층과 장애인을 대상으로 하는 국민 의료보조 제도.
**   65세 이상의 노인을 대상으로 한 노인 의료보험.

동인구 중 결혼한 여성이 차지하는 비율이 크게 증가하고 맞벌이하는 가정이 늘면서 그나마 대부분의 미국 내 가정이 빈곤선 이상의 수준을 유지할 수 있었다. 하지만 다른 한편으로는 남성이 생계를 책임지는 가정과 여성이 생계를 책임지는 가정의 빈곤율 차이는 더욱 크게 벌어졌다. 카츠와 스턴의 보고서에 따르면, 1990년 즈음 남성이 생계를 책임지는 가정의 빈곤율은 14퍼센트인 것에 반해, 여성이 생계를 책임지는 가정의 경우에는 이보다 높은 17퍼센트에 다다랐다.[15]

1970년대 말 빈곤의 양상은 19세기 수준으로 되돌아갔고 가난한 사람들은 또다시 그들이 처한 상황 때문에 비난을 받았다. 그 이후로 빈곤은 정부 실책을 꼬집고 사회경제적 결과를 비웃기 위한 정쟁의 불씨로 이용되었다. 게다가 비열한 일부 매체들이 빈곤선 이하의 생활자 중에 흑인과 라틴계 미국인들이 불균형적으로 많다는 사실에 초점을 맞춤으로써 빈민층에게 개인적, 사회적으로 무책임하다는 오명을 다시 한 번 성공적으로 덮어씌웠다.

제3세계 국가들의 극심한 빈곤 문제에 대한 미국인들의 관심은 지난 수십 년 동안 조금씩 사라졌다. 1970년대를 기점으로 미국인들은 텔레비전에 나오는 이미지들을 보면서 자신이 가난한 축에 들 수 있다는 가능성을 아예 생각하지 않게 되었다. 심야 텔레비전 광고들은 얼굴과 몸에 파리가 들러붙은 외국의 아이들이 하수구와 수도도 없는 마을에서 겨우 살아가는 가슴 아픈 이미지들을 내보낸다. 생계 수단이 없는 사람들에 대한 이런 식의 묘사는 아메리칸드림을, 즉 끈질기게 개인의 부를 추구하면 결국에는 기회와 성공을 얻을 수 있다는 오랜 약속을 은근히 선전하는 것이다. 즉각적으로 이뤄지는 신용거래가 소비자들의

혼을 빼놓는 나라에서 중산층은 가공의 안전망 속에서 살고 있다. 이뤄
질 수 없는 약속에 의지해 언젠가는 반드시 터질 일들을 지연시키면서
말이다.

꿈에서 깨어나라?

아메리칸드림에 '드림'이 들어가는 이유는 당신이 계속 잠에 빠져 있어야만 믿을 수 있
기 때문이다.
- 조지 칼린*

"우리끼리 이야기지만 나와 내 아내의 수입을 합치면 1년에 10만 달
러가 넘었습니다. 중산층이 누릴 수 있는 최고의 삶을 살았어요. 두 아이
를 둔 맞벌이 부부로 차 두 대를 굴리며, 조용하고 멋진 동네에 위치한
방 네 개짜리 주택에서 생활했어요. 우리가 바로 아메리칸드림 속에 살
고 있었더군요. 그런데 모든 게 얼마나 빨리 뒤바뀌던지, 사실 난 지금도
멍해요."

새뮤얼은 우리가 자신의 본명을 게재하는 것을 원치 않았다. 웹 디
자이너, 콘텐츠 제공업자, 작가로 지역사회에서 본인의 얼굴이 상당히
알려진 탓이라고 했다. 그럼에도 그는 한때 잘 먹고 잘살다가 갑자기 쪽
박 찬 신세로 전락한 자신의 사연을 남들에게 꼭 전해달라고 했다.

그와 부인은 둘 다 대학 교육을 받았고 좋은 일자리를 잡았다. 2009년

---

* 　미국 출신의 스탠드업 코미디언, 사회 비평가, 영화배우이자 작가.

정리 해고 방침에 따라 새뮤얼이 6년간 몸담아왔던 정규직을 잃었다. 그러나 자칭 '사기꾼'인 그는 벌써 창조 산업 관련 서비스를 제공하는 회사를 차린 상태였다. 처음에는 사업이 잘되었지만 6개월쯤 지나자 고객층이 급격히 줄어들었다.

"주요 고객들이 그냥 사라졌어요. 다른 사람들과 마찬가지로 내 고객들도 대침체 때문에 사정이 나빠졌던 거예요. 전화 문의가 뚝 끊겼어요. 누구도 내 서비스를 받을 형편이 안 되었죠. 순식간에 각종 고지서가 쌓이기 시작했어요. 그해 우리 부부의 연 소득은 이전의 절반 수준으로, 2010년에 들어서는 3분의 1 수준까지 뚝 떨어졌습니다."

새뮤얼의 설명에 따르면, 둘의 벌이가 썩 나쁘진 않지만 그들은 여전히 한 달 벌어 한 달 먹고사는 형편이라면서 그동안 모아놓은 돈도 금방 줄어들었다고 했다.

50군데 넘게 이력서를 넣었지만 답이 없었다. 부부는 더 이상 비싼 사립학교 등록금을 감당할 수 없어서 하는 수 없이 아이들을 교육 환경이 열악한 공립학교에 다니게 했다. 2010년 말에는 자가용과 주택도 압류되고 새뮤얼은 체납세와 신용카드 빚 문제로 법원에서 더 많은 시간을 보내게 되었다. 가족 긴장이 극에 달했다. 경제적 파탄으로 15년간의 결혼 생활도 결국 파경을 맞았다. 아직도 충격에서 헤어나지 못하는 올해 50세 이혼남 새뮤얼은 자신이 가난했던 옛 청년 시절로 되돌아온 듯하다고 말했다.

"매일 수금원이 전화해서 돈이 없으니 이제 실패자이고 사회의 낙오자라는 점을 계속 상기시켜요. 나는 겁쟁이 삶을 살고 있습니다. 혹시 수금원이나 수도, 전기, 가스를 끊으러 온 사람이 서 있을까 두려워서 누가 문을 두드려도 답을 못 하겠어요. 사회 발전에 이바지하는 구성원이나 가족을 잘 꾸리는 가장의 모습과는 영 딴판이죠. 남자로서의 내 자존심은 깡그리 무너져버렸어요."

이런 식이어선 안 되는 거였다. 미리 짜인 각본대로라면 당신은 모든 규칙을 따르기만 하면 되었다. 요즘 시대에는 대학 졸업장 없인 성공할 수 없다는 건 누구나 다 아는 사실이다. 그래서 당신도 대학에 간다. 랜드그랜트 대학*일 수도 있고 아니면 일류 사립대학일 수도 있다. 어쩌면 우수 졸업생으로 대학을 졸업할 수도 있겠다. 이때쯤 벌써 부채로 생활이 팍팍하겠지만 어쨌든 아직은 버텨낸다. 본인의 멋진 실력에 어울리는 끝내주는 직장을 얻을 거라고 기대하면서 빚은 그때 가서 해결하면 된다고 자신을 다독인다.

그러다 꽝 현실에 부딪힌다. 당신은 불황으로 도무지 일자리를 찾을 수 없거나 있던 일자리도 빼앗기게 생겼다. 무작정 거리로 뛰쳐나와 구인 광고를 찾아서 인터넷과 신문, 소셜 미디어 사이트들을 뒤져보지만 허탕만 친다.

모든 게 절망적이다. 엄청난 빚과 빨갛게 체납이라고 적힌 고지서들, 악덕 수금원이 계속 울려대는 전화벨 소리로 당신의 삶은 무겁게 짓눌려 있다. 당신의 재정 능력을 보여주던 상징물들이 모습을 감추기 시작한다. 자동차, 집, 재정적 자유, 그리고 규칙대로만 살면 된다던 약속된 삶도 사라진다.

그렇게 당신도 남들처럼 빈민층 대열에 끼게 된다.

---

* 주 정부가 연방정부로부터 국유지를 교부받아 해당 매각 대금으로 설립한 대학.

　도대체 아메리칸드림이 어떻게 된 것일까? 유치원 시절부터 들어왔던 그 꿈, 귀가 닳도록 들어서 믿을 수밖에 없게 된 그 꿈, 조금만 땀을 흘리고 굳은 의지를 보이면 반드시 손에 넣을 수 있을 거라던 근사하고 행복한 결말에 무슨 일이 벌어진 것일까?

　코미디언 조지 칼린처럼 우리도 그 꿈을 이 나라의 허풍쟁이 설립자들이 지어낸 근거 없는 신화에 불과하다고 냉소적으로 일축할 수도 있다. 그러나 그건 안이한 처사이다. 논리적으로 아메리칸드림을 비평하는 킹의 꿈에 내재한 타당성을 우리는 믿는다. 그는 권력 있는 자들이 간과하고 무시한 사람들에게도 인간으로서의 권리가 있다고 단언했다. 그래서 킹의 꿈은 아메리칸드림에 깊숙이 뿌리를 내리고 있으면서 동시에 가난한 사람들을 특별히 중요하게 여긴다.

　아메리칸드림은 여전히 미국의 브랜드이다. 자기 나라에서는 상상조차 할 수 없는 기적과 같은 큰일을 이루겠다는 희망에 부푼 수백만 명의 이민자들을 미국으로 끌어들이는 전략적인 마케팅 계획이다. 200년도 채 안 되어 세계적인 강대국으로 일어선 역사적 부흥의 상징이기도 하다. 진짜 문제는 이 꿈이 아니라 미국의 부정이다. 우리가 빈곤에 대한 낡은 개념을 여전히 고수하는 것에서 볼 수 있듯이, 우리는 이 시대에 맞는 새로운 꿈을 꾸기를 거부함으로써 우리 자신과 사회를 벼랑으로 몰아가고 있다. 만약 이쯤에서 우리가 역사라고 하는 렌즈를 끼면, 한때는 민주적이었으나 지금은 물질만능주의와 탐욕과 적당히 타협함으로써 부패해버린 옛 비전이 눈에 보일 것이다. 이 탐욕은 만족할 줄 모르는 괴물 자본가의 모습으로 우리 존재 자체를 위협하고 있다.

　이것은 17세기 영국에서 일어난 종교적 박해를 피해 자유와 기회를 찾아 신세계로 도망을 온 청교도들의 꿈이었다. 하지만 독립선언을 통해 신이 내려준 양도할 수 없는 권리로서 삶과 자유와 행복의 추구를 이야기하는 것은 아메리카 원주민들의 집단 학살과 흑인의 노예화 같은 미국의 원죄를 생각할 때, 어딘지 모르게 어색해 보인다.

평등과 희망, 자유의 꿈은 미국의 구조 깊숙이 뿌리박혀 있다. 1886년 미국은 선물로 받아 세운 자유의 여신상을 국가의 이상적 가치의 전형으로 삼았다. 그러나 같은 해 미국은 중국인의 이주를 합법적으로 배제하는 법안을 통과시켰다. 아이러니하게도 당시 뉴욕으로 몰려든 수백만 명의 이민자들을 제일 먼저 환영한 것은 바로 자유의 여신 발아래 새겨진 이 관대한 글귀였다.

고단하고 가난한 이들이여 내게 오라, 자유롭게 숨 쉬기를 갈망하며 한데 모인 군중들이여.

얄궂게도 이 구절은 1931년 역사가 제임스 트러슬로 애덤스가 『미국의 서사시The Epic of America』에서 '아메리칸드림'을 쓰고 나서야 국가의 기도문이라고 불러도 될 만큼 인기를 끌게 되었다.[16]

미국이 날로 번창하고 막강해지면서 어느덧 가난한 자들을 위로하겠다는 국가적 이상은 전쟁을 알리는 커다란 북소리와 누구도 거부하기 힘든 물질적 보상의 추구라는 외침에 묻혀버리고 말았다.

19세기 미국의 산업 시대는 이 나라의 첫 세대 백만장자들을 키워냈다. 교통, 통신, 금융, 기계, 대량생산 체계가 발달함과 동시에 가난한 남성과 여성, 아이들에 대한 착취가 시작되었다. 평범한 사람들의 좀 더 낮고 풍요롭고 충만한 생활에 대한 청교도들의 호의적인 바람이 결국에는 부자들만을 위한 물질의 찬가로 진화한 셈이었다.

기업의 권력을 용감히 비판한 비평가이면서 동시에 가혹한 인종차별주의자 및 미 제국의 확장을 꾀하는 세력이었던 우드로 윌슨 대통령은 1913년 "서둘러 성공하고 위대해지려는 우리의 마음속에는 어딘지 미숙하고 비정하고 몰인정한 데가 있습니다"라고 선언하면서 20세기를 열었다.

"우리는 달리 활용할 수도 있었던 것들의 대부분을 탕진하고 있으며, 자연이 주는 후한 혜택을 아끼려고 잠시 걸음을 멈추지도 않습니다. 그러나 이런 혜택 없이는 우리의 산업 능력도 애초에 쓸모없고 무력했을 것입니다."[17]

월간지『배너티 페어』의 편집 기자로 활동 중인 데이비드 캠프는 '아메리칸드림 재고하기'라는 2009년 4월 기사를 통해 아메리칸드림의 기원과 변화에 대한 훌륭한 분석을 내놓았다. 캠프는 제2차 세계대전이 발발할 무렵 아메리칸드림의 신념이 전쟁을 외치는 구호에 먹히는 과정을 이야기했다.[18]

전쟁이 일어나기 전, 1941년 일반 교서 연설 중에 루스벨트 대통령은 미합중국이 '언론과 표현의 자유' '각자 원하는 대로 신을 섬길 자유' '결핍으로부터의 자유' 그리고 '공포로부터의 자유'를 위해 기꺼이 싸울 것이라고 선언했다. 캠프에 따르면, 루스벨트 대통령은 타국의 모범으로서 미국의 방식을 고수했다. 게다가 자비로운 우수 민족의 고귀한 신념으로서가 아니라, 착하고 부지런하고 사치하지 않는 사람들의 소박한 근본 가치로서 위의 네 가지 자유를 제시했다.

비록 아메리칸드림의 본뜻이 돈 많고 전쟁할 준비가 된 자들에 의해 퇴색되긴 했지만 아메리칸드림은 여전히 기본적 자유와 그 외 필요한 사안들의 상징으로 남았다. 1944년에 고국으로 돌아온 수많은 참전용사들은 제대군인원호법G.I. Bill*의 도움으로 대학에도 가고 집도 살 수 있었다. 주택 공급이 턱없이 부족하고 어린아이를 둔 가정이 갑작스레 늘어난 상황에서 이런 혜택들의 결과로 교외가 아주 빠른 속도로 발전하게 되었다고 캠프는 언급했다.

1940년대 후반까지만 해도 평범한 백인 가정의 이상적인 포부는 성취가 가능했다. 집이 있고 차가 있고 부모 중 한 사람만 일해도 살림이 가능할 만큼 충분한 월급에 여러 혜택까지 제공받은 20세기 미국인들은 평범한 수준의 아메리칸드림에 충분히 도전해볼 만했다.

불행하게도 텔레비전의 등장으로 아메리칸드림이 사람들의 마음을 조종하는 마케팅 도구로 활용되면서 유례없는 소비문화가 생겨났다. 우리는 텔레비전 프로그램들을 통해 당시 일반인들이 생각하는 가족의 모습이 어떻게 변화하는지 알 수 있다. 예를 들면, 미국 시트콤 〈신혼부부들The Honeymooners〉에서 랠프와 앨리스가 보여주는 근로자 계층의 환경에서부터 1970년대 텔레비전 드라마 〈댈러스Dallas〉에서 J. R.과 그의 대가족이 누리는 부유한 생활 등이 있다. 이후 30년을 재빨리 살펴보면 지나치게 화려하고 퇴폐적이고 방종해서 너무나 비현실적인 리얼리티 쇼들의 내용에 깜짝 놀라게 된다.

1950년대 후반에 이르러 텔레비전의 가격이 더욱 내려가면서 신용

---

*   제2차 세계대전 이후 퇴역 군인들에게 많은 혜택을 제공하도록 제정된 법률.

카드도 소비자 시장을 덮쳤다. 물건 값을 현금으로 치르는 데에 익숙했던 중산층이 밤마다 거실 텔레비전에 등장하는 제품들과 서비스, 사치품들을 원하는 즉시 손에 넣을 수 있게 되었다. 1950년대 후반에 일어난 이러한 사회 변화에 대해 캠프는 이렇게 썼다.

> 그다음 세대 앞에 펼쳐진 것은 이 나라가 전에 경험하지 못한 엄청난 생활수준의 향상이었다. 그 경제적 대변화는 신용카드와 뮤추얼 펀드, 어음 할인 시장의 중개업자 등을 통해 중산층이 새롭고 세련된 방식으로 개인 자산을 관리하게 된 데서 비롯되었다.[19]

21세기 아메리칸드림은 부와 예측이 불가능한 복권 당첨과 같은 대박의 꿈으로 정의되었다. 우리 대부분은 제니퍼 로페즈나 리얼리티 프로그램의 주인공인 카다시안 가족, P. 디디라고도 알려진 숀 콤, 혹은 저스틴 비버처럼 외모를 가꾸거나 생활할 여유가 없다. 하지만 어리석게도 우리는 손에 신용카드를 쥐고 제일 가까운 매장으로 재빨리 달려가서 그들과 같은 향수와 보석, 의류 제품을 구입하고 거기다 머리 모양까지 흉내 내면서 그들처럼 될 수 있다고 생각한다.

21세기 아메리칸드림은 부와 권력, 성공으로 정의되었다. 보잘것없는 집안에서 태어났지만 베스트셀러 소설을 쓰거나 영화를 만들어 오스카상을 받거나 골프에 탁월하거나 아메리칸 아이돌이라는 명성을 얻거나 미국의 대통령이 된 사람들을 두고 아메리칸드림을 이뤘다고들 했다.

이들을 제외한 나머지 우리의 경우에는, 우리 부모와 조부모가 품었던 꿈을 21세기에는 이룰 수 없게 되고 말았다. 국가의 역사적 좌우명에 멍든 우리는 철저히 상업화된 환상 속에 등장하는 좀 더 낫고 풍요롭고 충만한 삶을 좇는 데 모든 것을 걸도록 속아 넘어갔다.

2011년에 발표한 메트라이프의 '아메리칸드림 연구'에 따르면, 현재 미국인들은 중요한 기로에 서 있다. 우리는 열심히 일하면 성공할 수 있다는 미국의 진보적 신조를 여전히 따르고 있지만 극심한 경기 침체로 그 믿음의 뿌리가 흔들리고 있다. 그 보고서에 따르면, 미국인들은 더 이상 개인의 부를 추구하지 않는다. 그들은 단지 의식주를 해결할 수 있을 만한 경제적 안정을 바랄 뿐이다.[20]

만약 우리가 이런 안정감을 공유할 수 있는 상태에 이르려면 우선 있는 그대로의 사실과 맞서야 한다. 자업자득이다. 우리가 가난한 사람들을 공개적으로 비방하고 무시하고, 그들과 좀 더 복 받은 사람들을 떼어놓으려고 애쓰는 사이, 가난은 미국의 주류 안으로 스멀스멀 기어들었다. 실업률과 기업의 탐욕, 즉 부자와 나머지 우리 사이의 틈이 21세기에 들어 기하급수적으로 커졌지만 우리는 아직도 20세기 낡은 습관을 붙들고 있다.

엉망인 경제를 되살리기 위해서는 거의 5,000만 명에 가까운 우리가 이런 비참한 상황에 처하게 된 원인, 즉 우리가 무엇을 놓치고 있는지 꼼꼼히 따져봐야 한다. 탐욕스러운 개인과 기관들의 정체를 폭로하고 그들이 정의의 심판을 받도록 해야 한다. 우리 스스로를 이 지독한 궁지에 몰아넣은 우리 모두의 공통된 행동들과 생각을 낱낱이 파헤치고 함께 이롭게 되기를 다짐해야 한다. 끝으로 우리는 필요하다면 무슨 수를 써서라도 변화를 위한 대담하고 용감한 계획을 세워야 한다. 이런 것들

이상으로 많은 노력을 기울인 후에야 비로소 우리는 참으로 공평하고
포괄적인 아메리칸드림의 방침을 세울 수 있다.

제2장 기회의 빈곤

우리는 이 나라에서 민주주의를 지킬 수 있습니다.
막대한 부를 소수의 손에만 맡겨둘 수도 있습니다.
그러나 이 둘을 동시에 이룰 수는 없습니다.
- 루이스 D. 브랜다이스*

* 미국의 유명한 유대계 법률학자이자 대법원 판사.

그는 오래전 말보로 담배 광고에 나오는 남자와 비슷한 인상을 풍겼다. 소가죽 같은 거친 구릿빛 피부에 까칠한 수염, 그리고 매서운 파란 눈까지 똑 닮았지만, 거의 10년간 해군에 복무하고 1986년 명예 제대한 재향군인 잭은 말보로 남자보다 훨씬 수척했다. 그가 아주 오랫동안 끼니를 제대로 챙겨 먹지 못했음을 누구든 한눈에 알 수 있었다.

우리는 오하이오 주 애크런을 방문하는 중에 잭과 다른 참전 용사들을 만났다. 톰 거스튼 라우어 목사 덕분에 애크런의 빈민 지역에 위치한 목사의 교회 밀러애버뉴유나이티드에서 우리는 모임을 가졌다. 그곳의 신도들은 동네에 사는 다양한 인종의 빈곤 노동자, 재향군인 출신의 노숙자, 한 부모 가정의 구성원들로 이뤄져 있었다.

털이 희끗희끗한 거친 손으로 보아 잭은 고된 막일에 무척 익숙한 게 틀림없었다. 어쩌면 그의 건강이 나쁜 데에는 술이나 마약이 일조하고 있는지도 모르지만 거기에 대해서 그는 아무 말을 하지 않았다. 어쨌거나 많은 사람이 둘러앉은 목사관에서 그가 용기를 내어 우리에게 들려준 이야기를 우리는 결코 잊지 못할 것이다.

"내 이름은 잭이고 나는 노숙자입니다. 두 다리를 뻗을 수 있는 곳이라면 어디서든 잠을 자요. 내 평생 일에서 손을 놓은 적이 없지만 지금은 경제가 이렇다 보니 내가 할 수 있는 일이 없고, 또 몸에 문제가 많아서 실제로 일을 할 수도 없어요. 허리도 못 쓰고 무릎도 아픕니다."

잭은 사회보장연금과 장애인보조금을 탈 날만 기다리는 중이라고 우리에게 말했다. 2011년 8월 우리가 그곳을 방문했을 당시, 그는 연금 신청의 기회를 막 놓친 상태였다. 정부 보조 신청을 다시 하려면 또 2년을 기다려야 할 거라고 걱정하고 있었다.

잭은 경제 때문에 자신의 상황도 좋지 않다고 했다. 그의 말에 따르면, 그는 자녀 양육비를 제때 지급하지 못하고 조금 늦어지고 있는 것을 포함해서 법적인 문제 상황에 놓여 있었다. 해당 지방법원은 포티지 카운티에 있는데 애크런에서 16킬로미터쯤 떨어져 있다.

"난 포티지 카운티에 갈 수가 없어요. 거기까지 걸어갈 수가 없는 데다 그 외 다른 방법도 없으니까요. 이런 형편 때문에 법을 어기게 생겼어요. 내 삶이 위태로워요. 이것 때문에 난 당장에라도 감옥에 갈 수도 있어요. 그런 곳에 가고 싶지 않아요."

병든 몸을 이끌고 어떤 일을 할 수 있을지 확신할 수 없었지만 그래도 잭은 어떤 일이라도 들어와서 더 이상 길거리나 노숙자 보호시설에서 지내지 않아도 되기만을 바랐다.

"제발 일이 좀 생겼으면 좋겠어요. 오바마는 자신이 말한 대로 우리한테 일자리를 만들어줘야죠. 난 사회보장비를 받아서 포티지 카운티 법원 문제들을 해결할 수 있게 되면 좋겠어요. 나는요…… 이것 말고는 달리 무슨 말을 해야 할지 모르겠네요. 세상이 어떻게 돌아가는 건지 도통 알 수가 없어요."

미국 내 기회 부족 현상이 얼마나 심각한지 잭의 사연이 분명히 보여주었다. 우리 국가와 국민들, 참전 용사들, 그리고 우리의 아이들까지 절망 상태에 빠져 있다. 미국의 부의 대부분이 극히 일부의 소수를 살찌

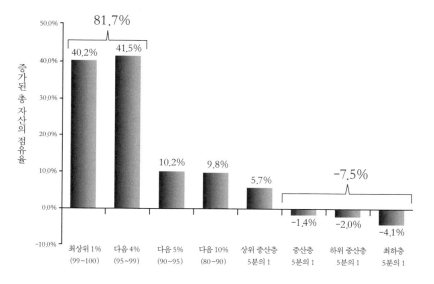

증가된 총 자산의 점유율 1983~2009

자료 출처: Michel Analysis of Wolff in Allegretto(2010)

© Chris Caruso and Media Mobilizing
Graphic Design: Nate Adams and Mindi Mumaw

움으로써 정의의 저울은 한쪽으로 심하게 치우쳐 있다. 다른 한쪽에는
먹고살기 위해서 발버둥을 치는 사람들, 가난한 사람들, 잊힌 사람들이
있다.

　　충분한 기회 제공은 경제적 균등이라는 형태로 나타난다. 이런 상황
에서는 잭과 같은 사람들에게도 적당한 임금의 일자리들이 주어지기 때
문에 이들도 숨을 쉬고 꿈을 꾸고 가족 및 지역사회 사람들과 강한 유대
감을 쌓고 문제가 발생하면 이를 해결해서 그 관계를 계속 유지시킬 수

가 있다.

미국은 흔히 지구 상에서 가장 위대한 나라, 모든 서구 국가들 중에서 최고, 자유세계의 선두라고 평가된다. 그러나 이런 미국의 정체성이 지금도 여전할까? 미국인 둘 중 하나가 가난에 시달리거나 빈곤선에 가까운 생활을 하고 있는 상황에서 과연 예전처럼 가장 위대한 나라라고 이야기할 수 있을까? 미국 곳곳에서 수백만 명이 넘는 시민들이 자신도 머지않아 미국의 빈민층에 속하게 될 거라는 두려움에 시달리고 있는 시점에서 세계의 지도자라는 미국의 명성에 의문을 품어야 마땅하지 않을까? 참전 용사가 비참전 용사보다 노숙자로 전락하기 쉬운 나라에서 과연 얼마나 애국심을 기대할 수 있을까? '노숙자가 된 참전 용사를 위한 국립 연합회'에 따르면, 평균 6만 7,000여 명의 참전 용사들이 매일 밤 노숙을 하지만 실제로 가난, 사회 지원망의 부족, 비참한 생활환경 및 불량 주택 등의 이유로 노숙의 위기에 처한 참전 용사는 대략 150만 명에 이를 것으로 추정된다.[21]

미국의 최상위 1퍼센트에 드는 시민이 국가 전체 부의 42퍼센트를 장악하고 가장 부유한 400명의 재산을 합치면 최하위 1억 5,000만 명의 재산과 맞먹는 이 나라에서 민주주의가 평범한 시민을 위해 참된 선택을 내리고 제대로 기능할 확률이 도대체 얼마나 될까? 공식적으로 실업이 인정된 미국인의 숫자만 1,400만에 이르고 실제로 실업 상태에 있는 사람도 수백만 명이 넘는 상황에서 아예 구직을 완전히 포기해버린 무수한 사람들은 말할 것도 없으니, 과연 이런 곳을 진짜 기회의 땅이라고 부를 수 있을까?

최고 중의 최고라는 미국 예외론의 신화가 불편한 진실 위에 그늘을

드리우고 있다. 미국은 기회의 빈곤이 영원한 현실이 되어버릴 엄청난 위기에 직면해 있다. 이 신화의 힘에 억눌린 탓에 미국 지도자들의 대부분은 심지어 민중의 'ㅁ' 자도 입 밖으로 꺼내지 못하고 있다. 수 세기 동안 모든 대통령들은 국민 앞에 서서 미국이 강하다고 장담했지만 특히 빈곤과 관련해서 이와 모순된 사실을 보여주는 증거는 수년간 계속되었다.

정치인들은 빈곤을 언급하기가 싫겠지만 대중매체는 가난한 사람들의 역경을 캐고 있다. 왜냐하면 계속 늘어나는 신빈곤층과 유사 빈곤층이 바로 백인 시민들이기 때문이다. 오랜 세월 고통받은 유색인종의 시민들 옆에 나란히 서서 이들도 함께 몸부림치는 까닭이다.

가난에 대한 논의는 한때 논의가 금지되었던 지구온난화 문제와 마찬가지로 마침내 공공의 장으로 옮겨 갔다. 이것은 역사적인 월스트리트 점령 시위운동의 힘이 컸다. 하지만 우리는 빈곤이 단순히 주류 대중매체들의 흥미를 돋울 만한 또 다른 오늘의 문제를 낳는 것을 거부한다. 테러리즘처럼 빈곤도 국가 안보의 문제이기 때문이다. 현재 빈민의 수는 미국 내 긴급사태로 여겨지고 있다. 즉 모든 정치 지도자들에게 빈곤을 없애는 일이야말로 제일 중요한 안건이어야 한다는 뜻이다. 가난이 얼마나 널리 퍼져 있는지, 모든 시민들이 가난을 근절해야 한다는 절박감을 느껴야 하는 이유가 무엇인지를 알리는 북소리가 나라 곳곳에서 끊임없이 울려야 한다.

국가의 안보에 대한 위협

미국 내 빈곤은 우리 국가 정신의 도덕적, 사회적 상처이다. 그것은 우리 국가의 건강과
행복을 끊임없이 위협하는 참사이다.
- 가톨릭자선단체연합Catholic Charities*

경기 침체가 공식적으로 발표되기 전에 미국 내 최대 규모의 복지
서비스 기관인 가톨릭자선단체연합은 정치 지도자들이 가난한 자들을
위한 경제 정의의 수호라는 국가적 약속에서 의도적, 계획적으로 물러
섰다며 비난했다. 2006년 '미국 내 빈곤: 공익에 대한 위협'이라는 정책
서를 통해서 이 단체는 여러 조직적인 정치 활동들이 가난한 자들을 도
와주는 안전망을 무너뜨리고 있는 것에 대단히 실망했다고 밝혔다. 가
톨릭자선단체연합은 가난이 우리가 해결해야 할 가장 심각한 정치적 맹
점이라고 믿기 때문에 진지한 자세로 현실을 고발했다.

우리는 실제로 빈곤을, 특히 장기 빈곤을 퇴치할 수 있는 자원과 경험,
지식이 있습니다. 하지만 정치적 의지가 아직 없습니다.[22]

어려운 시기에 기회를 잡으려면 용기와 굳은 의지가 필요하다. 이것
들 없이는 국가와 국민이 허우적거리게 될 것이다.

---

* 가정 지원, 빈곤 퇴치, 지역사회 유지 등을 위해 다양한 복지 서비스를 제공하는 미국 내 최
 대 규모의 자선 기구.

부동산 압류의 확산

미국 내 주택 압류 신청 건수가 2010년 290만 가구에서 2011년에는 더욱 늘었다. 미국 주택도시개발부에 따르면 노숙자 가구는 2007년 13만 1,000가구에서 2010년 16만 8,000가구로 28퍼센트 증가했다. 게다가 미국 주택도시개발부와 퇴역군인국의 자료를 살펴보면 현재 6만 7,495명의 퇴역 군인들이 노숙자이고 그중 4,355명은 아이가 딸린 가정의 생계를 책임져야 한다.

한때 안정된 생활을 누렸던 이웃들이 일할 기회가 없어서 무너지기 시작했다. 수 세기 만에 처음으로 도시 교외의 중산층이 오랫동안 소외당한 도심 빈민들과 똑같은 딜레마에 봉착하게 되었다. 그것은 바로 가정과 지역사회에 퇴보와 절망을 가져온 장기화된 경기 침체였다.

2011년 여름, 공공 정책과 가정 문제 전문가인 캐스린 에딘 하버드 대학 교수는 필라델피아 북동 지역과 남부 지역의 중산층 거주민들을 대상으로 자료 조사와 인터뷰를 실시했다. 그녀의 연구팀은 해당 거주 지역 내 사회구조가 해이해지면서 이혼과 알코올중독, 폭력이 급격히 증가한 사실에 주목했다.

"이 지역 백인 중산층 주민들은 예전에는 자신감 넘치는 강하고 활기찬 사람들이었어요. 대규모 산업들을 중심으로 자주 조합을 결성하기도 했죠. 지금은 끔찍한 곤경에 처해 있어요."[23]

에딘 교수는 덧붙였다.

"필라델피아 남부 지역에서 많은 시간을 보내는데요. 그러다 보면 '이건 우리가 20년 전에 연구했던 도심의 흑인 빈민 거주지와 닮았잖아'

라는 생각이 자주 들어요."

심지어 찰스 머리 같은 보수적인 인사들도 백인 중산층이 심각한 위기를 겪고 있다고 판단한다. 필라델피아가 이례적인 게 아니다. 빈곤과 실업은 온 나라 구석구석에 퍼져 있는 암적인 존재이다. 더욱더 많은 사람들이 월세를 내지 못하게 되면서 주택담보대출금을 갚고 건물 유지비를 마련하는 데 세입자들에게 크게 의존하는 다가구주택들과 거주용 건물들이, 특히 대출금이 큰 경우 상당수 압류를 당했다.

비영리단체로 뉴욕에 본부를 둔 시민주택건설위원회와 지역 산업 협력처는 상환해야 할 대출금이 많은 건물들과 관련해서 악화된 지역 주민의 거주 상태를 조사 연구해달라고 의뢰했다. 맨해튼과 퀸스, 브루클린, 브롱크스에서 70미터 내지 150미터 이내 거리에서 상환 대출금이 큰 건물들 중에서 실제로 압류를 당한 1,000개 이상의 건물들이 조사 대상이었다. '다가구주택 압류와 높은 한도 대출이 뉴욕 시 거주 지역에 미치는 영향'이라는 제목으로 2012년 초에 진행된 연구 결과, 참으로 충격적인 사실들이 드러났다. 문제가 발생한 부동산 주변 건물들의 주택법 위반 사례가 급속도로 증가하고 있었다. 달리 말해서, 압류를 당한 부동산 때문에 근처의 건물주들도 불안에 떨고 있었다. 선임 연구원 해럴드 슐츠의 설명은 이렇다.

"한 건물이 어려움에 처하면 다른 건물의 소유주들도 자기 건물에 투자하기를 꺼리게 됩니다. 계속 투자할 가치가 없을지도 모른다고 생각하기 때문이죠."

경기 위축을 감지하면 부동산 소유주들은 투자를 멈추고 부동산 시설의 관리도 허술해진다. 이에 따라 주택법 위반 사례가 증가하고 결국에는 더 많은 건물들이 압류당하게 된다. 저소득층에 맞춰 임대료는 낮아지고 이쯤 되면 빈곤과 덩달아 일어나는 다른 모든 사회적 현상들이 지금껏 안정된 생활을 유지해온 동네들까지 잠식하기 시작한다.

'백인 이주'가 한창이던 시기와 마찬가지로 오늘날 대규모 주택 압류 사태는 한때 전망이 좋았던 동네들이 빈민가로 전락하고 그 상태가 지속적으로 나빠질 위기에 직면한다는 것을 뜻한다. (참고로 백인 이주 현상은 다양한 인종이 모여 사는 지역에서 부동산 가치 하락이라는 부정적인 인식이 작용해 자기 현시적 지레짐작에 빠진 백인 미국인들이 여태 살아온 도시를 떠난 것이었다.)

2012년 연두교서 중에 오바마 대통령은 어려움에 처한 주택 소유자들이 압류를 당하지 않도록 지원하는 동시에 주택 융자금에서 연간 3,000달러 정도를 아낄 수 있게 하는 연방정부 계획을 발표했다. 다양한 여론조사 결과, 대부분의 미국인들은 은행 압류로 집을 잃는 일이 발생하지 않도록 정부가 어떤 형태로든 개입해주길 바라는 것으로 드러났다. 이런 바람과는 달리, 정치인들은 국민 여론에 분열을 일으킬 수 있는 당파적 논쟁에만 열을 올렸다. 이것은 정치적 의지의 결핍으로 인해 집과 이웃과 가족을 당장에 구할 수 있는 방안을 마련할 기회마저 놓치는 끔찍한 예의 하나에 불과하다.

고통받는 아이들

미국의 국가 안보에 가장 커다란 위협은 어떤 적이 아니라, 이 글로벌 경제에서 우리의 미래를 만들어갈 우리 아이들 모두를 보호하고 투자하고 교육하는 데 실패한 우리 자신이다.
- 메리언 라이트 에덜먼

인구 8,000여 명의 작은 행정구역, 퀴트먼 카운티는 언제나 미시시피 델타 지역에서 가장 못사는 동네 중 하나였다. 1967년 퀴트먼 카운티 내 경제적 격차와 빈곤 실태가 너무 심각한 탓에 킹 목사는 빈민운동을 이곳에서부터 시작하기로 했다. 그가 죽기 1년 전, 행사를 준비하는 과정에서 퀴트먼 카운티의 막스라는 작은 마을에 위치한 다 쓰러져가는 학교를 킹 목사가 방문했다. 그곳에서 그는 한 교사가 아이들에게 점심을 먹이는 모습을 보면서 많은 눈물을 흘렸다. 그들 앞에는 크래커 한 접시와 여러 개로 조각을 낸 사과 한 알이 놓여 있었다.

몇 년 전, 아동보호기금의 설립자인 메리언 라이트 에덜먼이 퓰리처상을 받은 작가 줄리아 캐스에게 미시시피 델타 지역과 그 외 가난에 시달리는 지방과 도시들을 둘러보라고 주문했다. 아동보호기금이 발행할 2010년 아동 빈곤 관련 보고서를 쓰기 전에 가난한 아이들을 찾아가 그들의 이야기를 들으라는 것이었다.[24]

퀴트먼 카운티의 또 다른 작은 마을, 램버트에서 캐스는 노스 델타 청소년개발센터의 설립자이자 책임자인 로버트 제이미슨을 만났다. 그곳은 그 지역 어린이들에게 방과후 프로그램을 제공하는 비영리단체이다.

퀴트먼 카운티에서 자란 제이미슨은 1960년대에 인종차별을 경험한 뼈아픈 기억이 있다. 그는 램버트에서 3킬로미터쯤 떨어진 막스에 있는 백인들만 다니는 학교에 처음으로 입학한 열 명의 흑인 중 하나였다.

너무 괴롭힘을 당한 나머지 입학한 바로 그해에 제이미슨은 그 학교를 그만두고 자기 동네에 있는 흑인 학교로 돌아왔다.

현재 그 지역은 지독히 가난해서 인종 같은 것을 따질 여유가 없다. 퀴트먼 카운티에 사는 가구 중 30퍼센트가 빈곤선 이하의 생활을 하고 있으며, 그중 48퍼센트를 18세 이하의 아동들이 차지하고 있다. 퀴트먼 카운티에서 가난한 백인 아이들은 가난한 흑인 아이들과 같은 학교에 다닌다. 제이미슨은 이러한 백인 아이들의 심정을 잘 이해한다.

"이 지역에서 가난한 백인이란 그야말로 가장 힘없는 밑바닥 중의 밑바닥 인생을 뜻합니다."

캐스의 글에 따르면, 램버트의 가난한 백인 아이 채스터티는 지난날 백인들만 모여 살던 동네와 건널목 하나를 사이에 두고 낡아빠진 집에서 살고 있는 절대 약자이다. 인터뷰 당시 열한 살이었던 수줍음 많고 내성적인 소녀에 대해 그 할머니는 학교에서 다른 아이들과 잘 어울리긴 하지만 아무래도 뒤처진다고 말한다. 채스터티의 엄마는 미시시피 주의 다른 지역인 퍼놀라 카운티의 베이츠빌에 산다. 채스터티는 일곱 살 때부터 줄곧 할머니와 살았다. 할머니는 글을 읽거나 쓰지 못하기 때문에 학교 숙제를 포함한 다른 문제들과 관련해서 손녀에게 필요한 도움을 주지 못한다.

제이미슨은 다른 사람들이 생각하는 것처럼 채스터티가 뒤떨어진다고 믿지 않는다.

"오, 아니요, 그런 건 아니에요. 수줍음을 많이 타긴 하지만 똑똑한 어린이예요. 그 앤 정말로 더 잘하고 싶어 해요."

제이미슨은 채스터티가 도움을 받으러 그의 센터를 찾았을 때를 떠올리며 말했다.

"그 아이가 날 찾아와서 이런 이야기를 했어요. '수학 과외 수업을 받아야 해요. 학교 수업을 따라가기가 너무 힘들어요'라고 했죠. 나더러 자기 할머니에게 말 좀 해달라고 부탁하더군요."[25]

채스터티의 진짜 문제는 가난을 대물림받는 것이라고 제이미슨은 설명했다. 채스터티의 할머니가 손녀를 위해 최선을 다하고는 있지만 살면서 아무도 할머니에게 학교 가라고 다그친 적이 없다 보니, 교육의 중요성을 이해하지 못한다고 제이미슨이 캐스에게 말했다. 퀴트먼 카운티를 비롯한 미시시피 델타 지방의 여러 지역들이 빈민 아동의 교육적 성과를 끌어올리기 위해서는 특히 한 부모 가정을 중심으로 지역 내 가정들을 특별 보조하는 기금 마련이 절실하다.

만약 이대로 교육과 교육적 지원이 이뤄지지 않는다면 채스터티처럼 잠재적 가능성이 있음에도 불구하고 잘못 평가된 퀴트먼 카운티의 많은 가난한 아이들이 결국에는 빛을 보지 못할 거라고 제이미슨은 생각한다.

"의지할 곳 없이 혼자서 아이를 키워야 하는 상황이라면 그게 바로 생지옥이에요. 자녀 지원을 해주는 사람들과 회사들이 있긴 해요. 이들은 아이가 유니폼을 입고 특별활동에 참여할 수 있도록 도와주죠. 이런 게 아이들에겐 참 중요해요. 밖에 나가서 뭔가를 하고 또 힘들어도 견뎌낼 수 있게끔 해주니까요."

이런 경제 상황에서 한마디로 기댈 곳이 없는 여성의 숫자가 기하급수적으로 늘었다. 2011년 남성의 빈곤율이 14퍼센트인 데 반해 여성의 빈곤율은 16.2퍼센트에 이르렀다. 이 수치는 지난 17년 사이에 여성의

여성과 빈곤

− 여성의 빈곤율은 **2009**년 **13.9%**에서 **2010**년 **16.2%**로 지난 17년 이래 가장 크게 증가했다.
− 여성의 최극빈자 비율도 **2009**년 **5.9%**에서 **2010**년 **6.3%**로 덩달아 최고치를 기록했다.

국가 전체 빈곤율	15.1%
여성 빈곤율	16.2%
남성 빈곤율	14.0%

2011년 국세 조사 수치를 근거로 함.

빈곤율이 큰 폭으로 증가했음을 보여준다.

　아마도 전국의 수많은 학교들은 퀴트먼 카운티에 있는 학교들만큼 나쁘지 않겠지만 관심 있는 사람이라면 이미 다들 알 것이다. 미국에서 가난한 아이일수록 영양실조에 걸리거나 문제아로 낙인찍힐 가능성이 높고, 콩나물시루 같은 교실에 재정은 부족하고 서비스가 형편없는 교육기관에 내몰리기 십상이다. 부잣집 아이들이 대학에 다니는 동안, 미국의 가난한 아이들은 중간에 학교를 그만두고 결국에는 구치소나 교도소에 가거나 아니면 평생 근로 빈곤층으로 살게 마련이다. 물론 이보다 더 나쁜 상황에 처하기도 한다.

　아동보호기금에 따르면 대략 1,600만 명의 아이들이 가난하게 살고 있다(정확히 1,574만 9,129명, 즉 21.6퍼센트). 이들 중 700만 명(9.6퍼센트)은 최극빈자에 해당한다. 일시적으로 보조금을 지원하는 TANF를 통해 현금 지원을 받은 가구의 수, 저소득층을 대상으로 한 영양 보충 프로그램 SNAP의 혜택을 받은 아동의 수, 학교에서 무상 급식의 혜택을 받은 아동의 수를 가지고 전문가들은 미국 내 기아율을 결정한다. 성인과

미국 내 빈곤 아동의 실상

빈곤 아동의 수	15,749,129(21.6%)
최극빈자에 해당하는 아동의 수	7,023,152(9.6%)
TANF 혜택을 받는 성인과 아동의 수	4,463,752
SNAP 혜택을 받는 아동의 수	18,516,000
학교 무상 급식을 이용하는 아동의 수	31,398,104
여성, 유아, 아동을 위한 특별 영양 보충 지원을 받는 여성, 유아, 아동의 수	8,905,676

아동을 합쳐 거의 450만 명에 이르는 인구가 TANF의 혜택을 받고 있으며 1,850만 명이 넘는 어린이들이 푸드스탬프를 받는다. 890만 명 이상의 여성과 유아, 아동들이 이들을 위해 정부가 특별히 마련한 SNAP의 지원을 받는다.

건강한 한 끼 식사와 음식물을 섭취하기 위해서 거의 4,000만 명의 인구가 국가의 무상 급식에 의지하고 있다.

국가의 우선순위가 잘못되었음을 보여주는 가장 확실한 지표들 중 하나는 가난하고 집 없는 아동들의 숫자이다. 국립노숙가정센터가 2011년 발표한 내용에 따르면, 45명 가운데 한 명꼴인 160만여 명의 아이들이 길거리와 노숙자 쉼터, 모텔에서 생활하거나 다른 가족들과 한 집에서 살고 있다. 같은 기관이 이전에 발표한 보고서와 비교했을 때, 이 수치는 2007년 120만여 명이었던 노숙 아동의 수가 33퍼센트 증가한 셈이다.[26]

아동보호기금과 애니E.케이시 재단의 자료를 살펴보면 상황은 훨씬 더 암울하다.[27] 아동보호기금이 매년 발행하는 '미국의 아동 실태' 보고서 중에서 2011년 자료를 보면 경기 침체로 인해 1,550만 명 이상의 아이들과 그 가족들이 가난의 나락에 떨어진 과정이 자세히 나와 있다. 게다가 특히 유색인종 어린이들이 대다수를 차지한다는 설명과 함께 흑인 아동 세 명 중 한 명 이상, 히스패닉계 아동 세 명 중 한 명이 가난에 시달리고 있는 데 반해, 히스패닉계가 아닌 백인 아동의 경우에는 열 명 중 한 명 이상이라고 밝혔다.

애니E.케이시 재단의 회장이자 최고 경영자인 패트릭 매카시는 미국 아동들에게 몹시 부정적인 영향을 끼친 2011년 실업률과 주택 압류 수치를 바탕으로 미국의 엄청난, 아주 엄청난 위기에 대해 이야기했다.

"최근 6개월 넘게 실직 상태인 실업자들의 절반은 아이들이 있어요. 주택 압류도 아이들에게 엄청난 충격을 주고 있지요. 2007년과 2009년 사이에 있었던 주택 압류만 따져도 530만 명의 아이들이 그 영향을 받고 있어요. 그런데 문제는요, 이 숫자에는 집주인이 주택 압류를 당하면서 덩달아 쫓겨난 세입자들의 아이들은 포함되지 않았다는 거예요."

우리 중 가장 약한 이들에게 가장 무관심한 상황에서 미국이 세계의 으뜸이라고 이야기할 수 있을까? 가장 연약한 동시에 소중한 우리 어린이들의 53퍼센트를 빈곤 상태에서 살도록 내버려두는 국가의 우선과제들이란 도대체 어떤 것들일까?

아동 보건과 유아 발달, 교육, 그리고 신체적·정신적으로 다치기 쉬운 어린 생명들을 구하기 위한 여러 프로그램에 투자가 이뤄지지 않으면 미국의 국가 안보는 지금의 위기를 벗어날 수 없다는 에덜먼의 의견에 우리는 진심으로 동의한다.

"미국은 대단히 물질적으로 풍요로운 신의 축복을 받았습니다. 우리 중 가장 부유하고 힘 있는 자들이 되레 정부 보조를 받는 이 엄청난 불균형을 바로잡고 모든 아이들에게 배고픔과 절망, 체념이 없는 미래를 열어주기 위해서 미국은 앞으로 나아갈 힘이 있고 마땅히 나아가야 합니다. 만약 미국이 미국의 어린이들을 옹호하지 않는다면 미국은 다른 그 어떤 것도 옹호하지 못합니다. 결국에는 세계라는 경쟁 무대에서 미국은 강할 수 없습니다."[28]

어릴수록 그만큼 더 가난에 시달려야 한다는 것은 국가가 어딘지 모르게 크게 잘못되었음을 뜻한다. 그러므로 우리는 일어서야 한다. 우리의 아이들이 미처 삶을 선택하기도 전에 삶의 기회를 포기하도록 두어서는 안 된다.

우리가 1장에서 언급했듯이, 아내 엘리너의 영향을 크게 받았던 루스벨트 대통령은 대공황 시대에 미국인들이 다시 번영의 길을 꿈꾸며 일할 기회를 갖도록 힘써 방안을 강구했다. 루스벨트 대통령의 뉴딜 정책을 이야기할 때, 사학자들은 흔히 3R 정책, 즉 구제relief, 부흥recovery, 개혁reform을 언급한다. 여기서 부흥과 개혁은 경제 상황을 바로잡고 무너진 경제체제를 탈바꿈시키는 것을 주요 골자로 했다. 하지만 3R 정책의 맨 처음은 바로 실업자와 빈민을 위한 구제와 관계가 있다.

루스벨트가 정치권에 제시한 가난에 대한 새로운 패러다임은 이후 40년이 넘도록 미국의 여러 행정부들에 커다란 영향을 미쳤다. 하지만 역사라고 하는 이야기책을 보면 시작은 좋았으나 중간에 굳이 심란한 길로 에워가는 시기들이 등장하게 마련이다.

오래가지 못한 기회

루스벨트 대통령이 세 번째로 맞이한 부통령 해리 트루먼은 1945년 루스벨트의 갑작스러운 사망 이후 3개월 만에 대통령직을 이어받았다. 뉴딜 정책과 관련해서 트루먼이 승인한 추가 방안은 두 번의 임기를 통틀어 딱 하나뿐, 전임자의 자유 정책들을 바꾸려는 시도는 없었다. 내정에 관련된 많은 업무들을 내각에 위임하고 트루먼 자신은 외교와 군사 문제에 주력했다. 군대 내 인종차별 종식, 나치 독일 타도, 일본을 상대로 한 핵무기 사용 및 마셜플랜 실행, 국제연합과 북대서양조약기구 발족, 공산주의 진압 및 냉전 완화, 중국의 국공내전 주시, 한국전쟁 참전 등으로 재임 중 많은 시간을 보냈다.

별 다섯 개 원수 드와이트 D. 아이젠하워는 공산주의, 한국, 부패에 반대하는 운동을 벌였고, 그 결과 1929년 허버트 후버의 당선 이래 첫 공화당 대통령이 되는 성과를 올렸다. 뉴딜 연합 세력(민주당 지지 세력과 노동조합, 육체 노동자, 지식인을 포함해서 생활보호 대상자, 소수자 등이 연대함)에 반대하는 사람들은 아이젠하워의 승리를 통해 자신들이 바라던 '작은 정부'를 이룰 수 있을 것으로 여겼지만 그들의 기대는 어긋났다. 사학자들이 온건한 보수주의자로 간주하는 아이젠하워는 뉴딜 입법에 이의를 제기하지 않았고 사실상 루스벨트가 설립한 대부분의 단체들에 지속적으로 자금을 지원했다.

격동의 1960년대는 용감하고 고무적인 지도력과 역사적인 변화가 특징적인 시대이기도 했다. 새로운 10년을 맞아 미국인들은 20세기에 탄생한 첫 대통령이자, 시어도어 루스벨트 이래 역대 두 번째로 젊은 대통령(43세)을 선출했다.

1960년 존 F. 케네디가 취임할 즈음, 뉴딜 연합은 이미 심하게 분열된 상태였다. 베트남전쟁을 비롯해서 인종 관계, 폭동, 시민평등권과 소수집단 우대 정책을 지키려는 운동가들의 요구까지 그 시대가 품은 새로운 논쟁거리들이 많은 연방의회 의원들을 서로 다른 방향으로 몰아갔다. 이러한 쟁점들에 보태어 소비에트연방과 대립하는 일이 더욱 자주 발생하고 낮은 세금과 도시 빈민가 범죄 억제를 공약하는 공화당 후보들의 인기가 상승하면서 자신의 취임 이전에 분열된 연합을 바로잡으려는 케네디의 노력은 크게 방해를 받았다.

흩어진 세력을 다시 하나로 모으는 일은 1963년 11월 22일 케네디 암살 이후 린던 B. 존슨의 임무가 되었다. 존슨 대통령은 자유 민주적 연합을 재건하려고 무척 애를 썼지만 무뚝뚝한 그의 텍사스 스타일 때문에 오히려 입법부에 더 큰 쐐기를 박는 결과를 낳고 말았다. 그러나 존슨 대통령은 여기서 좌절하지 않고 가난에 관한 해링턴의 최고의 저서에 감명을 받아 1964년 1월 8일 일반교서 중에 가난과의 전쟁을 선포했다.[29]

그것은 단순히 듣기 좋은 말 그 이상이었다. 미국 빈민의 생활수준 향상이라는 실질적인 결과를 얻기 위해서 존슨 대통령은 푸드스탬프, 헤드스타트Head Start*, 직업단Job Corps**, 메디케이드, 메디케어 같은 여러 법안과 법령으로 자신의 선언을 뒷받침했다. 존슨 대통령이 추구한 '위대한 사회'는 반드시 정부가 일정한 역할을 맡고, 교육과 보건, 그리고

---

* 저소득층 취학 전 아동을 위한 교육 지원 제도.
** 무직 청소년에게 직업 기술과 고용의 기회를 제공하는 훈련원 프로그램.

1964년 경제기회법처럼 사전 대책 마련을 위한 여러 연방정부 프로그램들을 활용해서 빈곤 감소를 이뤄야 한다는 정책이자 그의 신념이었다.

1964년 국가 빈곤율이 19퍼센트에 이르고 대부분 흑인 가정의 빈곤율이 이 수치의 두 배에 달하면서 존슨은 벅찬 과제에 직면했다. 그래도 진전은 있었다. 예로, 1964년 시민권법과 1964년 경제기회법, 1965년 투표권법을 통과시킨 이후, 1966년 41.8퍼센트였던 흑인 빈곤율이 1969년에는 32.2퍼센트까지 감소했다. 더욱 중요한 것은 존슨이 빈곤에 맞서겠다는 의지를 보였다는 점이고, 결과적으로 그의 임기가 끝난 후에도 빈곤 퇴치는 정치적 담론의 주요 부분을 차지할 수 있었다. 하지만 아쉽게도 이러한 담론이 늘 꾸준히 진행되진 못했다.

검은 반란

> 만약 흑인더러 분수에 맞게 만족할 줄 알라고 주장하는 사람이 있다면 그는 당장 자기 피부색을 바꾸고 대도시의 흑인 밀집 구역에 가서 직접 살아봐야 합니다. 그런 후에라야 비로소 그런 주장을 할 만한 권리가 주어질 것입니다.
> - 로버트 F. 케네디

1968년 대선 중에 민주당 대통령 후보 로버트 케네디는 전국을 돌면서 빈곤 문제를 이야기하고 빈부 사이의 불공평을 강조했다. 킹 목사의 제자로 그 당시 미시시피에서 전미흑인지위향상협회NAACP 변론 및 교육기금을 이끌었던 메리언 라이트가 케네디를 킹 목사의 순례에 초대해 미시시피 델타 시골 지역들의 실상을 직접 보도록 했다. 미시시피와

애팔래치아, 그 외 대도시 빈민가들을 방문하면서 굶주림에 배가 부어오르고 입을 옷과 신발이 없어서 학교에 가지 못하는 아이들을 직접 눈으로 확인한 케네디는 빈곤과 기아 문제를 해결할 수 있는 법안을 도입하겠다고 맹세했다. 심지어 케네디의 상대 후보 리처드 닉슨조차도 공화당 대통령 후보 지명 연설을 통해서 자유방임의 의사를 표명했으나 빈곤 문제에 관해서만큼은 상당히 깊은 공감을 표했다. 닉슨이 말하길, 자신은 대통령으로서 가난을 뿌리 뽑겠다고 약속하진 않지만 미국 내 평화와 발전, 정의를 위한 조치와 새로운 정책들을 강구할 것을 약속할 수 있다고 했다.[30]

많은 보수주의자들과 사고가 편협한 몇몇 중산층 백인들이 가난과의 전쟁으로 특히 흑인들에게 특별한 관심과 혜택이 주어졌다고 논쟁을 벌이면서 격렬한 반발을 샀고, 결과적으로 닉슨이 1969년 대선에서 승리하게 되었다.

역사학자들의 평가에 따르면 닉슨은 1964년 식품구매권법을 크게 확대 실시하고 직업 훈련과 고용 계획, 연방정부 재정 지원 프로그램을 통해 소수자들을 위한 일자리를 창출하는 법안을 처음 시작한 중도파 정치가였다. 하지만 이와 동시에 닉슨 행정부는 비공식적 정책으로 '선의의 무시benign neglect'를 구사했다는 오점을 남겼다.[31] 흑인의 진보를 이루기 위한 냉각기간으로 널리 알려진 이 정책은 당시 백악관 도시문제 고문으로 활동했던 뉴욕 상원의원 대니얼 패트릭 모이니핸이 제안했다. 그가 남긴 기록에는 '얼마간 선의의 무시를 따르는 것이 인종 문제 해결에 도움이 될 수도 있습니다. 저절로 도시 주거지(특히 흑인이 모여 사는)를 떠나는 편이 좋아 보이게 될 겁니다'라고 되어 있다. 주민 대부분이 흑인으로 구성된 사우스 브롱크스와 할렘 같은 가난한 동네에서 넓은 범위에 걸쳐 발생한 화재와 방화 사건들이 흑인 방화범들과 폭도들의 소행이라는 모이니핸의 추정은 잘못된 정보에 근거한 것이었다. 모이니핸은 이른바 부질없는 방화와의 전쟁에 소방서들이 더 이상 관여하지 말 것을 제안했을 뿐 아니라, 선의의 무시 정책을 따르는 것이 도시들에 이득이 될 것이라고 말했다.

1970년에 이르러 빈곤율은 12퍼센트로 떨어졌다. 1974년 워터게이트사건으로 닉슨 대통령이 사임하고 이어 취임한 제럴드 포드 대통령의 임기 중에는 빈곤율이 11퍼센트와 13퍼센트 사이를 오락가락했다. 빈곤과 관련해서 포드의 개입은 최소한에 불과했고, 논란이 많았던 닉슨에 대한 사면, 위태로운 경제, 인플레이션 확산, 제2차 세계대전 이후의 호경기가 끝나감을 알리는 불황(1973년~1975년) 속에 묻혀갔다.

1977년부터 1981년까지 집권 내내, 지미 카터 대통령은 치솟는 에너지 가격에 따른 경제 위기에서 벗어나지 못했을 뿐 아니라, 1979년 이란 주재 미 대사관 점거 사건, 쿠데타 중에 잡혀간 인질들의 구출 시도 실패, 소비에트연방의 아프가니스탄 침공, 바닥을 치는 미국 경제 등 중대한 국제 정국의 위기를 여러 번 맞았다. 그럼에도 불구하고 취임 시 유능하고 인정 많은 행정부를 약속했던 카터 대통령이 당시 미국이 겪는 커다란 정신적인 어려움들과 씨름하려 했다는 점은 높이 살 만하다. 1979년 7월 대담하면서도 세부적인 '신뢰의 위기'라는 연설을 통해 그는 사회에 만연한 물질만능주의적인 사고방식을 자세히 들여다보고 그것을 넘어설 것을 촉구했다.

"근면 성실, 끈끈한 가족애, 긴밀한 지역사회, 그리고 신앙심을 자랑으로 여겼던 나라에서 지금은 우리 중 너무나 많은 이들이 향락과 소비를 추구하고 있습니다. 인간의 독자성은 더 이상 그가 무엇을 하느냐가 아니라, 무엇을 소유하고 있느냐에 따라 정의됩니다.[32]"

카터 대통령이 북돋우었던 인간적 유대감과 사회적 책임감은 그가 재선에 실패하고 자리에서 물러난 후로 다른 의미를 띠기 시작했다. PBS 〈태비스 스마일리〉와 진행한 인터뷰에서 경제학자 제프리 색스가 지적한 대로 1980년대에는 빈곤과의 전쟁에 급격하고 계획적인 변화가 도입되었다.

"하지만 바로 그때 로널드 레이건 대통령이 등장했습니다. (……) 그리고 그는 정부가 해결책이 아니라 문제의 근본 원인이라고 지적해 취임에 성공했습니다. (……) 레이건은 나라를 뒤집기 시작했어요. 부유층에 세금 감면 혜택을 주었고 교육 지출과 사회 안전망의 기반을 줄이기 시작했습니다. 그동안 미국의 생산성을 높였던 사회 기반 시설에 대한 투자도 그만뒀어요."[33]

옥시덴탈 대학 도시환경정책학과장 피터 드라이어는 전 대통령의 사망 직후 논평에서 레이건 대통령은 미국의 도시나 빈민 어느 편도 아니었다고 분명히 단언했다.

> 1981년 레이건은 정부 지출을 삭감할 수 있는 권한을 쥐고 취임했다. 그러나 실제로는 군 예산의 증가로 오히려 정부 지출이 늘었고 시종일관 미국의 근로 계층, 특히 빈민을 돕는 여러 정부 재정 지원들을 대폭 삭감했다.[34]

　대부분의 보수주의자들은 레이건 대통령의 업적에 금테를 두르고 싶은 마음에서 그가 국가의 번영을 회복했다고 자랑스러워하지만 그는 빈민을 희생시켰다.

　드라이어는 부자와 나머지 미국인들 사이의 소득 격차가 더욱 크게 벌어졌다면서 이렇게 덧붙였다.

> 일반 근로자의 임금이 줄고 미국 내 주택 소유자의 비율은 하락했다. 레이건이 집권한 두 번의 임기 동안 부자들은 호황을 누렸고 반면에 도시의 빈곤율은 증가했다.[35]

　특별히 레이건 대통령이나 공화당 의원들만을 비난하려는 게 아니다. 가난과의 전쟁 도표를 그려봄으로써, 겉만 번지르르할 뿐 실제로는 가난을 적대시하는 근시안적인 법안이 제정된 탓에 가난을 대하는 잘못된 태도가 오히려 당연시되고 나아가 그 정도가 더욱 극심하고 가혹해진 시점을 정확히 짚어보려는 것이다. 가난과의 전쟁에 관한 한 레이건 대통령은 백기를 흔드는 장군 그 이상이었다. 사실상 그는 복지와의 전쟁을 개시한 셈이었다. 게다가 부유층에 유익한 세금 정책이 놀랍게도 빈민까지 함께 살린다는 '트리클다운'이라는 잘못된 생각에 기초한 적하 경제 정책을 만들어내기도 했다.

　오늘날 빈민층이 처해 있는 몹시 충격적인 상황들의 일부가 레이건 시대의 잔재이다. 저소득층과 장애인을 위한 메디케이드, 푸드스탬프, 미국인의 건강과 환경 보전을 살피는 미국환경보호국, 자금의 사용 범위와 용도가 비교적 자유로웠던 지역개발포괄보조금 등 이른바 복지 후생 계획들과 정부 교육 정책들의 예산을 레이건 대통령은 60퍼센트까지 대폭 낮췄다. 최저임금을 시간당 3.35달러로 동결했으며 저소득층을 위한 공영주택과 '섹션8'이라 불리는 주택 임대에 대한 보조도 50퍼센트 가까이 삭감했다. 드라이어가 논평에서 지적했듯이, 레이건 집권 중에 베트남 참전 용사들과 어린아이들, 실직당한 근로자들을 포함한 노숙자가 120만 명으로 늘었다. 레이거노믹스Reaganomics*에 관한 최고의 책을 집필한 로버트 레카치먼이 그 책의 제목을 통해 '탐욕으로도 부족하다Greed Is Not Enough'라고 한 말은 참으로 옳았다.[36]

빈곤 문제에 있어서 지금과 같은 정치적 대화의 분위기를 조성한 사람은 레이건 대통령이었지만 빈민을 벌하자는 우익 세력으로 구성된 악단의 지휘를 맡은 사람은 빌 클린턴 대통령이었다. 1996년 재임을 위해 선거운동을 펼치는 와중에 클린턴 대통령은 실업자 지원을 뜻하는 '사회보장연금에서 노동으로Welfare to Work'라는 가혹한 개혁 법안에 서명함으로써 실제 공화당원들보다 더 공화당원 같게 일을 처리했다. 비록 이 법으로 인해 사회보장연금 수급자의 수가 감소했다지만 직업 훈련도 받지 못한 사람들이 아무도 그들을 반기지 않는 일터로 떠밀리는 결과를 낳았다. 이러한 노력이 선거에서 이기는 데 도움이 되었을지 모르지만 빈곤율은 1996년 13.7퍼센트에서 2000년 11.2퍼센트로 겨우 2.5퍼센트포인트 감소하는 데에 그쳤다.

레이건 대통령이 빈민에 관련된 정치적 대화와 지원책 등에 변화를 주긴 했지만 놀라운 것은, 제프리 색스가 PBS 인터뷰 중에 언급한 대로,

* 레이건Reagan과 경제economics를 합한 말로 레이건 정부가 추진한 시장 중심의 경제 회생 정책을 이르는 용어.

빈곤층을 부인하고 폄하하고 묵살하는 대화 행태가 클린턴 정부 내내
계속되었다는 점이다. 부시 정부는 더 큰 폭으로 부자들의 세금을 감면
했고, 비참하게도 그 같은 행태는 오바마 정부 초기에도 변함없이 이어
졌다.

있는 그대로의 사실

대침체 이전에는 대략 3,700만 명의 미국인들이 가난에 시달리
고 있었다. 가장 최근에 개정된 인구조사국 통계에 따르면 이 수치가
현재는 약 5,000만 명으로 급증했다. 이 글을 쓰고 있는 이 순간, 거의
1,400만 명에 이르는 미국인들이 실직한 상태에 있으며 그 외 다른 수백
만 명도 벌이가 충분치 않은 상황이다. 게다가 이 숫자는 아예 구직을 포
기한 사람들을 반영하지 않고 있다. 주식시장의 회복을 알리는 보고들
에도 불구하고 미국에서 일자리를 얻기란 그 어느 때보다도 어렵고, 많
은 빈곤 노동자들의 경우에는 일이 있어도 수입이 충분치 않다. 기업의
수익이 치솟으면서 중산층을 위한 일자리들이 사라져버렸다. 새로 늘어
난 일자리들 중에서 고소득 산업들은 겨우 14퍼센트를 차지한 반면에
저임금 직종들이 거의 50퍼센트를 이루고 있다. 평균 고소득 직종의 임
금은 시간당 17.43달러에서 31달러 사이이다. 하지만 소득이 낮거나 중
간 수준에 속하는 직종들은 시간당 8.92달러에서 15달러 사이의 임금
을 지불한다. 미국 평균 시간당 임금인 22.60달러에 훨씬 못 미치는 수
치이다.

2010년에 거의 900만 명의 사람들이 정규직 일을 찾을 수 없어서 시간제 일을 하고 있었다. 미국은 한 세대에 걸쳐 가장 높은 장기 실업률을 겪고 있고, 실업자 절반이 최근 6개월 이상 일자리를 구하지 못한 처지에 있다.

지난 40여 년간 가계소득이 제자리걸음을 치는 동안 상위 5퍼센트 미국인들의 소득은 그야말로 폭등했다. 미국의 여론조사 기관인 퓨리서치센터가 2011년 발표한 바에 따르면 흑인과 히스패닉 가정이 가장 고통받고 있으며, 2009년에 이르러 흑인 가구는 이전에 가지고 있던 재산의 53퍼센트를, 히스패닉 가구는 66퍼센트를 잃었다.

현실은 자다가도 벌떡 일어날 만큼 심각해서 만약 의식적이고 즉각적인 개입이 이뤄지지 않으면 머지않아 미국은 '평생 빈민'이라는 새로운 계층을 짊어지게 될 것이다. '빈곤층 순방: 양심에 외치다'에 앞서 우리는 인디애나 공공환경정책대학원에 불경기와 그것이 빈곤에 미친 영향을 검토해달라고 의뢰했다. 2012년 1월 발표된 그 검토 결과는 가히 충격적이었다. 인디애나 대학교의 백서 '위기에 처한 미국의 빈곤층, 대불황과 그 이후'는 경기 침체 결과로 1948년 이래 최다 장기 실업자가 생겨난 과정을 분명하게 보여주고 있다. 경제가 회복되고 있다는 정치인들과 월스트리트의 발표에도 불구하고 특히 빈곤 노동자와 유사 빈곤층, 신빈곤층 같은 저소득 미국인들의 행복이 상당한 위협을 받고 있다고 결론짓고 있다.[37]

미국인 근로자층의 실제 임금이 지난 4세기 동안 증가하지 않았다는 경제적 현실을 감안할 때, 빈곤층을 향한 정치적 미사여구와 더불어 비뚤어진 표현에 도전하는 일은 마땅히 이뤄졌어야 한다. 부유층과 중산층을 살찌우면 빈곤층과 근로자층의 삶도 덩달아 나아질 거라는 놀라운 믿음, 즉 적하 경제정책을 둘러싼 공화당과 민주당 각각의 주장을 우리는 반드시 넘어서야 한다.

양대 정당은 빠른 시일 내에 경기회복이 이뤄지지 않는다는 것을 알고 있다. 믿기 싫지만 우리는 앞으로 수년간 상당히 이례적인 경제 상황을 헤쳐 나가야 할 처지에 놓여 있다. 그럼에도 불구하고 민주당이나 공화당에 속한 그 어떤 당원도 빈곤이라는 다루기 힘든 문제의 기저를 이루는 여러 사안들에 대해 고심할 계획을 가지고 있지 않다.

미국의 돈줄을 쥐락펴락하는 사람들을 반드시 불러내서 그들이 엄청난 경제 부흥을 이야기할 때마다 어김없이 사용하는 솔직하지 못하고 기만적인 표현에 대해 추궁해야 한다. 그들이 말하는 경제 부흥은 노동자의 최저 생활을 위한 생활급을 보장하는 일자리가 아니라 최저임금을 주는 일자리에 바탕을 둔다. 일자리다운 일자리에 기초한 경기회복의 계획과 진행이 아니라 그것을 제외한 경기회복을 뜻한다. 즉, 가난한 사람들이 가난을 벗어나는 길을 찾도록 도와주는 탄탄한 지침도 없이 단지 빈곤 노동자를 돕겠다고만 한다.

관련 문제들을 해결하는 데 있어서 우리가 구체적이고 분명하고 단도직입적인 표현을 쓰지 못한다는 것은 결국 해결 의지가 부족하고 빈민층에 참된 기회를 주지 못할 만큼 정치적으로 무능하다는 뜻이다. 우리는 냉소적인 동시에 듣는 이를 교묘하게 조종하는 이런 어휘들을 반드시 거부하고, 빈민층을 폄하하거나 그들의 아픔과 고통을 비하하지 않는 도덕적이면서 더욱 솔직한 표현들을 요구해야 한다.

푸드스탬프, 메디케이드, 실업수당, 국민주택, 교육 지원 등 미국의 사회적, 경제적 안전망을 크게 해치거나 아예 없애려는 치밀한 계획과 전략적 노력에 따라 어쩌면 빈곤은 새로운 미국에서 당연한 것으로 자리 잡게 될지도 모른다.

전 세계 수많은 사회를 통해 이미 보았듯이, 경제적 구제를 위한 해결책이나 다른 선택의 여지가 없을 때 혼란은 정점에 이른다. 세상의 어떤 제국도 언젠가 힘을 잃고 흔들리는 순간을 피할 수 없다는 사실을 우리는 역사로부터 배웠다. 모든 제국은, 특히 탐욕스러운 권력자들과 독재자들에게 영합하려고 빈민층을 희생시킨 근시안적인 사회는 결국에는 다들 무너지고 말았다. 부자는 더 부유해지고 빈민은 더 가난해지면서 계층 간 격차가 계속 커져만 가는 어처구니없는 상황에서, 날로 더해가는 가난의 무게에 눌려 어느 날 미국이 무너질 수 있다고 믿지 못할 이유가 없다.

세계 곳곳에서 정의를 외치며 쉬이 잠들지 못하는 사람들과 더불어 아프리카와 유럽, 중동과 마찬가지로 미국에서도 우리는 민주주의에 대한 참으로 놀라운 자각의 움직임을 목격하고 있다. 이집트와 튀니지, 예멘, 그 외 다른 곳에서 일어나는 민주적 봉기들을 제대로 높이 평가하면서도 바로 우리 땅에서 경제적 불평등의 문제가 그만큼 폭발적일 수 있다는 점을 미처 깨닫지 못했다. 가난이 민주주의에 관한 깨달음에 불을 붙이는 불꽃이 될 수 있을까?

아메리칸드림은 세상 온누리에 변화를 고취시켰다. 그런데 이 드림을 담보로 너무 큰 대출을 받은 탓에 그 손실이 지금 우리 땅에서 시위의 불을 붙이고 있다는 슬픈 아이러니가 있다.

알렉시스 드 토크빌이 미국 민주주의의 주요 정치 논객으로서는 처음으로 미국에 대해 '예외적'이라는 표현을 썼다. 틀림없이 미국은 매우 특별하고 독특하다. 하지만 프레더릭 더글러스의 의견대로 진정한 애국자라면 반드시 밤의 어둠에 싸인 미국 민주주의와 씨름해야만 한다.

지난 43년간 빈곤 퇴치라는 우리의 공격적인 태도가 점차 소극적이고 무관심하고 전혀 건설적이지 못한 입장으로 변하면서 빈곤층은 공개적으로 손가락질을 받고 이젠 눈에 보이지 않는 존재로 전락해버렸다. 양대 정당이 조세법의 허점과 감세 조치의 혜택을 누리는 부유층으로부터 막대한 선거 자금을 제공받기 때문에 정치인들은 대중 앞에서 빈곤의 'ㅂ' 자도 꺼내기를 망설이고 그럴 의지마저 부족하다.

간단히 말해서 우리가 바라는 일을 백악관이 급선무로 삼게끔 만들어야 그 일은 해결된다. 우리가 이라크와 아프가니스탄에서 벌어지는 전쟁들에 대한 자금 지원 문제를 우선시하니까, 땡 하고 즉시 처리되었다. 우리가 월스트리트의 긴급 구제금융에 관한 사안을 최우선 과제로 삼자, 그 역시 해결이 되었다. 미국의 수도에 위치한 K스트리트*에는 가난한 사람들을 위한 로비스트들이 줄지어 서 있는 게 아니기 때문에 우리가 국가적 차원에서 빈곤 퇴치를 다시 한 번 확실히 거론할 필요가 있으며 우리의 지도자들이 가난한 사람들의 문제를 국가적 급선무로 삼도록 해야 한다.

가난이란 단돈 6달러가 부족해서 공과금을 납부하지 못하고 모자란 돈을 마련할 방법이 전혀 없다는 것이다.

---

*   미국 로비 집단을 상징하는 용어로 백악관 근처에 실제로 위치한 도로 이름.

가난이란 마카로니 앤드 치즈를 바닥에 흘린 순간 눈물이 뚝 떨어지는 것이다.

가난이란 당신만큼 뼈 빠지게 일하는 사람이 세상 어디에도 없음을 아는 것이다.

가난이란 실은 당신이 멍청하지 않다는 사실에 사람들이 놀라는 것이다.

가난이란 실은 당신이 게으르지 않다는 사실에 사람들이 놀라는 것이다.

가난이란 아파서 울다 잠든 아이를 품에 안고 응급실 앞에서 여섯 시간을 기다리는 것이다.

가난이란 누가 먼저 구입한 적이 없는 새 물건을 절대로 사지 못하는 것이다.

가난이란 노숙자 쉼터의 위치를 아는 것이다.

가난이란 가난해본 적이 없는 사람들이 당신더러 어째서 가난하게 살기로 작정했느냐고 의아해하는 것이다.

가난이란 가난에서 벗어나기가 얼마나 힘든지를 아는 것이다.

가난이란 당신이 가진 선택의 폭이 얼마나 좁은지를 아는 것이다.

가난이란 제자리걸음만 치는 것이다.

가난이란 사람들이 당신더러 어째서 툭 털고 일어나지 못하느냐고 의아해하는 것이다.

-인터넷 작가 존 스칼지의 '가난이란' 중

우리가 빈곤에 어떻게 맞설 것인지 다시 생각하고 그려보고 재정립하지 않는 한 빈곤의 뿌리는 절대로 뽑히지 않을 것이다. 빈곤을 키우는 탐욕과 정치적, 경제적, 사회적 블랙홀을 제대로 따져보지 않고 그것들에 맞서 싸우지 않는 한 갈수록 늘어만 가는 만성적 빈곤은 미국 자본주의 및 세계경제와 영원히 함께할 것이다.

제3장 긍정의 빈곤

나는 다른 사람들 눈에 보이지 않습니다.
그건 단지 사람들이 나를 보려고 하지
않기 때문이라는 걸 알아주세요. (……)
그들은 내 가까이에 서서 오직 내 주변 환경만을,
그들 자신이 상상하는 것만을 봅니다.
정말이지, 무엇이든 알아봐요. 나만 빼고 말이죠.
- 랠프 엘리슨*

* 『보이지 않는 인간』으로 호평을 받은
　미국인 소설가이자 문학 비평가.

미시시피 주 콜럼버스 시의 주민, 브렌다 캐러다인은 자신의 눈을 믿을 수가 없었다. 동네 YMCA 회관의 러닝머신 위에서 창밖을 내다보며 열심히 뛰던 중, 커다란 흰 버스가 근처 코트스퀘어타워스 건물 앞에 멈춰 서는 것을 보았다. 순간 감정이 솟구치는 것을 느끼며 캐러다인은 버스 측면에 적힌 파랗고 붉은 글자들을 찬찬히 읽었다. '빈곤층 순방: 양심에 외치다.'

나중에 그녀는 그 순간을 두고 "신이 기적을 보여줬다"라고 전했다. 실은 빈곤층 순방 버스가 콜럼버스로 향하고 있다는 사실을 전해 듣기 바로 며칠 전, 캐러다인은 「커머셜 디스패치」라는 지역신문사 앞으로 항의 편지를 썼다. 테네시 윌리엄스 축제의 책임자이자, 오랫동안 예술을 후원해온 캐러다인은 순방단이 콜럼버스를 방문하기로 예정된 사실이 전혀 반갑지 않다고 썼다. 그러나 그 편지는 게재되지 않았다.

그러던 차에 순방 버스가 진짜로 모습을 나타내자, 캐러다인은 당장 밖으로 뛰쳐나왔다. 그녀는 약이 받쳐 우리를 호되게 질책하려고 했고 실제로 그리했다. 우리가 콜럼버스를 찾아온 것을 전혀 달가워하지 않았고 버스 측면에 선명하고 커다랗게 적힌 '빈곤'이라는 단어도 불쾌히 여겼다.

"당신들이 우리 시에 오명을 씌우고 있어요. 여긴 못사는 지역이 아니에요."

캐러다인의 불평 섞인 질문이 이어졌다.

"어째서 콜럼버스를 찾아왔죠? 당신들, 여기에 왜 온 거예요?"

불만 가득한 그녀의 힐난은 계속되었다(예의상 이렇게만 표현하겠다). 어쨌거나 그녀의 이야기에 동조하는 시민들이 많다는 것을 알았기 때문에 우리는 점잖게 그녀가 하는 말을 귀담아들었다.

빈민을 긍정하는 것은 위험한 일이다. 빈민을 긍정한다는 건 우선 그들의 존재를 인정한다는 뜻이다. 빈민이 존재한다는 사실을 인정함과 동시에 몹시 위험한 생각들이 떠오르기 시작한다. 누구든 다음의 질문을 떠올리지 않고는 배기지 못한다. 같은 일이 내게도 일어날까?

많은 사람들은 가난을 곧 개인의 실패를 선언하는 것으로, 또는 개인이 근본적으로 쓸모없음을 나타내는 척도로 여긴다. 캐러다인의 경우에는 빈민이 건실한 지역사회에 드리운 어두운 그림자와 같았다.

빈곤에 관한 진상은 반드시 긍정되어야 한다. 등에 칼을 맞았지만 아무 도움을 받지 못하고 거리의 인파 속을 비틀비틀 헤매는 사람처럼 지금껏 빈민층은 무관심의 날에 다치고 또 다쳤다. 자꾸 그 진상을 긍정함으로써 우리는 그 고통과 출혈을 서둘러 막아야 한다는 사실을 더불어 깨닫게 된다. 진상의 긍정은 검증으로 이어지고 결과적으로 적절한 조치를 이끌어낸다.

빈민층은 그들이 사회를 해치는 게으르고 무책임한 빈대와 같다는 악의적 비난과, 그들에 대한 사람들의 고정관념에서 비롯한 수치심에 오랫동안 시달렸다. 정치인들은 빈곤을 검은색이나 황갈색 등의 특정 피부색을 가진 사람들만의 문제로 치부해왔다. 이렇듯 빈민을 둘러싼 사회적 인식이 선입견에 물든 탓에 개인적으로, 사회적 일원으로 자부심을 느끼는 사람들이 '빈곤'이라는 꼬리표를 한사코 마다하는 것은 지극히 당연한 일이다.

우리는 우리가 그 지역의 재단법인 프레리 오퍼튜니티를 방문하는 동안 캐러다인이 동행해주기만을 바랐다. 이 비영리단체는 영세민들과 고령자, 장애인 및 실업자 가정에 각종 지원을 제공한다. 그곳은 도움이 필요한 사람들이 힘든 시기를 견뎌내고 자립의 힘을 기를 수 있도록 도와준다.

지금과 같은 불경기에 각종 지원이 절실한 사람들의 수는 급증하는데 예산은 오히려 크게 줄어서 프레리 오퍼튜니티와 같은 단체도 어려움을 겪고 있다. 이 재단법인은 다른 비영리단체들과의 협업을 통해 미시시피의 황금의 삼각지대에 위치한 여덟 개의 카운티를 돌보고 있다. 도움을 청하는 사람은 많고 예산은 빠듯하다. 우리가 그 법인을 찾아갔을 때 그곳 관리자들이 일러주기를, 2011년 200만 달러였던 연방정부의 지원금이 2012년에는 80만 달러로 삭감되었다.

만약 캐러다인이 우리와 동행했다면, 그녀는 자신이 살고 있는 지역 내 빈곤의 실상을 마주할 수 있었을 것이다. 조앤 코튼의 처지를 직접 전해 들을 수 있었을 테니까.

"제 전공은 마케팅이에요. 지난 3년간 실직 상태죠. 남편은 몸에 장애가 있어요. 퇴행성 디스크가 너무 심해져서 30년 다닌 직장을 그만뒀네요. 둘이 합쳐 1년에 6만 달러씩 벌다가, 하룻밤 사이에 연 소득이 1만 5,000달러 이하로 줄었어요. 지금 우리 부부는 어떻게 해서든 압류당한 집이 경매로 넘어가는 일만큼은 막아보려고 애쓰고 있는데…… 힘드네요. 몹시 힘들어요."

코튼의 남편은 만성 폐 질환을 포함해서 여러 질병을 함께 앓고 있다. 그러나 필요한 약물 치료를 전부 받지는 못한다.

"치료를 다 받을 순 없어요. 돈이 없어서…… 일부만 받고 있어요."

이 부부는 푸드스탬프를 제공받고 있는데 그런 처지가 지옥만큼이나 우울하게 느껴진다고 했다. 아무리 그래도 참담한 그녀의 취업 사정보단 나을 것이다. 자동차 기름 값 때문에 마음껏 면접을 보러 다니기도 힘들다. 코튼은 300여 군데에 입사 지원서를 넣었다고 한다. 면접을 보러 오라는 연락을 더러 받기도 했단다. 쉰넷이라는 자신의 나이가 취업에 결정적인 걸림돌이라고 그녀는 믿어 의심치 않는다. 매번 면접관들은 그녀의 오랜 경력을 치켜세우면서도 면접 후에 다시 불러주진 않는다. "스물대여섯 살 난 애들을 고용해서 그만큼 월급을 덜 주려는 걸 제가 왜 모르겠어요"라고 설명하는 코튼의 얼굴에 수심이 가득했다.

"저는 뭐라도 할 수 있어요. 직접 옷 가게를 열기도 했고 관리직을 맡아본 적도 있어요. 행정 보조만 16년 넘게 했고요. 제가 바라는 건, 뭐라도 좋으니 일단 시작만이라도 하게 해달라는 거죠. 일하게 해주세요."

캐러다인은 우리 버스에 적힌 '빈곤'이라는 단어에 그녀가 사는 지역의 위신이 떨어지고 주변으로부터 좋지 못한 평판을 얻을 것으로 생각했다. 애석하게도 캐러다인에겐, 코튼처럼 돌연 신빈민이라는 역할을 떠맡고 힘겨워하는 사람들이 절망의 나락에 빠져 있음을 주변에 알리는 일보다 그 지역사회가 남들 눈에 어떻게 보이는지가 훨씬 더 중요했다.

"지난 3년간 일자리를 찾는 새에 한 10년은 늙어버린 것 같아요. 가슴이 터질 것 같고 이젠 웃을 줄도 몰라요. 완전히 의욕을 잃었어요. 할 수 있는 일이 전혀 없어요."

코튼이 우리에게 말했다.

"숨 좀 쉴 수 있으면 좋겠어요. 일자리를 얻어야 두 다리를 뻗고 숨을 쉴 텐데…… 그럴 처지가 못 돼요. 계속 이러다 보면 나도 남들처럼 아예 포기하게 되겠죠."

우리 가운데 빈곤이 없는 척하는 한, 빈곤에 시달리는 가난한 사람들의 정신적 고통을 이해하기란 절대로 불가능하다. 가난은 냉혹한 판단의 세계에 들어서서 사회적 위상이 즉각 강등되는 것을 의미한다. 사람들은 빈민의 인간성을 긍정하지 않을 뿐 아니라, 비난하기까지 한다. 2012년 1월, 텔레비전을 통해 전국으로 방송된 우리의 심포지엄 '미국 재건하기'에 저명한 저자인 바버라 에런라이크가 출연해서 빈민층의 사기를 꺾기 위해 만들어진 제도에 대해 이야기했다.

"놀랍고 충격적이고 듣기에 몹시 거북한 사실을 하나 말씀드리면, 곤란에 처한 사람들이 악화 일로를 걷고 있는데도 우리는 그들을 돕기는커녕 오히려 더 벼랑 끝으로 내몰고 있습니다. 제도 전반이 조작된 것이어서 일단 추락의 소용돌이에 휘말리면 그 속도는 걷잡을 수 없이 빨라져요. 다시 기어오를 사다리 같은 건 없어요. 잘 내려가라고 기름칠한 미끄럼판만 있을 뿐입니다."[38]

순방 중에 캐러다인과 같은 사람들과 여러 번 부딪치면서 우리는 실제로 이 땅에서 우리를 가로막는 부정의 정도가 얼마나 심한지 알 수 있었다. 빈곤을 달갑잖은 것으로 마냥 내버려둔다면 이 땅에서 가난한 인간으로 산다는 게 무엇을 의미하는지 그 참모습을 어떻게 그려보겠는가? 사람들이 빈곤을 무슨 수를 써서라도 피해야 할 전염병 대하듯 하기를 그만두고 대신 가난한 사람들의 위엄과 인간성을 긍정하는 날이 과연 오긴 올까? 빈곤을 둘러싼 허구와 진실을 구분하지 못하고서 우리가 어떻게 경제적 박탈에 시달리는 궁핍한 사람들을 도와줄 수 있겠는가?

빈곤이란 말이 금기시된 배경

빈곤을 바라보는 미국인들의 인식과 그것에 대한 정부의 반응은 루스벨트와 오바마의 임기 사이에 수차례 바뀌었다. 빈민을 가장 노골적으로 비난한 사례를 하나만 꼽으면, 위대한 소통자로 알려진 레이건 대통령이 1984년에 아침 생방송 프로그램인 〈굿모닝 아메리카〉의 한 코너에 출연해서 했던 총평을 들 수 있다.

"우리가 이 나라에서 찾아낸 것은, 어쩌면 요즘 들어 더 명확히 의식하게 된 것인지도 모르겠습니다만, 지금껏 우리가 어떤 문제를 떠안고 있었다는 사실입니다. 나라 안의 사정이 최고로 좋았던 시절에도 마찬가지였습니다. 그건 바로 하수도 맨홀 뚜껑 위에서 잠을 자는 사람들, 집이 없는 노숙자들입니다. 본인의 선택에 따른 것이라 봐도 되겠죠."[39]

프리덤하우스는 오하이오 주 애크런에 위치한 참전 용사 노숙자들을 위한 쉼터이다. 그곳에서 우리가 만난 베트남전 참전 용사 존은 자신이 경제력을 잃고 이혼을 하고 노숙자로 전락하는 과정에서 선택의 여지가 있었다고 생각하진 않을 성싶다.

"당신들이 가난 얘길 하니 말인데…… 나도 직장과 가족, 차, 그런거 다 가졌던 적이 있소. 사람 구실 하려면 꼭 있어야 하는 것들 말이오. 지금은 남은 게 하나도 없지. 한동안 일자리가 생기질 않아서 끝내 집이

넘어갔고, 집이 없으니까…… 나랑 내 집사람도……. 그게 참, 우리 부부
는 별거 중이오. 떨어져 산 지 벌써 9개월이 넘었소."

다부진 몸집에 안경을 끼고 KFC 창립자 커넬 샌더스 같은 염소수
염을 기른 존이 자신의 경험을 들려주었고 그 이야기는 우리가 미국 전
역을 돌아다니는 내내 우리의 머릿속을 떠나지 않았다.

"내가 소매업에 종사한 기간이 30년이 넘어요. 체인으로 운영되는
대규모 소매업 회사였는데 140여 개의 점포를 폐업할 수밖에 없는 처지
에 놓였소."

존은 말을 이었다.

"나와 함께 일한 사람들은 그 회사랑 30년, 40년 넘게 일한 사람들이
대부분이었소. 개중에는 1, 2년만 있으면 연금을 탈 수 있는 이들도 있었
고 정년퇴직을 손꼽아 기다리는 이들도 있었지. 우리의 평생 노력이 갑
자기 물거품이 되어버린 거요."

존이 갑작스레 재정 능력을 상실한 것이 21세기 대침체의 여파라
고 생각하는 사람들이 있겠지만 그의 운명은 실은 수십 년 전 레이건 대
통령이 가난한 사람들의 어려움을 긍정하는 대신 오히려 그들을 비난했
을 때 예견된 것이었다. 이른바 '시카고 기초생활보조금 여왕'의 이야기
로 군중을 기쁘게 했던 그 대통령의 유세 연설들을 과연 어느 누가 잊을
수 있을까? 레이건의 서술에 따르면 캐딜락을 몰고 다니는 이 기초생활
보조금 사기꾼은 80개가 넘는 가명과 가짜 주소들, 아예 존재하지 않거
나 사망신고가 된 남자들의 이름을 가지고 정부 보조금 18만 달러를 타
냈다. 많은 기자들이 이 여자를 찾아내려고 애썼지만 허사였다. 이 여왕
이야기는 탄압받는 자들에 대한 레이건의 동정심만큼이나 의심스러웠

다. 그는 흔해빠진 게으른 사기꾼의 뻔한 이야기로 가난한 남자들과 여자들, 특히 어린이들을 돕는 프로그램들에 대한 예산 삭감을 정당화했다. 더 큰 근본적인 문제는 연기에 능숙한 이 배우 출신의 대통령이 조종석에 앉아 '가난' 하면 곧 '범죄행위'를 떠올렸던 19세기 시절로 키를 되돌려놓았다는 점이다.[40]

도둑 잡기

정부 보조금 사기 방지책들은 정부 체계만큼이나 오래되었다. 존슨 대통령의 '위대한 사회'를 위한 정부 정책의 일환으로 AFDC 프로그램, 즉 부양 자녀가 딸린 가족 지원책이 마련되었다. 비로소 장애를 앓지 않는 나이 어린 가난한 엄마들도 정부 지원금과 푸드스탬프를 받을 수 있게 되었다. 이 새 지원책에 관련한 규칙과 규정들은 무척 엄중해서 당시 생활보조금을 받는 가정에 정말로 남자가 없는지 확인하려고 한때 야밤 불시 단속을 시행하기도 했다.

닉슨 대통령은 '마약과의 전쟁'이라는 용어를 처음으로 활용해서 일반인이 아닌 군인들의 약물 남용을 엄중 단속하겠다는 자신의 계획을 분명히 나타냈다. 하지만 1980년대 중반에 들면서 그 전쟁의 대상이 나라 안의 가난한 흑인 거주 지역에 집중되었다.

마약을 팔거나 복용하는 기초생활보장 수급자 엄마들에 대한 이야기들이 대중의 관심을 끌면서 어느 순간부터 사람들은 '정부 보조금' 하면 '불법 약물'을 떠올렸다. 정부 정책들은 훨씬 더 가혹해졌고 사회보장

제도와 형사 사법제도의 경계가 서서히 사라지기 시작했다.

사회보장비 수급자들은 정부 보조금을 실제로 한번 타보기도 전에 벌써 거짓말쟁이나 사기꾼 취급을 받기 시작했다. 기술이 진보함에 따라 이제는 개인의 신상 정보와 사진들이 정부의 중앙 데이터베이스에 입력된다. 사회보장번호와 그 외 신상 정보가 수집되면 다른 데이터베이스들과 대조 확인해서 잠재적 수급 대상자가 전과가 있는지, 구속영장이 발부된 상태인지, 마약 관련 기소를 당하거나 그 외 유죄판결을 받은 적이 있는지 알아낸다. 사회보장비 수급자들은 충격적일 정도로 아주 면밀히 조사당한다. 많은 주에서 지방검찰청과 사회 사업가들로부터 권한을 넘겨받은 사복 차림의 조사관들이 수급자의 허락 없이도 가정방문을 실시할 수 있었다. 모멸감을 느낄 수 있는 이런 방문을 받으면 수급자들은 스스로 결백함을 입증하기 전까지 마음이 불편할 수밖에 없다.

"지금 당장 일자리를 구하러 나가보세요. 시간당 8달러, 9달러 주는 저임금 일자리를 얻는 데도 약물 테스트에 인성 테스트까지 받아야 합니다."[41]

에런라이크가 설명했다.

"질문지를 보면 '당신은 물건 훔치는 걸 좋아합니까?', '휴게실에서 코카인을 팔겠습니까?' 하는 질문들뿐이에요. 가난하다는 건 반드시 무슨 결함이 있다는 뜻이고 빈곤층은 결국에는 철창신세를 지게 마련이라고 사람들은 생각합니다."[42]

정치사학자들은 레이건이 이야기한 가상의 기초생활보조금 여왕이 그의 대선 이전에 발생한 사회보장비 사기 사건들을 종합한 결과로 탄생했을 뿐이라고 한다. 사회보장비를 부도덕, 불성실, 범죄행위와 연결 지은 탓에 사후에도 여전히 레이건은 사람들이 저임금직에 종사하는 유색인종 여성들을 당연히 범죄인 취급하게 된 데 대해 책임을 안고 있다.

역사적으로 우세한 위치에 선 자들의 관점에서 보면 캐러다인이 우리 버스에 적힌 빈곤이라는 단어에 강하게 반발한 것을 이해할 수 있다. 잠재적으로 마약과 범죄를 연상시키는 가난의 이미지가 그녀가 사는 지역에 결부되는 게 싫었던 것이다. 안타깝지만 그곳 주민들은 가난이 글자 그대로 무엇을 의미할까 고심해야 한다.

인종차별이라는 불화의 불씨를 언제나 무기 공장에 구비된 무기처럼 쥐고 부자들을 보호하는 자들은 가난한 사람들을 정부 지원금이 주어지지 않으면 쉬이 폭력을 휘두르는 이들로 그려내는 데 몹시 능숙하다. 빈곤층 순방 중에 코넬이 가난한 사람들을 긍정, 인정, 존중해야 한다고 한 것에 대해 2011년 8월 8일 러시 림보가 어떤 불평을 터트렸는지 곰곰이 살펴보라.

"좋아요, 그렇다면 이제 어떻게 '존중심을 가지고 가난한 노동자들을 대하라'는 겁니까? 그들에게 그들의 것을 주는 거죠. 이렇게 하라는 코넬 웨스트 박사의 말이 도대체 무슨 뜻일까요? 그들이 그들의 것을 손에 쥐도록 하는 편이 낫다는 거예요! 그들이 그들의 것을 손에 쥐도록 하는 편이 낫다고요! 만약 그들이 그들의 것을 손에 쥐지 못하면 보복과 증오심만 있을 테니까요. 만약 지금 가난한 사람들과 노동자들이 품위 있게 대우받지 못하면 우리 모두는 끝장나는 겁니다."[43]

우리가 아끼고 또 아끼는 친형제 같은 러시 림보에게 "빈곤은 최악의 폭력이다"라고 했던 간디의 말을 다시 한 번 일러주고 싶다.

생애 어느 하루

"우리가 아는 바대로 사회보장연금의 지급을 중지하겠다"라는 공약
으로 1996년 '개인 책임과 근로 기회 조정법Personal Responsibility and Work
Opportunity Reconciliation Act'에 서명함으로써 빌 클린턴 대통령은 우리를
포함한 많은 사람들을 실망시켰다. 실은 공화당원들의 '미국과의 계약'
이라는 각본의 한쪽에 불과했던 그 요란한 사회보장연금 개정안은 공화
당이 장악한 의회와 타협하려고 클린턴이 계획적으로 마련한 절충안이
었다. 당시 의회는 기존의 사회보장연금 제도를 아예 없애거나, 만약 그
럴 수 없다면 근본적으로 재정비하기를 바랐다.[44]

부양 자녀가 딸린 가족 지원책인 AFDC 프로그램은 TANF, 즉 무
조건적인 재정 지원 혜택을 막고 수급 시기에 제한을 두어서 반드시 수
급자가 정해진 기간 안에 일자리를 찾아야만 하는 복잡하고 까다로운
제도로 바뀌었다.

실제로 이 제도 덕에 사회보장연금을 받는 수급자의 수가 줄어들자,
어떤 사람들은 이 제도가 크게 성공적이었다고 치켜세웠지만 미네소타
트윈시티즈 대학의 정치학자 조 소스와 같은 비평가들은 이 제도가 어
떻게 빈부 격차를 심화시켰는지에 주목했다.

급격히 소득이 인상하고 빈부 격차가 심해지던 시기에 사회보장연금
개혁도 함께 이뤄졌다. 그 개혁은 불균형이 심화되는 것을 제대로 막지
못했고 어쩌면 오히려 그런 추세를 가속화했을 수도 있다. 사회보장연
금 개혁이 빈민을 위해 고용의 기회를 창출했는가? 그 개혁의 결과로

저임금 노동자들이 가난에서 벗어날 만큼 임금이 올랐는가? 이 두 가지 면에서 경제 사정은 전과 다름이 없다. 개혁이 성공적이었다고 말할 수 있을 만큼의 증거가 딱히 없다.[45]

2011년 6월 현재 대략 450만 명에 이르는 미국인들이 TANF 보조금을 받고 있다. 2008년 같은 시기에 373만 2,253명의 미국인들이 그 같은 혜택을 받은 것에 비하면 거의 70만 명이 늘어난 셈이다. 집과 일터에서 쉬이 범죄자로 간주되는 저임금 유색인종 노동자들을 위해 마련된 이 수치스러운 제도가 시행된 이래 처음으로 중산층 백인들은 이제는 자신들이 그 제도에 의존하고 있음을 알게 되었다.

불황의 진동 속에서 허우적거리는 빈곤 가정들의 요구는 늘어나는데, 입법자들은 그런 사실을 인정하고 그 해결에 고심하는 대신 전국적으로 TANF 프로그램의 혜택들을 급격히 삭감했다. 예산정책우선순위연구센터가 2011년 발행한 보고서에 따르면 TANF 보조금의 대폭 삭감이 130만 명의 아동을 포함해서 70만 가정에 많은 곤란을 초래했다. 구직 대란이 지속되는 상황에서 그 보고서는 '미국이 노동시장에서의 전망이 전혀 밝지 못한 취약 계층을 대상으로 하는 보조금 지원을 아예 끊거나 줄이고 있다'라고 지적한다.[46]

용기를 내어 우리 가운데 빈곤이 존재함을 긍정해야 비로소 현실을 분명히 바라보게 된다. 변화의 필요성을 인정하는 데 꼭 필요한 첫발을 내디뎌야 한다.

레이건의 유령

30년 전쯤 빈민에 대한 공격을 지지했던 레이건 대통령 시절의 스타일이 오늘날 다시 인기를 끌고 있다. 그 예로 2012년 공화당 공천 후보자들이 사회보장연금 제도를 철폐하겠다는 의지를 표명하려고 아무런 망설임 없이 인종차별적인 고정관념과 모욕적인 발언을 활용해서 표심을 끌었던 것을 되짚어보자.

실업과 빈곤이 다분히 정부의 규제 완화, 방치된 탐욕, 경제 불균형의 결과로 일어난 월스트리트 점령 시위의 비난에 대해 후보자 허먼 케인은 이른바 '피해자를 탓하라'라는 식의 응수를 택했다.

"월스트리트 탓을 하지 마십시오. 대형 은행들의 탓으로 돌리지 말아요. 취직이 안 되고 잘살지 못하다면 그건 당신 탓입니다!"

선거운동차 잠시 아이오와에 들른 전 펜실베이니아 주 상원의원 릭 샌토럼은 다음의 발언으로 우레와 같은 박수를 받았다.

"저는 다른 누군가의 돈으로 흑인들의 삶이 풍족해지는 것을 원치 않습니다."

오바마 대통령이 미국을 '재정 지원 혜택의 사회'로 바꿔놓는다며 2012년 초 여러 차례 비난을 퍼부었던 전 매사추세츠 주지사 미트 롬니는 "제 관심사는 극빈층이 아닙니다. 그들을 위한 사회적 안전망은 마련되어 있으니까요"라고 안하무인 격으로 분명히 밝혔다.[47]

샌토럼은 자신의 발언이 '흑인들'이 아니라 '사람들'을 의미한 것이었다고 스스로 정정했다. 롬니는 훗날 인터뷰를 통해 여전히 자신의 주된 관심사는 생활고에 시달리는 중산층을 돕는 것임을 강조하면서 "가난한 게 좋은 일은 아니다"라고 시인함으로써 본인의 둔감함을 애써 미화하려 했다.

후보자 뉴트 깅리치는 군침을 돋우는 뼈다귀를 입에 문 투견처럼 여러 모욕적인 발언으로 소수자들과 빈민층을 끊임없이 몰아붙였다. 못사는 흑인 아이들은 커서 학교 수위가 되기 일쑤라고 했고, 오바마에겐 '푸드스탬프 대통령'이라는 꼬리표를 붙였으며, 가난한 사람들을 향해 월급을 바라야지 지원금을 바라선 안 된다고 비난을 퍼부었다. 마치 그들이 월급 아닌 다른 걸 원하기라도 한다는 듯이 말이다.

만약 롬니, 깅리치, 샌토럼, 혹은 물정을 모르고 가난한 사람들을 비하하는 그 어떤 정치인이든 우리와 함께 프레리 오퍼튜니티 모임에 참여했다면 이른바 빈민층에 속하는 사람들이 정말로 원하는 게 무엇인지 더 잘 이해할 수 있었을 것이다.

코넬이 자주 인용하는 랠프 엘리슨의 말 중 "블루스는 개인이 가는 가시밭길을 서정적으로 표현한 것이다"라는 말이 있다. 줄담배를 피우는 블루스 가수의 목소리를 지닌 미시시피 주민 얼리 로빈슨이 본인의 블루스를 들려주었다. "난 군인 출신이오. 내 아내도 여기 있소"라며 얼리는 방 맞은편에 앉은 자신의 아내 크리스틴을 가리켰다.

"필요한 도움을 얻으려고 우린 미시시피 주 콜럼버스를 샅샅이 뒤졌어요. 우리 둘이 같은 달에 실직을 당했거든요. 그러니까 그게…… 2011년 2월이었소. 차도 저당을 잡히고…… 아무튼 할 수 있는 건 다 하고 있어요. 잔디도 깎고 닥치는 대로 다 해요. 그나마 집을 잃지 않으려면 이 수밖에 없어요. 도움을 받을 데가 전혀 없소. 내 나이가 곧 쉰넷이에요. 힘도 세고 건강하고 이런저런 기술도 있는데…… 아무도 날 써주

질 않아요."

로빈슨 부부는 경제 침체와 가난이라는 오명에 적응하느라 힘겨운 시기를 보내고 있다. 이 자부심 강한 커플은 생활보조금을 받아왔으나 그마저도 끊겼다. "왜냐하면 우리가 기준보다 2달러를 더 벌었기 때문이에요"라고 크리스틴이 말했다.

아내가 눈물을 흘리기 시작하자 얼리가 그녀를 달랬다. 크리스틴이 제발 일하게 해달라고 호소하는 중에도 그녀의 눈물은 멈추질 않았다.

"저는 노인성 치매 환자들을 돌본 경력이 있어요. 1종 운전 면허증도 있고요. 뭐든 할 수 있어요. 무슨 일이라도 하겠어요. 우리 아들이 이제 열네 살이에요. 생명보험도 날아갔고 자동차보험도 날아갔고 인터넷도 끊기고…… 지난주에는 가스마저 끊겼어요. 우리 가족은 함께이고 우리한테는 신이 계시지요. 겨우 버텨내고는 있는데…… 우리가 어찌 살고 있는진 아무도 모르죠."

맞는 말이다. 대부분의 사람들은 21세기 미국에서 없이 사는 삶이 어떤 것인지 제대로 알지 못한다. 실제로 그런 삶을 살고 있는 사람들만 알 뿐이다. 대부분의 미국인들은 숫제 자신과 가난이 별개라고 여긴다. 빈민에 대한 고정관념과 부정적인 인식이 커튼처럼 '우리들'과 '저들'을 갈라놓고 있다. 정치인들과 그들의 돈 많은 후원자들은 이런 형편과 그 필요성을 잘 이해하고 있기에 그 커튼 사이로 빛이 절대 새어 나가지 않도록 하기 위해서 그들의 지지자들에게 끊임없이 감정을 자극하는 탄약과 왜곡된 사실을 제공한다.

가난이라니, 무슨 가난?

헤리티지 재단은 최근 '오늘날 미국에서 빈곤이란 무엇인가?'라는 제목의 보고서를 발표했다.[48] 미국의 평균 빈곤 가구라도 전자레인지, 에어컨, 케이블 텔레비전, 엑스박스 비디오 게임기와 같은 '사치품들'을 보유하고 있기 때문에 미국에서의 가난은 진짜 가난이 아니라고 이 보수적인 싱크탱크는 주장했다.

몰인정하게도 가난한 사람들을 위한 복지 혜택을 줄이고 부자들을 위해 감세하려는 목적으로 그 재단은 노동자 계층과 유사 빈곤층, 신빈곤층에 관한 조사 수치를 무시하고 비빈곤의 지표로 물질적인 재화에만 모든 관심을 집중했다. 심지어 그 보고서는 그 물품들이 새것인지 중고인지, 구입한 것인지 빌린 것인지, 빈곤층으로 전락하기 이전인지 이후인지, 혹은 가까스로 빈곤층을 벗어난 후에 구입한 것인지 등을 구별하려는 시도조차 하지 않았다.

정부 기준에 따르면 4인 가족의 경우 연 소득이 2만 2,400달러 이하이면 빈곤층에 속한다. 이 액수는 평균 빈곤 가구에 어떤 의미일까? 아마도 연간 지출 내역을 따져보면 훨씬 이해하기가 쉬울 것이다.

미국 농무부에 따르면 4인 가족(성인 두 명, 두 살에서 다섯 살 사이의 아동 두 명 포함)의 식비는 대략 주당 193달러, 연간 1만 36달러이다. 예를 들어 이 가족이 빈민가 근처에서 월세 500달러를 내며 산다고 치자. 그것만 해도 벌써 연간 6,000달러가 든다. 어림잡아 매달 공과금(난방료, 통신료, 전기료)으로 300달러를 지출하면 연간 총 3,600달러가 필요하다. 다행히 무척 검소한 가족이어서 의복비로 1년에 1,000달러만 쓴

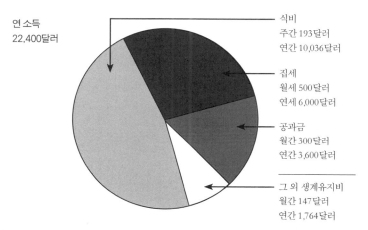

빈곤한 연 소득으로 생계를 유지하는 4인 가구

연 소득
22,400달러

식비
주간 193달러
연간 10,036달러

집세
월세 500달러
연세 6,000달러

공과금
월간 300달러
연간 3,600달러

그 외 생계유지비
월간 147달러
연간 1,764달러

미국 통계국 자료에 근거.

다고 하자. 우리의 시나리오대로라면 이 평범한 빈곤 가구는 2만 636달러로 1년을 그럭저럭 버텨낸다.[49]

헤리티지 재단에 따르면 빈민층은 연간 1,764달러라는 뭉칫돈을 비디오 게임과 전자레인지, 케이블 텔레비전에 쓰고 있기 때문에 진짜로 가난하다고 할 수 없다. 이 액수는 출퇴근 교통비와 의료비, 보험료, 그외 다른 중요한 지출 항목에는 도움이 되질 않는데도 말이다.

2011년 MSNBC와 진행한 인터뷰에서 공화당 존 플레밍 의원은 오바마 대통령이 제안한 고소득층 세금 인상을 비난했다. 공화당원 미셸 바크먼이 이끄는 의회 단체인 티파티커커스의 일원인 플레밍은 대담하게도 17만 4,000달러라는 자신의 의원직 급여와 그해 개인 투자를 통해 벌어들인 630만 달러를 예로 활용해서 오바마 증세의 결과 본인의 세금이 얼마나 인상되는지 짐짓 진지한 태도로 투덜댔다.

「데일리 파이낸스」의 특별 기사 전문 기고가 브루스 왓슨이 플레밍을 맹비난하고 나섰다. 하원의원의 말대로 그가 직원들과 장비, 투자, 그 외 여러 업무 경비로 지출한 사실을 참작하면 플레밍의 수중에는 그의 4인 가족의 생계비로 대략 20만 달러가 남는다고 왓슨은 추정했다. 우리와 비슷한 방법으로 계산한 결과, 왓슨은 플레밍의 연간 식비가 가계소득 평균 층 4만 9,455달러를 버는 보통 4인 가구들의 총 실소득보다 많다는 결론을 내렸다.[50]

미국 코미디 채널인 코미디센트럴의 스티븐 콜버트는 빈민층을 대신하여 지난 반세기 동안 투쟁해온 조지타운 로스쿨 부학장 피터 에덜먼이 2011년에 출연한 멋진 방송 코너에서 헤리티지 재단이 도덕적으로 무신경함을 강조했다.

"만약 헐벗고 굶주린 자들을 묵살하려는 위선자들의 술책을 폭로하는 데 풍자를 빌려야 한다면 우린 기꺼이 그리할 것이다."[51]

수입은 많고 세금은 적게 내는 백만장자, 억만장자들의 구미를 맞추는 싱크탱크가 재정의한 빈곤의 개념은 상당히 못마땅하다. 헤리티지 재단의 보고서가 대중의 비난을 사지 않은 단 하나의 이유는 가난한 자들은 케이블과 엑스박스 게임으로 시간을 때우고 전자레인지로 팝콘을 만들어 먹으면서 정부에 빈대 붙는 무리라는 고정관념을 더욱 굳혔기 때문이다.

가난한 사람들이 처한 상황의 심각성을 무시함으로써 크게 이득을 보는 목소리 큰 자들의 대부분이 대기업 재벌 및 월스트리트 금융 과두 세력들과 손을 잡고 그들로부터 자금을 지원받는 정치인, 권력자, 싱크탱크들인 것은 결코 우연이 아니다. 미국의 지도층은 오늘날 빈민층이 막강한 잠재적 가능성을 지닌 집단임을 잘 알고 있다. 이 집단은 다문화적, 다인종적, 다세대적인 동시에 개인의 출신 배경 또한 무척 다양하다. 더 이상 미국 내 빈곤의 양상을 단 하나로 규정할 수 없다. 만약 5,000만 빈민이 각자가 겪는 고통의 근원에 대해 의견을 같이한다면 금권주의 정치 시스템은 영원히 뒤바뀔 것이다.

티파티의 차는 누가 끓이는가?

"애초에 건국의 아버지들Founding Fathers*이 말한 바를 살펴보면 (……) 그들은 누가 투표할 권리를 갖는지에 대해 약간의 제약을 두었습니다. 시민이라고 해서 무조건 투표할 수 있는 게 아니었죠. 그 제약들 중에는 오늘날 여러분이 전혀 생각지 못하는 것들도 포함되어 있습니다. 그런데 그중 하나가 바로 반드시 소유 재산이 있어야 한다는 것이었어요."

강경 보수 정치단체인 티파티네이션의 회장 저드슨 필립스는 이 나라에서 누가 투표할 권리를 가져도 되는지, 안 되는지에 관한 건국의 아버지들의 결정을 정당화하려고 무던히 애를 썼다.

"이 말이 타당한 이유는, 만약 당신에게 재산이 있다면 그건 지역 내 당신 소유임이 확실한 무언가가 있다는 뜻이기 때문입니다. 당신이 소유한 재산이 없다면, 송구스럽습니다만 재산이 있는 사람들이 없는 사

---

* 미국 헌법의 초안을 잡고 나라의 기초를 다진 정치적 지도자들.

람들보단 지역 내 기득권을 좀 더 많이 가지게 마련이죠."[52]

얼핏 보면 이른바 인민주의운동을 이끄는 지도자가 엘리트 계층의 편에 서는 것이 이상해 보일 것이다. 그런데 그 내막을 자세히 살펴보면 누가 몰래 차에 술을 타는지, 즉 이렇게 상황이 이상하게 돌아갈 수밖에 없도록 동기를 유발하는지 알 수 있다. 이미 미국 주간지『뉴요커』와 그 외 몇몇 공신력 있는 대중 언론기관들은 티파티네이션 소속의 입후보자들과 선거운동, 선전 활동에 필요 자금을 지원하는 강경 보수 거물들 및 대부호 재단들의 정체를 폭로했다. '큰 정부' '낭비적 지출' '오바마케어Obamacare*' 및 그 외 여러 자극적인 쟁점들에 반대하는 이 집단들의 반란의 외침은 코크 형제 같은 돈 많은 거물들과, 전 공화당 의원인 딕 아미가 이끌고 거대한 담배 회사 필립모리스가 자금을 대는 프리덤웍스 같은 재단들이 그 각본을 짜고 포장하고 재정 지원을 했다.[53]

2010년 10월 14일 자『롤링스톤』에서 맷 타이비는 티파티와 그 단체를 만든 대기업 관계자들을 바라보는 흥미로운 시각을 독자들과 나누었다. '티파티에 대한 진실'이라는 제목의 글을 통해서 타이비는 전 알래스카 주지사 세라 페일린이 참석한 어느 켄터키 티파티네이션 대중 집회에 많은 군중이 모인 것을 다음과 같이 묘사했다.

흥분에 들뜬 군중의 얼굴들을 살피면서 난 두 가지 이유로 깜짝 놀랐다. 하나는 그 자리에 흑인이 단 한 명도 없다는 것, 또 하나는 그야말로 어마어마한 양의 의학적 장치들이 눈에 띈다는 점이었다. 언뜻 보아서

---

* 오바마 정부의 건강보험 개혁 법안을 비난조로 일컫는 말.

집회 장소의 세 명 중 한 명꼴로 휴대용 산소 탱크를 둘러멨거나 힘없이 늘어진 커다란 엉덩살을 전동 휠체어 스쿠터에 걸치고 앉아 있었다.

군중 속 전동 휠체어에 올라앉은 어느 집회 참가자가 비밀을 일러준다는 듯한 태도로 조심스레 전한 말에 따르면 강당에 수많은 전동 휠체어가 눈에 띄는 까닭은 다음과 같다.

"메디케어 때문이에요. 이 지역에선 이런 광고를 자주 접할 수 있죠. '전동 휠체어가 필요하다면 비용 걱정은 마세요! 메디케어가 대신 지불합니다!' 켄터키에 사는 사람들은 거의 대부분 전동 휠체어를 한 대씩 가지고 있어요."

이런 사실을 확인하기 위해서 타이비는 메디케어로 전동 휠체어를 구입한 다른 많은 보수주의자들이 주차장으로 향할 때 그들의 뒤를 따라나섰다. 거기서 우연히 나이가 지긋한 제니스와 데이비드 윌록 부부를 만났다. 데이비드는 부동산 감정평가사이고 전동 휠체어 스쿠터를 사용하는 제니스는 메디케어에 따른 의료보험 혜택을 받고 있었다. "정부 보조를 위한 지출과, 정부에 반대한다"라고 주장하는 데이비드는 "사회보장 제도가 통제 불능의 상태에 있다"라고 불평했다.

지난 수십 년간 정부 보조를 받아왔으면서 어떻게 사회보장 제도에 대해 격분할 수 있느냐고 타이비는 그 노인에게 의아스레 물어보았다.

"정부의 도움을 받을 자격도 없는 자들이 혜택을 누리고 있기 때문이에요. 너무 많은 사람들이 사회보장 제도에 기대어 살고 있잖아요."[54]

이러한 대답은 티파티 지지자들뿐 아니라 그 외 수많은 미국인들의 사고방식에도 들어맞는다. 그들은 자신과 똑같이 큰 정부를 필요로 하

2010년 정부 재정 지원의 수급 상황

정부가 보장하는 재정 지원 혜택의 90% 이상이 노인, 장애인, 노동자 가구에 돌아간다.

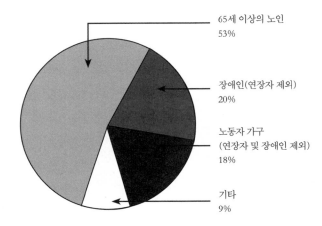

65세 이상의 노인
53%

장애인(연장자 제외)
20%

노동자 가구
(연장자 및 장애인 제외)
18%

기타
9%

미국 통계청, 관리예산처, 농무부, 보건복지부, 노동부, 예산 및 정책우선순위센터가 제공한 자료에
기초.

고 그 도움을 받는 사람들과 자신을 구별하는 데 길들여져 있다.

　실상 티파티 지지 단체는 막강한 꼭두각시 조종자들이 제 욕심을 차
릴 동안 정부의 낭비에 소리 높여 항의하는, 그저 마음이 산란하고 성난
사람들의 집단이다.

빈곤을 부정하는 자들

　이 책을 쓸 당시, 미국은 최소한 3년 반 남짓 경제 혼란을 겪는 중이

었다. 이 시기에 대공황 때보다 훨씬 더 많은 미국인들이 실직과 불완전 취업, 노숙을 경험했으며, 전반적으로 많은 사람들이 경제적 두려움 때문에 앞날을 걱정했다. 상황이 이러한데도 풍전등화의 중산층을 포함해 상당수는 여전히 빈민층을 무시했고 자신과 빈민을 따로 떼어 생각하고 싶어 했다. 그들은 미국이 가진 자들과 못 가진 자들로 이뤄진 나라가 아니라고 믿도록 오도되었다.

미국 여론조사 기관 라스무센리포트가 2011년 발표한 바에 따르면 실제로 대다수 미국인들이 헤리티지 재단의 비뚤어진 의견을 따르는 것으로 드러났다. 정부 조사에 기초한 이 설문 결과에 의하면 살기에 불편하지 않은 거처와 충분한 먹을거리, 컬러텔레비전, 그 외 가정 내 생활 편의 시설들을 가진 사람들은 '그리 가난한 게 아니다'라고 미국 성인의 63퍼센트가 믿는 것으로 나타났다.[55] 이 조사 결과들로 보아 빈곤에 대한 미국인들의 태도는 2007년 말 불황이 시작되기 직전부터 지금까지 거의 변하지 않았음을 알 수 있다. 미국은 가진 자와 못 가진 자로 갈린 나라가 아니라는 인식이 지난 2세기 동안 널리 퍼져 있던 것이 사실이다.

2011년 11월 28일부터 12월 1일 사이에 실행된 갤럽 여론조사에 따르면 미국인 58퍼센트가 자신이 '못 가진 자'보다는 '가진 자' 축에 든다고 믿고 있었다. 또 민주당 지지자 58퍼센트, 무소속 지지자 37퍼센트, 공화당 지지자 26퍼센트는 미국을 부유한 사람들과 가난한 사람들로 나뉜 나라, 즉 부자들과 나머지 우리로 갈린 나라로 여기고 있었다.[56]

빈곤층을 지원하는 정부 정책에 대한 공격을 정당화하고 승인한 사람은 레이건 대통령이었다. 현재는 티파티네이션과 우파 권력자들이 대중매체라는 공격용 무기에 탄알을 장전하고 제 위치를 지키고 있다. 그러니 전체 미국인의 절반쯤이 빈곤 증가 탓을 정부에 돌리는 것은 놀랄 일도 아니다. 2011년 가을, 라스무센리포트가 발표한 또 다른 보고서에 따르면 반 빈곤 정책의 결과 오히려 이 나라의 빈곤이 증가했다고 믿는 미국인들이 전체의 45퍼센트에 달했다. 이런 정책 덕분에 빈곤이 감소했다고 말한 사람은 18퍼센트에 그쳤으며, 24퍼센트는 빈곤 증가에 정부 정책이 전혀 영향을 미치지 않았다고 했다.[57]

미국 내 수많은 가정과 아동, 도시, 지역사회가 극빈한 처지에 빠져들고 있음을 보여주는 명백한 증거에도 불구하고 다수의 미국인들은 콘크리트 덩어리를 끌어안고 물에 빠진 사람처럼 미국 예외론이라는 신화를 고집하고 있다. 이런 식의 생각 때문에 대중은 빈곤층을 거의 의식하지 못할 뿐 아니라, 책임감도 느끼지 않는다.

월스트리트 점령 시위는 미국이 처한 경제적 문제와 기회 균등이라는 환상에 정면으로 도전했다. 생활고에 시달리는 미국의 99퍼센트의 이득을 막강한 1퍼센트의 터무니없는 수익과 보상에 대치시킴으로써 이 시위운동은 큰 반향을 일으켰다.

2011년 10월 11일, 폭스 뉴스의 빌 오라일리가 우리와 인터뷰를 시작하면서, 빈곤한 미국인 대부분이 약물 남용으로 인해 먹고살 만큼 돈을 벌 수도, 벌 의지도 없다고 한 것은 결코 우연이 아니다. 도저히 입이 다물어지지 않는다! 미국 역사상 가장 극심한 경제적 불황을 부채질한 이번 금융 위기와 관련해서 월스트리트 은행가들은 어떤 위법 행위도 하지 않았다고 오라일리가 주장했을 당시에 코넬 박사와 나는 말 그대로 벌떡 의자를 박차고 일어났다. 믿기 힘들지만 그는 여기서 더 나아가,

월스트리트 점령 시위대를 정부로 하여금 강제로 부유층의 재산을 빼앗아 빈민층에게 분배하게 하려는 사회주의자들로 묘사했다. 하지만 우리가 당시 우리의 소중한 형제에게 퍼부은 호된 비판은 타당하긴 했으나, 균형적이진 못했다.[58]

부유한 1퍼센트와 손을 잡은 권력자, 정치인, 극소 정당들은 머지않아 자신들을 돌아봐야 할 것이다. 본인들이 원한다면 여태 그래왔듯 지금의 총체적 경제 난국이 전부 오바마 대통령의 잘못이라고 주장할 수도 있지만 그러려면 이제는 상당한 위험을 감수해야 한다. 나라 전반에 걸쳐 미국인들이 실제로 장막 뒤에서 무슨 일이 벌어지고 있는지 엿보기 시작한 듯하고 눈앞의 돈 많은 마법사들을 향한 불만의 소리도 점점 더 커지고 있다.

2012년 1월, 퓨리서치센터가 발표한 여론조사 결과는 '현재 전체 미국인 3분의 2가 미국 내 갈등의 가장 큰 원인이 빈부 격차라고 믿고 있다'라는 사실을 확인해주었다.[59] 사람들 사이에서 점차 확산되고 있는 빈부 격차에 대한 이런 의식은 단순히 소수자들과 월스트리트 시위에 참여했을 법한 진보주의자들만의 생각을 반영하는 게 아니다. 계층 인식에 있어서 가장 큰 변화는 백인 응답자들 사이에서 드러났다. 2009년 정치 판도를 보면 공화당 지지자들 중 오직 38퍼센트만 계급투쟁을 인정했다. 퓨리서치센터의 보고서에 따르면 그 수치는 현재 55퍼센트에 이른다.

현재 전체 미국인 3분의 2가 미국 내 갈등의 가장 큰 원인이 빈부 격차라고 믿고 있습니다. 가진 자와 못 가진 자 사이에 심한, 혹은 극심한 갈등이 존재한다고 믿는 백인의 수가 2009년 43퍼센트에서 불과 2년 만에 65퍼센트로 급증했습니다.

이 여론조사 결과로 미루어 앞으로 더 많은 백인들과 보수주의자들이 카키색 바지에 복면을 쓰고 월스트리트 점령 시위에 함께할 것으로 생각해도 될까? 그렇지 않다. 이 여론조사 결과가 의미하는 바는 사람들이 비로소 빈부의 구분을 인정하고 자신이 어느 쪽에 속하는지 알아차리기 시작했다는 것이다. 또한 가난한 사람들은 나머지 우리만큼 중요하지 않다고 워싱턴에서 양당이 합의한 것을 송두리째 뒤흔들 가능성이 있음을 뜻하기도 한다. 파괴적이고 특별한 빈부의 구분이 존재함을 긍정하고 나면 미시시피 주 콜럼버스의 브렌다 캐러다인 같은 사람들도 우리 모두가 다른 동료 시민들의 인간적인 삶에 대한 관심을 공유해야 한다는 사실을 이해하게 될 것이다. 많은 이들이 아끼는 극작가 테네시 윌리엄스가 우리에게 진짜라고 믿도록 꾸며진 가짜 세상에 머물러선 안 된다고 일깨워주었듯이, 캐러다인과 그 외 동료 시민들도 현실과 역사, 변화의 가능성에 발을 들여야 한다.

그러다 보면 혹시 누가 아는가, 어느 가난한 미시시피 남자가 자기와 아내의 블루스는 곧 우리 모두의 블루스이기도 함을 느끼게 될지. 바라건대 가난한 사람들이 더 이상 홀로 가시밭길을 걸으며 그 심정을 서정적으로 표현할 필요가 없으면 좋겠다.

제4장 용기의 빈곤

미래는 오늘에 안주하며 주위의 문제들과
이웃에 냉담한 사람들의 것이 아닙니다.
미래는 사회의 이상과 커다란 국가적 과업들을
이루는 데 이바지하겠다는 자신과의 약속에
비전과 이성, 용기를 담아낼 줄 아는
사람들 손에 달려 있습니다.
- 로버트 케네디*

* 미국의 법조인이자 정치인, 존 F. 케네디의 동생.

"적절한 주택에 거주하는 것은 인간의 권리이다!"

"그래서 우리는 일어나 싸운다!"

"다시 말하지만 적절한 주택에 거주하는 것은 인간의 권리이다!"

"그래서 우리는 일어나 싸운다!"

'매디슨은 땅을 반납하라'라고 적힌 현수막을 앞세운 풀뿌리 단체들의 연합체가 일정한 구호를 반복해서 메기고 받았다. 주거권은 인권이라고 믿는 위스콘신 운동가들은 노숙자 가정들을 위해 버려진 주택들을 허락 없이 점거한다.

소비자보호운동가들과 인권, 정치운동가들은 지난 수십 년 새 최악에 이른 주택 대란의 원인을 제공한 은행가들과 채권자들을 철저히 조사해서 기소해줄 것을 오바마 정부에 수년째 촉구해왔다. 우리는 이제 주택 사업과 비우량 주택담보대출이라는 노다지가 사기와 기만투성이였다는 것을 안다. 이 얽히고설킨 대규모 사업에 관계한 은행가, 감정평가사, 공증인, 투자자, 믿을 만하지 못한 중개인들은 매입자의 형편을 염두에 두지 않고 가능한 한 빨리 건물들을 매각하기 위해서 수상쩍은 서류들을 조작하고 고치고 꿰맞췄다. 범죄에 해당하는 사기성 조작 행위들에도 불구하고 이런 엘리트 혐의자들 중에서 실제로 조사를 받고 기소된 사람은 극소수에 불과하다.

자신의 권리를 부당하게 빼앗긴 사람들은 정부가 정의를 펼쳐줄 때까지 마냥 기다릴 수가 없다. 뉴욕, 시카고, 로스앤젤레스, 뉴올리언스, 미니애폴리스, 보스턴을 포함한 도시들에서 여러 풀뿌리 단체와 운동가 단체, 노숙자들과 일반인들이 버려지거나 압류당한 주택들을 되찾기 위해 월스트리트 점령 시위와 같은 형태의 노력을 기울이고 있다.

매디슨 시 해머슬리 도로 옆, 압류당한 두 세대용 벽돌집 앞에 우리의 순방 버스가 멈춰 섰다. 주택 창문에 붙은 라벤더색의 전단을 보니 무단출입 시에 체포되거나 벌금을 물게 된다고 적혀 있었다. 그 경고문은 창문에 붙어 있기만 할 뿐, 우리가 지켜본 다양한 사람들의 무리를 막아서진 않을 것 같았다. 이들은 자신들의 행동이 불법적이긴 하지만 도덕적으로 매우 옳다고 생각한다.

"우리가 물질적 측면에서 주택에 대해 이야기하는 이유는 바로 자본주의 사회에서 주택에 대해 이야기하려면 그 방법밖에 없기 때문이에요."

'땅을 반납하라' 운동가 모니카가 우리에게 말했다.

"'이 집은 내 소유이다'라고 말하는 것 외에는 주택에 대해서 달리 표현할 길이 없어요."

우리는 그들의 주장에 이의를 제기했다. 즉, 그들의 행동을 불법적이고 비도덕적인 것으로 여기는 사람들에게 어떻게 응수하겠느냐고 물었다. 압류를 당해 바로 눈앞의 두 세대용 벽돌집과 그 외 다른 지역의 주택에서 쫓겨난 여러 회원들은 자신들의 시위가 '수많은 사람들을 거리에 나앉게 하고 그새 은행들은 수십억 달러의 이득을 보게 한 악법을 철폐하기 위한 긍정적인 조치'라고 설명했다.

우리는 빈곤층 순방 중에 다른 여러 지역에서도 이와 비슷한 저항 행동들을 목격했다. 시카고에 들렀을 땐 한때 킹 목사와 그 가족이 살았던 공영 주택단지를 찾았다. 시카고 노숙자연합에 따르면 공영주택을 임대하려는 대기자가 현재 시카고에만 65,184명을 육박한다. 이 수치는 일리노이 주 전체의 임대 가능한 공영주택 총 가구 수(6만 3,810세대)를 훨씬 웃돈다. 한편, 판자를 둘러 출입을 막아놓은 버려진 건물들이 즐비한 주택단지들이 윈디 시티 시카고의 풍경을 대거 장식하고 있다.

우리는 시카고 강제퇴거반대운동본부의 공동 설립자 윌리 J. R. 플레밍을 만나 이야기를 나눴다. 이 단체는 압류당해 비어 있는 주택들을 사람들에게 알선해줄 뿐 아니라, 법원의 명령을 받고 입주자를 강제 퇴거시키는 경찰의 행위를 저지한다는 서명운동에 동참해줄 것을 해당 주택의 이웃들에게 당부함으로써 지역 주민들의 참여를 유도하기도 한다.

어느 주택을 '점거'하고 그 집 앞 콘크리트 계단에 앉아 있는 동안 플레밍은 자기 단체가 극단적인 접근을 시도할 수밖에 없는 이유를 설명했다.

"우리가 벌이고 있는 강제퇴거반대운동은 시카고의 여러 지역에 흩어져 사는 사람들, 그러니까 흑인, 백인, 라틴계 지역사회를 포함한 많은 사람들이 자기 집이 날아가는 일을 겪으면서 시작됐어요. 우리의 투쟁은 교육과 노동, 주택 예산 절감과 관련 있습니다. 이 모든 문제들이 서로 밀접하게 뒤얽혀 있어요."

더 이상 사람이 살지 않아 황폐해진 압류된 집들은 건전한 지역사회를 해치는 위험 요소라고 플레밍이 말했다. 그 누구도 은행들을 불러 생활고로 힘겨운 가난한 사람들의 실제 지불 능력을 고려해서 금리를 책정하라고 강요하지 않기 때문에 그 지역 주민들이 나서서 주인을 잃은 빈집이나 주택단지에 들어가 대신 관리해주고 있는 셈이다. 이것이 바로 '지역사회 경제개발 계획'이라고 플레밍은 덧붙였다.

모든 가정이 적정한 주택을 소유하거나 거처에 살면서 가족을 부양할 수 있다는 아메리칸드림이 주택 대란으로 위태롭다. 빈집을 점거하는 이들의 행동에 대해 하고 싶은 말이 있다면 하라. 하지만 이들은 권력에 맞서 진실을 밝힐 용기가 있고 무력하게 눌러앉아 있기를 거부한다. 이들은 수십 억짜리 기관에 맞설 만큼 대담하고 용감하다.

이들의 전략이 불법적일 순 있지만 미국독립혁명에 앞서 일어난 많은 항의 집회들과 시민권 및 여성의 권리 찾기 운동의 전형을 보여준 연좌 농성과 시위들도 불법적이긴 마찬가지였다. 이와 같은 시위운동들은 전부 하나의 확실한 중심 생각에서 비롯되고 그 뜻을 면면히 이어간다. 부자들이 빈곤층, 근로 빈곤층, 신빈곤층을 착취하면 도덕적 격분이 일 것이고, 미국 역사가 증명하듯 저항도 일 것이다.

소수의 풍요

커다란 번영이 있는 곳에는 심각한 불평등도 존재한다. 돈이 무척 많은 부자 한 사람 주변에는 틀림없이 최소한 500명의 가난한 사람들이 있을 것이다. 소수의 풍요는 다수의 극빈을 가정한다.
– 애덤 스미스

오늘날 미국이라는 나라의 시초를 이룬 13개 식민지는 영국 군주제의 압제에서 벗어나겠다는 각오가 대단했다. 초기 미국인들은 유럽의 귀족 통치를 거부하고 대신 공화주의에 기초한 정부, 즉, 선거를 통해 선출된 공직 관리들이 국민의 뜻에 따라 움직이는 체제를 택했다. 8년간 지속된 혈전 끝에 유럽은 해당 영토를 포기할 수밖에 없었고 그 결과, 이 땅은 민주주의의 씨앗을 품게 되었다. 훗날 수 세기에 걸쳐 미국의 경제, 정치, 사회의 틀을 형성하는 동시에 끊임없이 그 적절성을 의심해보게 하는 가치관의 핵심도 이때 형성되었다.

미국 역사책들 대부분은 이 나라가 흑인 노예의 무료 노동으로 얼마만큼의 부를 축적했는가 하는 내용을 다루지 않고 있다. 사회운동가 하워드 진 교수는 자신의 저서 『미국 민중사A People's History of the United States: 1492-Present』를 통해 자본주의적 농업에서 발생하는 무한한 이득을 차지하려는 광기로 더욱 악화된 인간 노예의 잔인성을 규정한다.[60]

아카데미상 수상 감독이자 베스트셀러 작가인 사회 비평가 마이클 무어는 '미국 재건하기' 심포지엄에서 이 같은 주제에 관해 자세히 설명했다.

"이곳은 집단 학살을 바탕으로 노예들의 등을 밟고 이룩한 나라입니다. 우리는 실제로 한 종족 전체를 아예 말살하려고 했습니다. 그런 후에는 또 다른 종족을 이용해서 이 나라를 세웠죠. 그것도 새로운 나라, 세계적인 강국으로 아주 빠르게 말입니다. 지난 200~300년간 노예제도가 없었다면 이 나라는 결코 지금의 부를 이룩할 수 없었을 것입니다."

무어는 진실을 말하고 있다. 노예들이 생산한 담배, 목화, 쌀 같은 농산물 덕분에 축적된 자본은 미국의 산업화를 가속화하는 신기술을 연구하고 개선하는 데 꼭 필요한 자금으로 활용되었다.[61]

미국의 산업 시대가 펼쳐지면서 백만장자들이 나타나기 시작했다.

이 시기에는 실질 임금, 부, 국내 총생산, 자본축적이 급속도로 증가하는 가운데 미국 경제가 역사상 가장 빠른 속도로 성장했다. 19세기 자본주의는 18세기 자본주의자 애덤 스미스가 개척한 '그냥 내버려두라'는 식의 자유방임 정책에 힘입어 번창하게 되었다. 철강, 금융, 산업 합병, 철도와 해상 수송업을 통해 앤드루 카네기, 앤드루 W. 멜론, J. P. 모건, 존 D. 록펠러, 찰스 M. 슈워브 등의 인명이 미국 의식에 각인된 시기였다.[62]

예를 들어 증기기관이 출현하면서, 원자재들을 마차로 실어 나르던 세상이 증기선과 증기기관차로 수송하는 세상으로 변했다. 하지만 생활 수준이 개선되고 교통, 통신, 금융, 기계, 대량생산 체제가 발전함에 따라 남자, 여자, 아동을 지독하게 착취하는 시대도 동시에 찾아왔다. 산업혁명이 절정에 이르렀을 때, 평균 미국인은 겨우 생계를 유지하려고 매일 열두 시간씩 일주일 내내 일했다. 대여섯 살 난 아이들도 제분소와 공장, 광산에서 장시간 노동을 하면서 당시 성인들에게 지급된 쥐꼬리만 한 임금의 일부를 벌었다.[63]

미국 공화당이 가진 생각에 자극을 받은 빈민 옹호자들은 부유층과 극빈층으로 갈린 미국의 실정에 대해 대중의 첨예한 관심을 끌어냈다. 상류층의 부에 관한 비평에서 마크 트웨인은 19세기 후반의 풍요함을 정의하기 위해서 '도금 시대'라는 표현을 만들었다.[64]

비평가들은 논평을 쓰고 연설을 하고 또는 막대한 부를 가진 자본가들에게 도전하거나 그들을 비웃는 공청회를 열기도 했다. 카네기 가문과 록펠러 가문, 그 외 다른 대부호 기업가들과 금융업자들은 '노상강도 귀족들', 즉 검은 실크해트에 연미복을 차려입고 양쪽 끝이 둥글게 말린 콧수염을 기른 거만한 남자들로 희화되었다. 실제로 많은 사람들이 좋아하는 보드게임 모노폴리의 마스코트인 리치 엉클 페니배그스는 노상 강도 귀족의 캐리커처를 본뜬 것이다.

1886년에 이르러 노동자 계급의 공통의 가치관에 뿌리를 둔 노동 기사단처럼 강하고 조직적인 노동조합들이 전보다 높은 임금과 짧은 노동시간, 안전한 노동환경, 노동자를 위한 권리 협상을 요구하고 나섰다. 그 간청의 과정이 평화롭지만은 않았다. 미국도 가장 피비린내 나는 노동 투쟁의 역사를 가진 나라 중의 하나이다. 장장 45일간 지속된 1877년 철도대파업의 경우, 그 투쟁이 너무 과격해진 나머지 러더퍼드 B. 헤이스 대통령은 정부군을 파견해서라도 이 상황을 진압할 수밖에 없었다. 월스트리트 점령 시위 중에 벌어진 경찰의 고압적인 진압 작전도 부유한 사업주와 고용주의 이익 보호에 여념이 없는 당국과 노동자들 사이에 있었던 충돌들에 비하면 약과에 불과하다.

1875년부터 1910년 사이 노동 투쟁의 불안을 진압하기 위해서 주 경찰이 거의 500회 가까이 동원되었다. 매년 벌어지는 노동절 기념 행사 하면 대부분 축하 퍼레이드와 맥주와 바비큐를 떠올리지만 노동절은 그야말로 보통 노동자들과 노동단체, 그리고 노동자의 권리를 위해 수백 번 피비린내 나는 대결을 벌이는 중에 목숨을 잃은 무수한 사람들의 업적을 기리는 날이다.

경제적 착취는 여성과 해방된 노예, 북미 원주민들의 오랜 투쟁에 다시 불을 붙였다. 게다가 이 나라에선 자신이 막강한 실업가들의 이윤 추구라는 목적을 달성하기 위해 이용되는 인간기계에 지나지 않았다는 것을 알게 된 이민자들의 분노도 일었다.

20세기가 막 시작될 즈음 미국은 다면적 사회불안이 극도로 심화된 상태였다. 여성과 흑인, 라티노 등이 각기 다른 쟁점을 위해 싸웠지만 그들을 하나로 결속하는 대의명분이 있었으며, 미국의 기원으로까지 이어지는 이 대의명분은 박탈당한 자들이 목소리를 높이고 단체 행동을 할 수 있도록 힘을 실어주었다. 노예제폐지운동과 여성참정권 및 시민평등권운동, 활동가 시저 차베스를 선두로 한 멕시코계 미국인 노동자들의 권리를 외친 파업 등을 포함해 수많은 투쟁 현장에서 변함없이 강하게 울려 퍼진 구호 한마디, 그것은 '경제 정의!'였다.

시민평등권 투쟁의 새로운 양상

용기는 일어나 자신의 생각을 말하는 데 필요한 것이지만 앉아서 남의 이야기를 듣는 데 필요한 것이기도 하다.
- 윈스턴 처칠

공정성을 위한 싸움은 정의와 평등을 위한 미국의 힘겨운 투쟁들에 그 뿌리를 깊이 두고 있다. 대부분의 사람들은 빈곤이라는 문제가 노예제와 여성 차별처럼 달리 어쩔 수 없는 만물의 자연 질서와 같다고 여겼다. 돈 많은 지배 세력이 호화로운 생활을 지속하기 위해선 영구적으로 최하층 계급이 필요했던 까닭에 엄청난 탄압 속에서 그 비참한 운명이 용납되고 정당화되고 합리화되었던 흑인들과, 여성들이 한때 빠졌던 딜레마에 빈민들도 봉착하게 되었다.

노예제폐지운동과 여권신장운동은 지금의 빈곤과 날로 커져만 가는 빈부 격차와도 확실히 연관되어 있다. 프레더릭 더글러스와 엘리자

베스 스탠턴 같은 과거의 우상들이 한 명언들은 간단히 한두 마디만 바꿔도 오늘날 가난한 사람들의 목소리를 쉬이 대변할 수 있다.

> 백인의 행복을 흑인의 고통으로 살 수는 없다.
> -프레더릭 더글러스
> →가진 자의 행복을 못 가진 자의 고통으로 살 수는 없다.

> 여자들이 노예로 사는 한 남자들은 악당일 것이다.
> -엘리자베스 스탠턴
> →가난한 자들이 노예로 사는 한 부자들은 악당일 것이다.

빈곤은 21세기형 노예제이다. 빈곤 근절이 마땅히 새로운 인권운동의 구호 구실을 해야 한다. 대부분의 미국인들은 비폭력적인 사회 변화에 대한 킹 목사의 헌신을 기억하고 찬양하지만, 그가 생애 마지막을 불태운 대의는 빈곤 퇴치였다. '킹 목사의 마지막 메시지: 빈곤은 인권 투쟁이다'라는 제목의 글에서 저널리스트 스테퍼니 시크는 킹의 유산에 대해 잘 아는 사람들과 전문가들과 함께 이 주제를 자세히 살폈다.

킹 목사의 절친한 친구들이 다시 들려준 이야기에 따르면 그는 훗날 자신의 마지막 생일로 기억될 1968년 1월 15일을 '가난한 사람들의 캠페인' 준비를 하면서 보냈다고 한다. 계획대로라면 이 시위는 워싱턴 D.C.에서 전개될 참이었다. 모든 인종과 종교와 출신 배경을 넘어선 빈곤 문제를 미국의 의식과 양심의 최전선으로 가져오려는 의도에서 비롯한 일이었다.

시크는 '사망 당시 킹은 그가 이제껏 생각해낸 것들 중에서 어쩌면 가장 급진적이라 할 수 있는 방안을 추진 중이었다. 가난이 근절되어야 할 뿐 아니라, 누구나 빈곤의 나락에 빠지지 않을 만큼의 소득을 보장받아야 한다고 킹은 주장했다'라고 기록했다.[65]

암살되기 한 달 전쯤 킹 목사는 미시간 주 그로스 포인트에서 연설을 하면서 다음과 같은 점을 강조했다.

"실업 문제만이 문제가 아닙니다. 불완전고용이라는 문제가 또 있습니다. (……) 가난에 시달리는 미국인 대부분은 하루도 쉬지 않고 일하는 사람들이고 이들은 결국 전일 노동을 하면서도 시간제 노동 수준의 임금밖에 받지 못하는 처지에 놓이고 맙니다."

또 킹 목사는 언젠가 이런 말을 했다.

"진정 중요한 것들에 우리가 침묵하게 되는 날 우리 삶은 끝나기 시작합니다."

암살당하던 날 그는 참혹한 노동환경과 빈곤 수준의 임금에 맞서 파업 중인 1,300여 명의 환경미화원들을 지지하기 위해 테네시 주 멤피스에 머물고 있었다.

상대의 권력과 영향력, 혹은 위신이 제아무리 대단하다 해도 킹 목사는 빈곤과 경제 불평등을 초래 한 자들에게 용기를 내어 맞섰다. 진정 중요한 일이었던 까닭이다.

전쟁, 그것은 빈민의 적

옳은 일임을 알면서도 행하지 않는 것은 용기가 부족한 것이다.
– 공자

'베트남 너머: 침묵을 깨야 할 때'라는 제목의 연설에서 킹 목사는 아직 걸음마 단계인 정부의 빈곤 정책들이 흑인과 백인 빈민층 모두를 위한 희망과 가능성을 품고 있음을 느꼈던 '반짝이는 순간'에 대해 이야기했다. 그러고 나서 킹 목사는 베트남에 군사 지원이 증강되었다고 말했다.

"이 정책이 지켜지지 못하고 마치 전쟁에 미친 사회의 부질없는 정치적 노리개인 양 사라져버리는 것을 저는 지켜보았습니다. 베트남전쟁과 같은 모험들이 악마의 파괴력을 지닌 흡입관처럼 인력과 기술과 돈을 계속 빨아들이는 한 미국은 결코 필요한 기금과 에너지를 빈민층의 갱생에 투자하지 않을 것이라는 것을 저는 알았습니다."[66]

어느 때라도 빈곤 문제를 진지하게 들여다보려면 반드시 부와 소득의 불균형을 짚고 넘어갈 수밖에 없다. 빈곤에 관한 논의가 생산적이기 위해서는 교육과 주택, 의료 서비스, 직업훈련, 그 외 다양한 사회적 재원에 가난한 사람들이 쉽게 접근할 수 있도록 도와줄 방안들에 대한 상식적인 대화들이 뒤따라야 한다. 군산복합체와 민간 부문의 독점, 우리가 정부군 장병들에게 지급하는 것보다 훨씬 더 많은 연봉으로 사유화된 보안 요원들을 부리면서 무기류를 생산하는 군수산업의 대부호들, 그리고 이들 사이의 유대 관계에 대해서도 우리는 이야기해야만 한다.

  아프가니스탄과 이라크에서 군사적 모험을 지속적으로 수행하기 위해서 미국 납세자들에게 3조 달러(이 수치는 지금도 계속 늘어나는 중) 이상의 부담을 지운 것은 그야말로 엄청난 실수였다는 우리의 생각에 이제는 대부분의 미국인들도 고개를 끄덕일 것으로 짐작된다.

  조지 W. 부시는 2001년 취임할 당시 빌 클린턴 전임 대통령으로부터 대규모 잉여 예산을 이어받았다. 이 남는 예산을 전부 날리고 미국 경제를 침체의 늪으로 밀어 넣은 것은 사회보장비나 주택바우처, 메디케이드가 아니었다. '어쩌다 적자가 이렇게 커졌을까?'라는 제목으로 2011년 7월 23일 「뉴욕 타임스」를 통해 테레사 트리치가 밝혔다시피, 지금처럼 우리가 적자라는 궁지에 빠지게 된 주요 원인은 군비 지출과 부시 시대의 부유층 감세 정책이었다.[67]

  브라운 대학교 왓슨 국제연구소 연구원들에 따르면 아프가니스탄 및 이라크 전쟁에서 22만 5,000여 명이 목숨을 잃었고 결국 이 전쟁들 때문에 미국인들이 3조 2,000억에서 4조 달러 사이의 비용을 물게 된다. 이에 반해 베트남전쟁은 6,860억 달러의 비용이 들었다. 2008년 의회조사국의 한 연구에 따르면 물가 상승률을 감안했을 때 제2차 세계대전은 4조 1,000억 달러를 소비했다. 이라크와 아프가니스탄에서 벌인 전쟁들은 제2차 세계대전을 뒤이어 미국 역사상 두 번째로 비싼 군사 분쟁이다.[68]

  2011년 브라운 대학교 연구센터는 '전쟁 비용'이라는 제목의 보고서를 통해 미국이 어떻게 세율을 높이고 또 어떻게 전시 채권을 팔아서 전비를 부담했는지에 주목했다. 현재의 전쟁들은 '적자 심화와 국채 증가를 빚은 차용이라는 방법을 통해서 필요한 비용의 거의 대부분을 마

련했다'라고 이 보고서는 강조했다.[69]

　미국에 1조 달러를 투입하면 어떤 좋은 일들을 해낼 수 있을까? 여러 기관들과 언론사들이 셈을 해보았다. 2003년부터 지금까지 여러 전쟁에 투자된 1조 달러라는 돈으로 어떤 사회 발전을 꾀할 수 있었는지 그 간단한 예를 살펴보자.

　지난 10년간 미 국방부가 전비로 사용한 1조 3,000억 달러를 만약 민간 부문의 일자리를 창출하는 데 썼다면 그 결과가 어떠했을지 브라운 대학교 왓슨 국제연구소 연구원들이 계산해보았다. 총액을 나누니 연간 1,300억 달러에 해당했다. 이 돈이면 미국은 1조 3,000억 달러 상당의 일자리를 만들 수도 있었다.

　1조 달러라는 전비의 일부로 얼마나 많은 사람들의 대학 등록금을 보조할 수 있었을까? 좀 더 많은 젊은이들이 전문대와 4년제 대학을 다니는 데 필요한 지원을 받는다면 매우 부유한 사람들과 매우 가난한 사람들 사이의 차이가 지금보다는 확실히 줄어들 것이다. 이런 교육기관들은 젊은이들이 세계시장에서 경쟁하는 데 요구되는 기술들을 습득하는 곳이다. 재미있는 것은, 만약 학생들도 대형 은행들처럼 무이자 대출을 받을 수 있다면 많은 젊은이들이 훨씬 더 적은 빚을 지고도 잘 성장해 나갈 거라는 점이다.

교육 분야 일자리 창출	936,000
의료 서비스 분야 일자리 창출	780,000
건설 분야 일자리 창출	364,000
재생 가능 에너지 분야 일자리 창출	52,000

국공립대학교 재정 지원을 추진하고 지지하는 일에 힘쓰는 교육 공동체인 워싱턴 주 대학연맹은 직접적으로 이 사안을 언급했다. 이 연맹은 2009년 한 회보를 통해 '지금 빈민들은 부유층이 일으킨 전쟁들을 어느 때보다도 격렬히 치르고 있다'고 언명했다. 해당 글은 국공립대학교에 대한 정부 투자 중단의 과정과 그 여파에 관해 개략적으로 설명했다.

> 1980년대 이래로 미국은 꾸준히 국공립대학교에 대한 투자를 삭감하면서 학비를 올리는 것으로 관련 정부 예산을 대신하고 있다. 군대가 박탈당한 자들이 일종의 경제적 안정을 위해 찾아가는 장소로 자리를 잡아감에 따라, 더더욱 국공립대학교들은 특권을 가진 자들의 놀이터가 되어가고 있다.[70]

민간 군납업체들에 수십억 달러를 퍼부어 이라크에서 낭비하는 일이 없었다면 더 많은 젊은이들이 조금이나마 경제적 안정을 이뤘을 수도 있다.

'전쟁 비용' 보고서는 군사작전을 구실로 사기업들의 배만 잔뜩 불린 헛된 일에 대해서도 언급했다. 핼리버튼을 예로 들면, 한때 전 부통령 딕 체니가 이끌었던 이 에너지 업체의 계약 규모가 2002년 4억 8,300만 달러에서 2006년 60억 달러 이상으로 부풀어 올랐다. 입찰도 시행하지 않고 2003년 이라크 침공 전에 벌써 계약 결정이 나서 논란이 된 건들도 포함되어 있었다.

뉴욕 연방준비은행에서 이라크 중앙은행으로 소리 소문도 없이 이송된 수백억 달러가 감쪽같이 사라진 뒤에 '무책임한 정부'라는 외침이

도대체 있기나 했던가? 2003년에서 2008년 사이 사담 후세인의 몰락 이후 보도에 따르면 이라크 재건과 정부 서비스 개편을 위해 이송된 현금 400억 달러 중 상당액이 도난을 당하거나 유용되거나 묘하게 분실되었다.[71]

2011년 적자 감축 논의와 나랏빚 한도가 계속 증가하는 데 대한 우려로 몇 달간 의회가 마비 상태에 빠졌던 것을 두고 순 엉터리였다고 하는 이유가 바로 농락에 가까운 이런 부당한 처사들 때문이다.

하원의장 존 베이너가 제시한 1조 2,000억 달러의 적자 감축 계획은 아프가니스탄과 이라크 전비에 대한 삭감은 없이 사회보장비, 메디케어, 메디케이드, 그 외 경제적으로 취약하고 절대 빈곤에 시달리는 사람들을 지원하는 정책들의 예산을 과감히 삭감하는 내용을 포함하고 있었다.

진보파 상원의원 버니 샌더스가 2011년 7월 「월스트리트 저널」 사설을 통해 날카롭게 지적했듯이, 민주당원들이 제안한 적자 감축 계획도 베이너의 제의만큼이나 빈민층에겐 해가 되는 것이었다.

> 10년에 걸쳐 2조 4,000억 달러의 예산을 삭감하겠다는 상원 원내대표 해리 리드의 제안을 들여다보면 교육, 보건, 영양, 저렴한 주택, 보육, 그외 노동자 계층 가족들과 취약 계층에 절대적으로 필요한 여러 정책 분야에서 9,000억 달러를 삭감 조치한다는 내용을 포함하고 있다.

간단히 말하자면 전쟁에서 이득을 취하는 자들은 늘 존재하게 마련인데 가난한 사람들이 그 값을 치른다는 것이 문제이다. '코끼리들 싸움에 발밑의 땅이 고생한다'는 아프리카 속담이 있다. 이와 마찬가지로 여러 나라들이 전쟁을 치를 때 실제로 짓밟히는 건 일반 서민들이다.

결과적으로 킹 목사가 옳았다. 전쟁은 가난한 자들의 적이다.

담대한 용기

2011년 8월 어느 무더운 여름날, 우리는 미시간 주 앤아버 근교의 어떤 버려진 쇼핑몰 주차장에 버스를 세우고 대신 걸어서 순방을 계속했다. 2차선으로 뻗은 94번 고속도로의 위험한 갓길을 조심스레 따라 걷고 또 다리를 건넌 후에 우리는 커다란 개구멍에 닿았다. 빠르게 달리는 운전자들은 미처 보지 못하고 지나칠 정도의 틈이었다. 틈새로 마른 진흙으로 만든 계단이 보였다. 그 계단을 따라 울창한 숲길을 100미터쯤 걸어갔을까, 돌연 캠핑 장비들과 아이스박스, 각양각색의 텐트를 포함해 쓰레기로 어수선한 드넓은 공간이 눈앞에 펼쳐졌다.

'주목! 캠프장'에 오신 것을 환영합니다!

여기 말곤 딱히 집이라고 부를 만한 데가 없는 50여 명의 사람들이 이곳에 머물고 있었다. 전해 듣기론 45세 이상 65세 미만의 사람들이라고 했다. 우리가 이곳에 방문했을 당시, 이 캠프장은 벌써 그들의 다섯 번째 야영지였다. 주 정부교통과 때문에 그들은 이전에 차린 캠프장들에서 매번 쫓겨났다.

이곳에서 우리는 숱이 얼마 남지 않은 금발에 몸이 가냘픈 할머니뻘 되는 노부인 재키 스타키를 소개받았다. 그녀가 쏟아내는 숲에서 사는 이야기에서 스트레스와 걱정이 역력했다. 대침체 동안 스타키는 돈도,

집도 없었다. 단기간 친척들에게 신세를 졌지만 그마저도 더 이상 할 형편이 못 되었다고 그녀가 간단히 에둘러 말했다. 이후에 그녀는 앤아버에 있는 노숙자 쉼터들을 찾아갔으나, 전부 초만원이었다. "여관에 있을 곳이 없음이러라"라는 성경 구절을 빗댄 그녀의 농담이 슬펐다. 노숙자 쉼터에서 만난 누군가 그녀더러 텐트촌에 가보라고 했다.

"정말 살길이 막막해요. 그래서 어떨 때, 사람들이 어째서 날 도와주지 못하는 걸까? 왜 내가 노숙자가 되어서 남들의 도움을 받아야 되는 건가? 뭐, 이런 생각으로 가슴이 답답해집니다."

스타키가 우리와 이야기하는 동안 근처에 꽤 젊어 보이는 한 커플이 서 있었다. 걱정스러운 표정으로 여자의 얼굴에 주름이 졌다. 그녀는 스타키의 말에 공감하는 중이었을까? 아니면 자신의 처지에 대해 생각하는 중이었을까? 팔짱을 낀 채로 번갈아 짝다리를 짚을 뿐 그 여자는 서 있는 내내 말이 없었다. 까칠한 턱수염을 느낌표 막대 모양으로 다듬은 대머리의 젊은 남자는 땅바닥에서 눈을 떼지 않았다. 한 손에는 컵을 들고 다른 손으로는 근심에 싸인 여자의 어깨를 쓰다듬고만 있었다.

우리가 경험담을 좀 들려달라고 부탁했지만 그 커플은 거절했다. 거기에 대고 누가 뭐라 할 수 있겠는가? 전국 텔레비전 방송에 나와 자신이 현재 맨 밑바닥 생활을 하고 있다고 말하길 꺼리는 사람들도 당연히 있는 법이니까. 미 노숙종식연합에 따르면 이 책을 집필하는 시기에 미국에서는 매일 밤 약 68만 명의 사람들이 길바닥에서 잠을 청했다. 그 이후로 이 수치가 크게 감소했음을 보여주는 근거가 딱히 없다.[72]

빈곤 퇴치를 위해서는 진실을 말하는 사람들이 반드시 필요하다. 만약 아무도 박탈당한 자들의 고통을 솔직히 밝히지 않는다면 누구도 그들의 아픔에 대해 듣지 못할 것이다. 달리 말해서 진실을 규명하려면 우선 고통받는 자들이 목소리를 낼 수 있어야 한다. 가난한 자들이 침묵에 빠져 있는 한 우리는 결코 진실을 밝힐 수 없다. 노예제폐지운동을 이끈 것은 백인들이었지만, 그 움직임의 진실성은 프레더릭 더글러스가 과거에 겪은 노예 생활에 있었다. 많은 백인들이 여성참정권운동에 참여하긴 했지만, 여권신장을 위한 투쟁의 절박함을 알린 것은 사회운동가 엘리자베스 케이디 스탠턴이었다.

변화는 진실을 말하고 정의를 위해 싸우고 진실 앞에선 기꺼이 죽음도 무릅쓰는 용기가 있는 사람들이 있어야만 가능하다. 결코 예삿일이 아니다. 지금 자신의 고통을 말할 수 없는 자들에게 헌신을 다하는 단호한 목소리가 절실하다.

용기의 문제

오늘날 최저 생활수준을 유지하는 데 없어서는 안 될 생필품들의 대부분이 바로 지금 이 나라 전체 인구의 상당 부분을 차지하는 수천만 명의 국민들에게 허락되지 않고 있음을 저는 알고 있습니다.
- 프랭클린 루스벨트

1937년 1월 20일 두 번째 취임 연설에서 루스벨트 대통령은 온 국민에게 미국의 실업과 빈곤 문제에 맞서 잘 견뎌줄 것을 강력히 촉구했다. 이를 통해 루스벨트 대통령은 자신이 목격한 '쥐꼬리만 한 수입으로 먹고살기 위해 발버둥 치지만 가족의 생사에 먹구름 가실 날이 없는' 수많은 미국인들을 위해 목소리를 높였다. 소위 상류사회에 속하는 자들의 눈에는 몹시 부적절한 환경에서 살아가는 도시와 시골 사람들을 대신해 루스벨트가 나선 셈이었다. 교육과 오락거리가 주어지지 않은 어린이들과, 자신과 아이들을 위해서 좀 더 나은 삶을 꾸릴 기회를 얻지 못하는 부모들에 대한 깊은 연민이 그의 연설에 어려 있었다. "국민 3분의 1의 의식주가 건강하지 못하다"라고 시인한 바대로 루스벨트는 빈곤 때문에 취업과 생산력 향상이 불가능하다고 언명했다.

그의 주장의 요점은 절망의 그림을 그려내는 게 아니라, 빈부 격차를 심화시키는 '불필요한' 경계선에 국민이 굴하지 않고 그것을 넘어서도록 격려하는 것이었다. "우리 앞에 놓인 시험은 많이 가진 자들의 부를 더 키우느냐 못 키우느냐가 아니라, 가진 게 없는 자들을 충분히 부양하느냐 못 하느냐이다"라고 그는 말했다.

미국 예외론이라는 안주하고 싶은 안전지대를 넘어 더 나은 곳으로 온 국민을 끌어가겠다는 루스벨트의 결단은 오늘날 빈곤이라는 재앙을 해결하는 데 반드시 필요한 강경하고 단호한 용기의 예를 보여준다. 지금의 정계에는 형제자매와 같은 자들을 지키기 위해서라면 자신의 정치 생활과 위상, 직위마저도 기꺼이 포기할 수 있는 용감한 빈민 옹호자들이 없다. 막강한 다국적기업들, 월스트리트의 우수 인재들, 그리고 서민들은 버려두고 무턱대고 부유층과 운 좋은 졸부들 편만 드는 사회정치 체제에 맞설 용기도 없다.

선거운동을 펼칠 대부분의 정치인들이 중산층 지원과 관련해서 흠 잡을 데 없이 효과적이고 인상적인 어구들을 저마다 들고 나설 것이다. 중산층이야말로 제일 위험 부담이 적은 부류이기 때문이다. 불안정한 중산층 다수와 신빈곤층은 백인 유권자들이다. 중산층을 지원하는 일에는 위험이 뒤따르지 않고 특별한 희생을 해야 할 필요도 없다. '가난한 사람들을 고용해서 빈곤을 퇴치하는 일'은 린던 존슨 대통령이 집무실에 들어선 이후로 백악관에서는 더 이상 듣지 못하는 옛말이 되어버렸다.

빈곤에 대한 진실을 억누르는 사정의 밑바닥에는 두려움이 방사능 원소처럼 깔려 있다. 빈곤 퇴치에 대해 진지한 태도를 취하는 순간, 우리는 미국의 불운한 자들의 희생으로 이득을 챙기는 자들의 재산을 둘러싼 보이지 않는 담을 타고 넘는 무단 침입자 취급을 받게 된다. 대부분의 정치인들에겐 무시무시한 영역이다.

왜 그럴까? 그것은 미국의 대통령, 연방의회 의원, 주지사, 주 의회 의원, 때로는 심지어 시장이 되는 데 수백만 달러의 비용이 들기 때문이다. 오바마 대통령은 2008년 대통령 선거운동을 위해 거의 7억 5,000만 달러의 기금을 모금했다. 그의 상대 후보였던 애리조나 주 공화당 상원 의원 존 맥케인은 3억 달러에 가까운 기금을 모금했다. 대통령 선거운동은 많은 정치 자금을 내놓는 월스트리트의 금융 회사들과 다국적기업들을 대변하는 부유한 자들과 로비스트들이 제공하는 선거 자금에 크게 의존한다.

많은 사람들은 로비 활동을 관행화된 부패의 장에서 합법적으로 뇌물을 써서 매수하는 행위쯤으로 여긴다. 실제로 일부 연방의회 의원들만이 곤란을 무릅쓰고 〈스미스 씨 워싱턴에 가다Mr. Smith Goes to Washington〉* 식의 열정과 순수함을 어렵사리 지켜낸다. 하지만 일단 로

---

* 루이스 R. 포스터의 소설을 각색한 미국 영화로, 우연히 상원의원이 된 스미스가 부패 세력과 싸우는 이야기.

비스트들이 그들의 놀라운 영향력을 행사하기 시작하면 전에는 원칙적이었던 남자들과 여자들도 오직 줏대가 없는 자들만 살아남는 게임에서 졸이 되는 것을 우리는 유감스럽게도 너무나 자주 본다.

이런 이유로 주택 대란에 대한 본격적인 수사도 없고 서브프라임 대출 붐으로 이득을 챙긴 백만장자 은행가들이 기소되는 일도 없다. 2012년 연두교서 연설에서 오바마 대통령은 모기지 위기연방기구를 창설해서 부동산 대출과 관련해 범법 행위 혐의가 있는 은행가들을 철저히 조사하도록 할 방침이라고 했다.

그것참, 듣던 중 반가운 소리이다. 하지만 이 발표가 있은 지 바로 몇 주 후에 행정부는 은행가들과 250억 달러의 지불 협상을 타결했다고 밝혔다. 우리는 제발 이 거래로 범죄 수사가 생략되지 않기만을 바랄 뿐이다.

어쨌거나 돈 많은 자들과 파렴치한 자들의 세상은 이렇게 돌아간다. 가난한 사람이 죄 없는 사람들을 밀쳐내다가 붙잡히면 곧바로 감옥에 보내질 것이다. 그러나 오늘날 모노폴리 보드판 같은 세상에서 수백만 명의 사람들을 밀쳐낸 혐의를 받고 있는 월스트리트의 리치 엉클 페니배그스는 구제금융으로 수십억 달러를 지원받아 몰래 쌓아놓고 투자를 할 수도 있고, 정 안 되겠다 싶을 땐 징역을 사는 대신에 그 돈으로 '지불 협상을 타결'할 수도 있다.

정치인들은 두려워서 위험 부담이 큰 이런 진실들을 발설하지 못한다. 힘을 합쳐 빈곤에 맞서 싸우기 위해 갑옷을 입으려면 우선 우리 안의 두려움과 맞대결해야 한다. 우리로 하여금 침묵을 지키거나 진실을 경시하고 거짓을 용인하게 만드는 두려움, 선거운동 기금을 잃고 낙선하고 인기가 떨어질까 염려하는 두려움, 보복이나 그 외 미리 알 수 없는 결과에 대한 두려움 말이다. 용기는 두려움이 없는 상태가 아니라, 오히려 결과에 상관없이 자기가 아는 진실을 온전히 지키는 역량이다.

흑인해방운동가 해리엇 터브먼, 에이브러햄 링컨 대통령, 시민평등권운동가 메드가 에버스, 유니테리언교 목사 제임스 립, 주부이자 엄마로서 시민평등권운동을 이끈 비올라 그레그 리우조, 마틴 루서 킹 목사, 여성참정권운동을 이끈 흑인 지도자 패니 루 해머, 그 외 아주 많은 사람들이 스스로 숭고한 희생의 가치가 있다고 믿은 신념을 추구하는 가운데 일생을 끝마쳤다.

킹 목사는 자신의 기독교적 소명에 따라 "전쟁은 빈민들의 적이며 실제 전쟁이 그러한 것"이라고 맹비난했고 그 결과 그는 질타를 받고 음해당하고 미국의 억압당하는 자들에게 마땅한 목소리라는 자리에서 내몰렸다.[73] 린던 존슨 대통령과 다른 정치인들, 주요 언론사와 일반 대중, 심지어 그와 가까운 흑인 지도층 인사들로부터의 인신공격을 견디는 데 대단한 용기가 필요했다. 그럼에도 불구하고 킹 목사는 단호히 진실을 말하고 정의를 위해 싸우고 죽음을 각오했다. 그는 가난한 사람들을 향한 자신의 사랑을 실천하면서 죽었다.

이라크전쟁이 끝난 지금 우리는 1937년 루스벨트 대통령의 도전에 잘 맞설 수 있을까? 즉 너무 많이 가진 자들의 요구에 영합하지 않고 '못 가진 자들'을 부양하는 발전 단계에 이를 수 있을까? 현재 두 명 중 한 명 꼴로 빈곤에 시달리거나 빈곤선 가까이 생활하고 있는 국민들이 자신의 역량을 펼치고 스스로 긍지를 가질 수 있도록 정부가 지혜롭게 투자해야 한다고 요구하고 나설 킹 목사와 같은 용기가 우리한테 있을까?

이 중대한 질문에 대한 우리의 답이 우리 민주주의의 앞날을 결정한다.

제5장 연민의 빈곤

연민은 급진적인 형태의 비판이다.
고통은 진지하게 다뤄야 하며,
고통을 당연한 것으로 받아들여선 안 되고,
인간답게 사는 데 있어서 고통은 용인할 수 없는
비정상적인 상태임을 연민이 알려주기 때문이다.
그러므로 단순히 너그러운 호의처럼 보이는 연민은
실제로 그 고통을 낳은 지배 체제와 권력자,
이데올로기에 대한 비판이다.
- 월터 브루그만*

* 미국 개신교 구약성서 연구의 대가이자 신학자.

"가난한 아이의 삶의 가치가 부유한 아이의 삶의 가치에 미치지 못하는 나라에 살면서 미 교육부의 수장 노릇을 하기가 어떠십니까?"

2011년 말 워싱턴 장관실에서 코넬과 만났을 때 이 질문을 받고 교육부장관 안 덩컨은 살짝 당황했다. 그들은 정부의 40억짜리 '정상을 향한 경주Race to the Top*'를 비롯해서 교육과 빈민층에 관련된 여러 사안들을 논의했다.

정부 통계대로라면 코넬의 질문은 당연했다. 우리는 흑인과 백인 간의 학업 성취도 차이가 미국 내 교육 위기의 복잡한 양상을 보여준다고 생각하지 않는다. 이 격차가 소폭으로 줄어들긴 했지만 여전히 흑인 아동들은 수학과 독해 시험에서 백인 아동들보다 낮은 점수를 받는다. 게다가 학교 중퇴율이 전체 학생의 30퍼센트인 데 반해, 흑인 아동의 절반 이상이 고등학교를 그만둔다. 이런 통계에서 우리가 확인하는 것은 교육 장벽이 존재한다는 사실만이 아니다. 시나브로 퍼지면서 우리 아이들의 삶을 파열시키는 빈곤의 폐단을 이 통계를 통해 알 수 있다.[74]

국가빈곤센터에 따르면 미국 전 빈민층의 36퍼센트가 아이들이다. 이 수치의 38.2퍼센트가 흑인 아동이고 히스패닉계와 백인 아동이 각각 35퍼센트, 12.4퍼센트를 차지한다.[75] 저체중 출생과 약물중독, 굶주림,

---

*   교육 개혁을 위해 오바마 행정부가 추진한 교육 캠페인.

방치, 잦은 전학, 재정이 빈약한 학교로 이어지는 열악한 환경에의 노출, 그리고 부모의 적은 관심 등과 같이 성취도 차이를 빚는 많은 관련 문제들과 빈곤은 깊숙이 연관되어 있다. 세계에서 가장 부유한 나라가 이런 식으로 돌아가서야 되겠는가?

핀란드 학생들은 과학과 수학에서 세계 1위를 차지하고 있다. 핀란드 교사 90퍼센트 이상이 노동조합에 가입되어 있고 핀란드 대학의 우수 졸업생들은 투자 은행가보다는 교사의 길을 택한다. 미국의 돈 많은 우수 인재들의 아들과 딸 들은 핀란드 학생들과 비교할 만한 수준의 성취도를 보인다. 하지만 여기서 빈곤을 고려하면 미국 학생들은 한번 빠지면 다시는 헤어날 수 없는 형편없는 성과의 소용돌이에 휘말리는 경우가 허다하다.

코넬과의 회동에서 덩컨은 오바마 정부가 미국 내 학업 성취도 격차를 좁히는 것을 최우선 과제로 삼고 있고, '정상을 향한 경주' 프로젝트가 그 의지를 보여주는 하나의 예에 해당한다고 주장했다.

이에 코넬은 정면으로 맞받았다.

"이 40억 달러짜리 계획에 당신들 전부 땀나도록 브레이크 댄스를 추고 있다는 걸 내 모르는 바 아닙니다. 하지만 아프가니스탄에는 매일 40억 달러를 지원하잖소. 그러니 빈곤과 가난한 아동에 관한 그 어떤 사안보다도 군국주의가 먼저인 셈이지요. 이게 바로 이 나라의 우선순위 원칙이고, 이 얼마나 비뚤어진 원칙입니까!"

미국의 가난한 아이들을 향한 연민이 턱없이 부족하다는 사실을 부정하긴 어렵다. 그들이 제대로 된 보살핌 속에서 잘 성장하는 데에 반드시 필요한 관심, 염려하는 마음을 우리 모두가 보여주지 못했다. 만약 우리들이 넉넉한 연민의 정을 품는다면 우리 아이들은 먹을 것과 잠잘 곳과 양질의 의료제도가 없는 상태에 이르지 않을 것이다. 만약 우리가 정말로 우리 아이들을 소중히 여긴다면 군인들을 양산하는 대신 의사, 교사, 기술자, 과학자들을 많이 배출하는 학교들에 더 많은 재원을 쏟을 것이다. 넉넉한 사랑으로 우리 젊은이들을 품는다면 미처 계발되지도 않은 그들의 잠재력이 교도소에서 사그라지는 일은 일어나지 않을 것이다.

사람들이 "아이들은 우리의 미래이다"라고 말하는 것은 그저 말뿐이었을까? 어쩌면 모든 아이들을 대상으로 이야기하는 게 아닐지도 모르겠다. 아마 미국에서 우리는 제대로 된 동네에 사는 아이들만이 양질의 교육을 받을 자격이 있다고 일찌감치 인정해버렸지 싶다. 만약 그렇다면 미국의 미래는 몹시 암울하다.

매년 대략 130만 명의 미국 학생들이 고등학교를 중퇴하고, 이들 대부분은 가난한 유색인종 아이들이다. '빈곤율이 높은 학교*'에 다니는 12학년 학생들 중 대략 68퍼센트가 고등학교 과정을 마치는 반면, '빈곤율이 낮은 학교'에 다니는 학생들의 91퍼센트가 졸업장을 손에 쥔다.[76] 좋은교육연합이 말한 바대로 우리가 적극적으로 개입하지 않는다면 국가를 위해 3조 달러 이상의 잠재적 가치가 있는 1,300만 명의 학생들이 앞으로 10년 안에 고등학교를 그만두게 될 것이다.

우리가 어떻게 항의하든지 간에 실은 주위 세상과 우리가 얼마나 동떨어져 있는지, 특히 가난한 유색인종 아이들을 포함해서 아이들을 얼

---

* 전체 학생의 4분의 3 이상이 무상 또는 할인된 가격으로 급식을 먹을 자격이 되는 학교.

마나 무시하고 있는지, 이런 통계를 보면 알 수 있다. 그러므로 질문을 바꾸어 그 장관에게 다시 묻겠다.

"번영한 것으로 알려져 있지만 실은 못사는 아이의 삶의 가치가 잘 사는 아이의 삶의 가치에 미치지 못하는 나라, 그런 나라의 일원이라는 데 대해 어떻게 느끼십니까?"

자식을 위해 희생해야죠

결국에는 사랑과 연민이 이깁니다.
- 테리 웨이트*

이탈리아계 미국인 블루칼라인 조셉은 뉴욕 주 롱아일랜드에서 자랐다. 성인이 된 후로는 대부분 자동차 정비소에서 도색을 하며 지냈다. 조셉과 그의 아내는 큰돈을 벌진 못했지만 회계장부를 관리해서 받는 아내의 월급까지 모아서 11년 전 서퍽 카운티 메드퍼드에 단출한 집을 마련했다.

그들에겐 조이라는 아들이 있다. 사는 게 재미있었다. 그런데 이젠 옛말이 되고 말았다.

"전 완전히 빈털터리입니다. 그날 벌어 그날 먹고살아요. 납부금도 제때 못 내죠. 뭘 신청해보려고 해도 자격이 안 됩니다."

조셉의 사연은 '발목 잡히다: 미국 내 아동 빈곤'이라는 제목의 미

---

* 영국 교회의 특사로 레바논 인질 석방 협상을 중재하기 위해 파견되었다가 베이루트에서 납치범들에게 납치되어 1,763일 만에 풀려남.

국 아동보호기금 보고서에 실렸고 곧 우리 눈에 띄었다. 2010년 미국 통계국 자료에 따르면 조셉은 이 나라에 살고 있는 전체 부자父子 가정의 21퍼센트를 차지하는 싱글대디 극빈자에 속한다. 18세 미만의 자녀를 둔 모자 가정의 빈곤율은 이보다 훨씬 높아 41퍼센트에 이른다. 한 부모 가정의 전체 빈곤율은 자녀를 둔 가난한 부부의 빈곤율인 9퍼센트보다 여전히 높다.[77]

조셉의 아내는 다발성 경화증을 앓고 있다. 아내의 상태가 너무 나빠져서 어쩔 수 없이 조셉은 그녀를 요양원으로 보내야 했다. 한 사람의 수입이 끊기면서 조셉은 근로 빈곤층에 끼게 되었다. 캐스와 인터뷰를 하던 당시, 조셉은 지난 몇 년 새 두 번 실직을 당하고 가까스로 다시 일자리를 구했지만 본인과 열여섯 살 난 건장한 아들 입에 겨우 풀칠할 수 있는 정도였다. 결과적으로 그는 지역 내 푸드뱅크에 의지해야만 했다.

"혼자 아이 키우면서 산다는 게 정말 쉽지 않습니다."

조셉은 최우선 과제가 아들 돌보는 일이라는 게 어떤 건지 설명했다.

"아들을 보호하려고 애를 쓰죠. 어떤 희생도 마다하지 않아요. (……) 아이가 엄마 때문에 슬퍼하는 것만 빼고 아무튼 내 힘이 닿는 한 최선을 다해 아들을 지키려고 애를 씁니다. 그런 슬픔은 누구도 어쩌지 못하는 거니까요. 아내는 간신히 버텨내고 있어요."

의료보험에 가입하지 못한 다른 4,990만 명의 미국인들처럼[78] 조셉도 자신의 건강이 염려스럽다.

"자주 코를 골다 잠에서 깨는데 그게 좀 걱정됩니다. 수면 무호흡증인 것 같아요. 전문의의 도움이 필요하니까 그냥 놔두고 있어요. 어차피 일을 안 갈 수도 없고요. 내가 하루라도 일을 쉬면 당장 일할 사람이 필요하니 나 대신 다른 사람을 구해버릴 거예요. 그냥 하루하루 견디는 거죠."

한숨지으며 조셉은 아들을 키우는 데 꼭 필요한 일을 하면서 겨우 버티고 있다고 말했다.

"아주 조금이지만 아침을 먹는 습관이 생겼어요. 점심은 안 먹고요. 일하다가 호스로 물을 마셔요. 그런 식으로 지내고 있어요. 자식을 위해 희생해야죠."

조셉의 '희생'은 미국의 그 어떤 가난한 부모라도 치러선 안 되는 희생이다.

진정한 인간이기 위해서

연민을 느끼면 당신은 자연히 다른 사람들과 관계를 맺게 됩니다. 그들이 더 이상 당신의 심신을 지치게 하는 존재로 보이지 않을 것이기 때문입니다.
– 초감 트룽파*

우리가 앞에서 설명했듯이 지난 수 세기에 걸쳐 미국에서는 빈민층을 향한 연민의 파도가 밀려왔다 밀려가기를 반복했다. 정치적 지도력, 강력한 지지, 호경기와 불경기 등 이 모두가 우리에게 영향을 미쳤다. 적자생존의 현대 디지털 세상에 살면서 우리는 더 냉정해졌고 훨씬 고립되었다. '나는 내 형제의 파수꾼이다'라는 구절은 한물간 옛말이다. 우리

---

* 저명한 티베트 불교 스승.

는 개인을 지역사회 위에 둔다. 체제 자체가 부당하고 비인간적이라기보다는 우리 중 너무 많은 사람들이 원래 빈민들은 뭔가 문제가 있는 사람들이라고 믿고 있다.

빈민층을 향한 진심 어린 연민에 관한 한 소위 기독교적 가치관에 자부심을 갖는다는 나라가 어찌하여 길을 잃어버렸을까?

모두를 위한 정의, 다른 사람들에 대한 봉사, 그리고 자유를 주는 사랑

모든 주요 종교의 전통은 근본적으로 같은 메시지를 담고 있습니다. 바로 사랑, 연민, 그리고 용서입니다. 중요한 것은 이것들이 우리 일상생활의 일부가 되어야 한다는 것입니다.
– 달라이라마

신학자, 침례교 목사, 사회복음주의운동의 핵심 인물인 동시에 킹 목사의 삶에 주요한 영향을 끼친 월터 라우션부시는 미국 사회를 변화시킬 수도 있었던 예언자적 신학에 일생을 바쳤다. 정의로운 사회는 도덕적 가치를 반영하고 '모두를 위한 정의' '다른 사람들에 대한 봉사' '자유를 주는 사랑'을 고취해야 한다고 그는 진심을 다해 믿었다.

라우션부시는 종교적 규제 없이 살면서 복음을 전했다. 가톨릭, 감리교, 이슬람교, 힌두교, 그 외 종교 신앙에서도 사회정의의 교의를 찾을 수 있다. 평등과 결속이 사회와 기관, 지역사회, 생활 방식의 근본적인 핵심으로 기능해야 한다는 것은 전체론적 견해이다. 사회정의는 인권의 중요성을 강조하고 모든 인간의 존엄성을 인식한다.

예수그리스도는 세상에서 가장 유명한 사회정의운동가였다. 예수가 로마제국에 의해 십자가에 못 박힌 것은 그가 예루살렘의 회당에서 환전상들을 몰아냈기 때문이다. 사회정의에 관한 가톨릭의 가르침을 이루는 중요한 요소 중의 하나는 바로 '사람의 목숨이 어떤 물질적 소유물보다 우선시되어야 한다'라는 것이다. 미 연합감리교의 교리서를 보면 '모든 시민에게 보건 혜택을 제공하는 것은 정부의 책임이다'라고 되어 있다. 『분열된 세상을 치유하기 위하여: 책임 윤리To Heal a Fractured World: The Ethics of Responsibility』에서 랍비 조너선 삭스는 유대교의 중심에는 사회정의도 자리하고 있다고 선언한다. 유대교의 '책임 윤리' 중의 하나로 헤세드(히브리어로 '은혜'라는 뜻)라는 개념이 있다.

사회사업, 의료 서비스, 인권 교육, 세계정의운동, 그 외 녹색당을 포함한 수많은 풀뿌리 단체들의 역사를 엮어내는 것이 바로 사회정의이다.

'자유를 주는 사랑'은 감상적인 갈망 그 이상이다. 이 사랑은 가난한 자들을 위해 부당한 경제적, 정치적, 사회적 상황에 맞선 예수라는 본보기에 바탕을 둔 '아래에서 위로' 해방신학의 전제이다. 국경과 종교를 넘어선 이 신학운동은 빈민층의 고통과 투쟁의 수고를 덜고 희망을 전하기 위해서 사회정의를 그 지침으로 삼는다.

이런 식의 사회정의는 기업 자본주의와 충돌하기 쉽다. 기업 자본주의는 인간의 생명을 시장가치와 상품화 가치로 제한한다. 완전한 인간이기 위해 우리는 전례 없는 번영의 한가운데에서 살면서 어떤 남자도, 여자도, 아이들도 빈곤에 시달리게 두어선 안 된다.

이 성명서는 미국에서 연민의 부흥이 있을 거라는 근본 신념을 기반으로 한다. 빈곤 퇴치를 향한 의분으로 터질 듯한 근본적인 운동의 부활

없이는 진정한 연민도 있을 수 없다.

근본적인 민주혁명

누군가가 내 주인인 양 식탁에서 던져주는 연민의 부스러기를 받아먹는 것에는 나는
관심이 없다. 나는 메뉴판에 적힌 모든 권리를 원한다.
- 데즈먼드 투투*

미국 역사상 의분이 민주주의의 확대로 이어진 흥미로운 사례 중의
하나는 '흑인 예언의 전통Black Prophetic Tradition'이다. 여기서 말하는 흑
인 예언의 전통이란 전 세계 개개인의 위엄과 존엄성을 위한 헌신('최
소한의 위엄과 존엄성'을 지키는 것에서 시작), 자유와 민주주의 투쟁을
위해 살고 죽는 헌신을 의미한다.

이 흑인 예언의 전통은 미국의 민주주의라는 빵을 부풀리는 효모와
같다. 미국의 노예제와 짐크로Jim Crow**, 백인우월주의에 맞선 용감한 투
쟁들에서 이 전통 덕분에 골 깊은 편견과 보복 대신 사랑과 정의가 펼쳐
졌다. 해리엇 터브먼, 프레더릭 더글러스, 아이다 B. 웰스-바넷, 마틴 루
서 킹 목사, 패니 루 해머, 그 외 많은 사람들이 바로 이 전통에서 출발했
다. 미국 내 민주주의의 앞날은 지금 이 전통을 어떻게 잘 되살리느냐가
관건이다. 빈곤 퇴치 전쟁은 이 엄청난 전통과 직결된다.

---

* 남아프리카공화국 출신의 사회운동가이자 영국국교회 명예대주교로 노벨 평화상과 간디
평화상을 수상함.
** 흑인을 비하하는 말로 흑인 차별 정책과 같은 의미로도 쓰임.

미국인들이 배를 곯고 있다면 혁명이 필요하다. 미국의 주요 기아 구호 자선단체 피딩아메리카의 회장이자 최고 경영자인 비키 B. 에스카라는 '미국 재건하기' 심포지엄에서 '연민 위기'에 대해 다음과 같은 말을 했다.

"그 수가 대단합니다. 이 나라에서 배고픈 미국인들이 5,000만 명이나 됩니다. 이렇게 많은 사람들이 다음 끼니를 어떻게 때워야 할지 몰라 막막하다는 뜻이에요. 더욱이 자식 딸린 부모들은 뭘로 애들 배를 채울까 하는 걱정에 바싹 속이 타들어갑니다. 어린아이들의 경우, 월요일 아침이면 자주 텅 빈 배를 움켜쥐고 등교를 해요. 그러니 가만히 앉아 있지 못하고 수업에도 집중할 수가 없지요. 한정된 수입으로 힘겹게 먹고사는 고령자들도 많지만 대부분이 차마 도와달라는 소리를 못 하고 그냥 말없이 참기만 합니다."

피딩아메리카는 미국 내 기아에 관해 주목할 만한 조사와 프로그램을 수행하는 것으로 크게 인정받고 있다. 푸드뱅크 앞에 줄을 서거나 푸드스탬프 배급소를 찾는 가난한 사람들의 수가 처음으로 30퍼센트까지 증가했다고 밝히면서 에스카라는 이렇게 덧붙였다.

"이 30퍼센트에 해당하는 사람들은 전에는 그런 곳에 가본 적이 한 번도 없는 사람들이에요. 그들이 중산층이었다는 뜻이죠. 우리는 대침체 이후로 이 수치가 배로 늘어난 것을 보기도 했어요. 여러분, 이건 위기예요. 우리는 지금 위기에 직면해 있습니다."

사람들이 배를 곯고 있다면, 그리고 절망에 빠져 있다면, 민주주의는 위협을 당한다. 우리의 주요 관심사는 외부의 위협이 아니라, 한 나라를 다시는 돌이킬 수 없는 단계로 거세게 몰아가는 내부의 부패이다. '격정할 일이 없는 계층'은 문을 걸어 잠그고 호화로운 생활을 이어가고, 반면에 노동자들과 빈민들은 파산의 거리에 나앉아 힘겨운 시간을 보내는 동안 그 지역사회 밖에서는 다이너마이트 도화선에 불이 붙었다. 흑인 예언의 전통, 해방신학, 사회정의 옹호, 빈곤에 대한 의분 그 한가운데에서 이제 폭발해도 괜찮다는 도덕적인 허가가 떨어졌다. 이 오랜 신념들은 우리더러 폭력을 거부하고 기업과 사회 탐욕에 대한 민중의 격분을 환영하라고 요구한다. 시인 랠프 왈도 에머슨이 일러주듯, 의분은 한 사람이 가진 모든 능력을 남김없이 끌어낸다. 사회정의라는 유산이 미국의 민주주의를 위한 마지막 희망이라는 우리의 믿음에는 변함이 없다.

감옥과 빈민

> 내가 주릴 때에 너희가 먹을 것을 주었고 목마를 때에 마시게 하였고 나그네가 되었을 때에 영접하였고 헐벗었을 때에 옷을 입혔고 병들었을 때에 돌보았고 옥에 갇혔을 때에 와서 보았느니라.
> — 마태복음 25장 34절~36절

사회정의라는 환한 불빛 아래에서는 이 사회가 연민에 대한 신학적 해석을 얼마나 팔아먹고 있는지 훤히 보인다. 가난한 아이들이 고통 속에 방치된 상황에서 보수파가 말하는 '가족의 가치'란 도대체 무엇을 의미하는가? 그리스도가 명한 연민의 행위들을 무시하면서 우리가 어찌 '신 아래 한 국가'라는 구절에서 위안을 얻을 수 있겠는가?

교도소 산업 복합체를 위해 감옥, 교도소, 청소년 범죄 관련 사법 기관들을 확장하는 데 3,000억 달러를 투자하면서 학교와 노숙자들의 거처 마련, 빈민의 끼니 해결, 생활급을 보장하는 일자리 창출을 위해서는 쓸 돈이 없다고 주장하는 사회는 어딘가 문제가 있다.

그렇다, 개인의 책임으로서의 빈곤, 가족의 가치 운운하며 가족의 붕괴가 실제로 어떻게 빈곤의 세대 간 대물림으로 이어져왔는지에 대해 특히 극우파로부터 반격의 소리가 들려온다.

가족 구조가 약하면 빈곤의 대물림 현상이 생긴다는 것을 우리는 확실히 인식하고 있다. 그러나 구성원 간의 연결 고리가 느슨한 가족 구조를 형성하고 그 틀을 만드는 것은 더 큰 사회적, 경제적, 역사적 세력들이라는 것도 우리는 잘 알고 있다. 기름으로 불을 끌 수는 없다. 부정을 더 큰 부정으로 바로잡을 순 없다.

오하이오 주립대 법대의 부교수 미셸 알렉산더가 상을 받은 자신의 저서 『새로운 짐크로: 인종차별이 없는 시대의 대량 투옥The New Jim Crow: Mass Incarceration in the Age of Colorblindness』에서 아주 잘 설명한 것처럼 미국 내 흑인들을 차별하는 짐크로 법이 사라진 후로 인종에 따른 신종 계급 통제 시스템이 형사 사법제도로 자리를 잡았다. 철창 속에 갇힌 사람들이 1970년대에는 30만 명이었지만, 현재는 250만 명을 넘어섰고 이 중 절반에 가까운 84만 6,000명, 정확히 말해 40.2퍼센트가 아프리카계 미국인이다. 알렉산더가 언급한 대로 미국의 남북전쟁이 시작되기 10년 전인 1850년 당시 노예로 살던 흑인의 수보다 훨씬 더 많은 아프리카계 미국 성인들이 오늘날 교정 시설(구치소, 감옥, 집행유예, 가석방 포함)의 통제 아래에 있다.

연방 교도소만 따졌을 때 새 이민법의 적용으로 전체 수감자 중 라티노가 50.3퍼센트, 흑인이 19.7퍼센트, 백인이 26.4퍼센트를 차지한다. 그리고 이 숫자들은 가석방되었거나 집행유예 중인 수백만 명을 고려하지 않는다. 이런 대량 투옥은 이글거리는 불길에 기름을 붓는 격으로, 사회정의에 뿌리를 둔 사회 개혁이 절실하다. 한 제도가 여러 세대에 걸쳐 가난한 유색인종의 발목을 묶고 있음을 알면서도 그대로 묵인할 수 있는가? 이럴 때 우리의 연민은 어디로 사라지고 없는가?

현재 수감자들이 흑인과 히스패닉에 편중되어 있는 것과 관련해 세대 간 빈곤이 대물림되는 현상이 한몫하고 있다는 사실도 우리는 잘 안다. 바버라 에런라이크가 강조한 바와 같이 감옥에 갇혀 사는 미국인의 수(약 230만 명)가 공영주택에 거주하는 빈민의 수와 일치하는 게 결코 우연이 아니다. '투옥과 사회 불평등'이라는 제목으로 범죄학자 브루스 웨스턴과 베키 페팃이 함께 진행한 의미심장한 연구 결과, 미국 내 20만 명을 넘는 아이들의 어머니가 교도소에 수감 중이고 170만 명 이상은 아버지가 투옥 중이라는 사실이 밝혀졌다. 이 수치들은 교도소와 빈곤 사이의 강한 인력을 잘 보여준다.[79]

일단 교도소라는 물에 한번 빠지면 빈곤의 웅덩이를 헤어 나오기란 거의 불가능에 가깝다. 알렉산더의 『새로운 짐크로』를 보면 출소 후 운 좋게 일자리를 얻어 간신히 최저임금을 받게 된 자들이 어떻게 해서 감옥에 있는 동안 불어난 자녀 양육비를 갚아야 할 처지에 자연히 놓이는지 그 과정을 자세히 알 수 있다. 출소자들이 징역을 산 대가로 치러야 하는 것들에는 여러 소송 비용과 관련 경비도 포함되고 일부 주에서는 그들에게 변호사 비용까지 물린다. 보수를 미처 세어보기도 전에 미리 떼어 가버리는 이런 비용들 때문에 과거 재소자들 중 70퍼센

트가 출소한 지 3년 이내에 재수감된다는 사실은 이제 새삼 놀랍지조차 않다.[80]

수십 년간 대부분의 미국인들은 미 사법제도의 부당성에 눈감아왔다. 하지만 안타깝게도 빈곤과 교도소 사이의 관련성을 내다보지 못했다. 교통 위반 벌금이나 자녀 양육비를 제때 못 내고 재판일을 놓치고 잔액 부족으로 은행이 개인 수표를 부도로 처리하기 시작하면 감옥행은 정말로 현실이 된다.

앞에서 언급했듯이 600만 명 이상의 사람들이 유일한 수입원으로 푸드스탬프에 의존하고 있는 실정이다. 푸드스탬프로 먹을거리를 살지, 아니면 그걸 팔아서 기름이나 공과금, 약 등을 해결할지 결정해야 하는 순간에 솔직히 많은 미국인들은 후자를 선택한다. 세스 F. 웨슬러는 '푸드스탬프를 팔아 아이 신발 사 신기기'라는 제목으로 2010년 2월 16일 온라인 매거진 〈컬러라인스〉에 기고한 자신의 글에서 스탬프 매매가 불법임에도 불구하고 생존 메커니즘으로 기능하면서 그 규모가 계속 증가하게 된 배경을 설명했다.

더 많은 미국인들이 빈곤층으로 전락한 상황에서 특히 이전 중산층들은 연민이라곤 전혀 찾아볼 수 없는 이 매몰찬 사회가 기꺼이 가난한 사람들을 벌하려 든다는 것을 알고 심한 충격에 빠진다.

가난하면 입사 지원도 하지 마라

연민은 우리로 하여금 은혜를 생각하게 하고 우리가 우리 자신뿐 아니라 가난에 시달리는 자들에게도 은혜를 입고 있음을 다시금 일깨워준다.
- 조지프 버틀러*

과학기술 때문에 미국인들이 타인과 관계를 단절하기가 더욱 쉬워진 것처럼 고용주와 고용인 사이의 단절에 대한 책임도 같은 요인에 있는 것으로 드러났다.

"미국 산업은 주주 가치의 극대화를 최우선으로 생각합니다. 이제더 이상 노동자들을 원치 않습니다. 고용을 줄이고 노동자들을 대신할설비 자원을 찾으려고 하죠."[81]

미국의 세계경제 연구 회사인 디시전이코노믹스의 수석 경제학자앨런 시나이가 말했다.

수익을 유일한 동기부여 요소로 삼고 기업들은 블루칼라와 화이트칼라 직을 바다 건너 저임금 국가들에 수출함으로써 꾸준히 직원 수를줄여왔다. 업계 전문가들에 따르면 2000년 이래 대략 560만 개에 이르는 자동화 생산직이 해외로 위탁되었다.

배부른 거대 기업 자본가들의 눈은 사람을 보지 않는다. 자금을 아끼고 간접비를 줄이고 이익을 내기 위한 엄청난 액수의 급여와 상여금따위의 숫자만 본다. 과학기술 덕에 이제 그들은 입사하고픈 당신의 꿈이 무너지는 순간에 당신과 얼굴을 마주할 필요조차 없게 되었다. 오늘날 대부분의 대기업들은 지원자들더러 인터넷에서 지원서를 작성하라고 지시한다. 일자리가 간절한 당신은 당신의 열정과 매력과 전문 지식

---

* 영국국교회의 성직자, 신학자, 철학자로서 데이비드 흄, 토머스 리드, 애덤 스미스 등 후세의 사상들에게 지대한 영향을 끼침.

을 키보드가 잘 전달해주길 바라며 그 기계가 시키는 대로 한다.

기업의 풍조가 너무 몰인정해져서 요즈음 매정한 대기업들의 상당 수는 장기간 실직 상태에 있었던 실업자들에겐 지원할 필요조차 없다고 말한다. 「뉴욕 타임스」의 캐서린 램펠에 따르면 '이미 고용된' 상태로 현 재 근무 중이거나 '최근에 실직한' 사람들을 필요로 하는 일자리에는 호 텔 직원, 레스토랑 매니저, 교사, 정보 통신 전문가, 금융 분석가, 투자 상 담사, 판매 영업 사원, 회계 감사원, 그 외 다양한 직종이 있다.

뉴저지, 일리노이를 포함한 몇몇 주들은 고용광고공정법에 의거하 여 장기 실직을 이유로 지원자를 자동 불합격시키는 행태에 이의를 제 기했다. 고용주들은 '현재의 취업 상태가 입사 지원 자격임을 시사하는 내용을 포함한 구인 광고를 인쇄, 출판하거나 인터넷상에 게재해서는 안 된다'라고 고용광고공정법에 명시되어 있다.

「시카고 트리뷴」의 렉스 헙키는 '난 여기서 그냥 일만 해요'라는 2010년 9월 자신의 기사를 통해 '이런 관행은 아주 잘못되었다'라고 썼 다. '수백만 명의 미국인들이 좌절감에 빠지고 자포자기하고 사기를 잃 은 때에 돈벌이가 되는 일자리 앞에 장애물을 또 하나 놓는 행태는 비난 받아 마땅하다'라는 것이다.

이보다 더 적절한 표현이 또 있을까? 질끈 신발 끈을 동여매고 홀로 일어선 자수성가의 신화가 통했던 시절, 더 굳세지라고, 일터로 나오라 고, 그래서 적극적으로 본인 몫을 잡아채라고 우리를 부추겼던 그 시절 은 다 갔다. 기업 이윤이 그 옛 구호들을 삼킨 지 오래되었고 그 신발들 은 이제 아시아에서 생산되며 그 끈들은 인터넷에서만 찾아볼 수 있다.

자선과 독지 활동만으로 충분하지 않을 때

연민이 우리를 불러 세우면 잠시나마 우리는 우리 자신을 초월하게 된다.
- 메이슨 쿨리*

　가난한 사람들을 향한 연민에 대해 이야기할 때 우리는 기부금과 자선사업이라는 표현을 너무 자주 사용하고 있다. 당연히 이것들은 아름답고 훌륭한 선행이다. 하지만 미국 내 일자리를 다른 나라들에 떼어 주는 다국적기업들도 기부를 한다. 감세 조치와 조세법의 허점을 이용해 저소득 근로자들보다 더 낮은 비율의 세금을 내는 갑부들과 백만장자들이 일말의 동정심으로 자선을 베풀게 되는 것이다.

　데이비드와 찰스 코크 형제가 좋은 예이다. 코크 형제의 자산 가치는 각각 210억 달러에 이른다. 주로 석유 사업을 통해 축적한 엄청난 부를 가지고 자선을 베푸는데, 특히 예술에 대한 그들의 지원은 가히 전설적이다. 우리는 그들의 너그러움에 갈채를 보낼뿐더러 그 혜택을 누린다. 그러나 코크 형제는 빈민층을 지원하는 사회복지사업을 없애기로 작정한 비열한 보수파 지지자들과 단체들에 막대한 자금을 제공하는 돈줄이기도 하다.

　멋지게 자선을 베푸는 자애롭고 부유한 동료 시민들이 동시에 사회적 빈곤으로부터 부당한 이득을 취하는 단체들을 지지하고 있는 경우가 자주 눈에 띈다. 따라서 자선 기부를 반드시 사회정의라고 할 수는 없다.

　이에 반해 억만장자 투자자 워런 버핏은 자기와 같은 소득층의 요

---

* 　미국의 작가. '낭비한 시간에 대해 후회하는 것은 더 큰 시간 낭비이다' 등 수많은 격언을 남김.

구에 영합하는 정치 구조에 도전하느라 여념이 없는 독지가인 듯하다. '슈퍼 리치들의 응석을 그만 받아주어라'라는 제목의 2011년 8월 14일자 「뉴욕 타임스」 논평에서 버핏은 최고로 돈 많은 클럽에 속한 자신과 여러 일원들이 누리는 몇몇 특전을 털어놓았다. 그와 같은 소득층이 과세 대상 소득의 17.4퍼센트만 세금으로 내는 반면에 일반 근로자들은 평균 36퍼센트를 낸다. 그 논평에서 버핏은 미국 내 최고 소득층 400명의 과세 대상 소득이 1992년 169억 달러에서 2008년 909억 달러로 증가하게 된 과정을 설명했다. 그럼에도 불구하고 과세 대상 소득에 있어서 실제로 부자들에게 적용된 세율이 전보다 낮았다(1992년 29.2퍼센트에서 2008년 21.5퍼센트)고 버핏은 밝혔다.

정말로 우리가 점박이 올빼미나 다른 어떤 멸종 위기 종인 양 우리를 보호해야 한다고 느낀 워싱턴 입법자들은 이 외에도 여러 혜택들을 우리에게 퍼부어줍니다. 높은 자리에 있는 사람들을 친구로 둬서 좋습니다.

마이크로소프트의 거물 빌 게이츠를 비롯해 버핏 같은 억만장자들이 자기 재산의 대부분을 기부하기로 약속하는 모임 '기부서약The Giving Pledge'의 가입자들은 큰 박수로 환영받아 마땅하다. 어쨌거나 버핏은 자기 같은 부자 중의 부자에게 이로운 조세법을 개혁하라고 정부에 도전하는 몇 안 되는 사람 가운데 하나이다.

연민의 부흥

골치 아픈 21세기를 사는 우리가 '모두를 위한 정의' '다른 사람들에 대한 봉사' '자유를 주는 사랑'을 고취해야 한다는 월터 라우션부시의 부름에 어떻게 응해야 할까? 한 가닥 희망을 찾아볼 수 없는 이 시대에 사회정의의 부활이 절실하다. 지금 우리에겐 라우션부시, 마틴 루서킹, 간디 같은 지도자들이 필요하다. 그들이라면 꺼져가는 의분의 불씨를 누구도 꺼뜨릴 수 없는 전능의 불길로 일으킬 것이 틀림없다.

빈곤에 관한 한 미국은 마거릿 대처가 '대안이 없다There Is No Alternative'라고 외쳤던 TINA 정책을 지금껏 고수했다. 이에 우리는 TINA를 TIALA, 즉 '또 하나 사랑의 대안이 있다There Is Another Loving Alternative'로 대신할 것을 제안한다.

자, 이제 우리는 언젠가 마크 테일러 목사가 제기했던 아주 중요한 사항을 다시 묻고자 한다. 우리가 흔히 보고 듣는 공개 담론에서 사랑이라는 개념이 왜 이렇게 되었는가? 일단 우리가 '사랑'이라는 다루기 힘든 용어를 사용할 때 그것이 무엇을 의미하는지, 그것부터 정의해야 할 것이다.

우리에게 사랑이란 모든 사람이 인간으로서 존엄성과 품위를 지키며 살 가치가 있음을 뜻한다. 여기에는 어떤 이유도 필요 없다. 어디서 태어났는지, 누구와 알고 지내는지, 어디에 사는지, 어느 학교에 다녔는지, 직장은 어딘지, 연봉은 얼마나 되는지, 이런 조건에 따라 달라지지 않는다. 우리 한 사람 한 사람이 지닌 순수한 인간애로 인해 우리는 변함없이 서로의 건강과 행복에 헌신해야 한다.

정의는 대중 앞에 드러난 사랑의 모습이라고 말하면서 킹 목사가 염두에 둔 것이 바로 이것이다.

〈어 러브 수프림A Love Supreme〉 앨범의 곡들을 쓰면서 존 콜트레인이 염두에 둔 것이 바로 이것이다.

『빌러비드Beloved』를 집필하면서 토니 모리슨이 염두에 둔 것이 바로 이것이다.

어둡고 위험한 사랑을 품으면서 언론인, 사회운동가 도러시 데이가 염두에 둔 것이 바로 이것이다.

보복 대신 정의를 택하면서 넬슨 만델라가 염두에 둔 것이 바로 이것이다.

히브리인 선지들의 연민에 대해 이야기하면서 랍비 아브라함 조슈아 헤셸이 염두에 둔 것이 바로 이것이다.

알라의 자비를 설파하면서 마흐무드 모하메드 타하*가 염두에 둔 것이 바로 이것이다.

---

* 이슬람 개혁운동을 이끌다 처형된 종교 사상가.

본인이 말한 '사랑으로 움직이는 영혼의 힘'을 평생 실천하면서 마하트마 간디가 염두에 둔 것이 바로 이것이다.

우리 이웃을 우리의 몸과 같이 사랑하라고 우리에게 명하면서 1세기에 팔레스타인 태생의 유대인 예수가 염두에 둔 것이 바로 이것이다.

독자들의 오해를 방지하는 뜻에서 한 가지 덧붙이자면 우리는 단지 사랑하는 마음만을 이야기하는 게 아니다. 더 정확히 말해서 빈곤의 악몽을 대신하고 모든 가난한 사람들을 위한 새날의 시작을 알릴 수 있는 사랑의 마음을 담은 사회적 (동시에 구조적이고 제도적인) 대안들을 구하고자 한다.

이 새날은 반드시 새로운 상상, 어려운 질문에 대한 어려운 답을 구하고 말겠다는 결심에서 시작해야 한다. 다시 말해 진심으로 우리는 어떤 사람이 되고 싶은가? 비겁하고 현실에 안주하는 사람? 아니면 용감하고 인정이 많은 사람? 정말로 우리가 사는 이곳이 어떤 곳이기를 바라는가? 무정하고 냉혹한 나라? 아니면 배려심 많고 사려 깊은 나라?

선택은 우리의 몫이다.

제6장 상상력의 빈곤

오늘날 우리의 생존은 깨어 있는 능력,
새로운 생각을 받아들이는 능력, 경계를 늦추지 않고
변화라는 도전에 응하는 능력에 달려 있습니다.
우리가 살고 있는 넓은 집은 우리더러 이제 보린의
정이 아닌 형제애로 세상을 품으라고 요구합니다.
- 마틴 루서 킹

"그 일자리들은 돌아오지 않습니다."

스티브 잡스의 대답은 아마도 오바마 대통령이 기대하고 있던 바가 아니었을 것이다. 스티브 잡스가 이끌었던 회사 애플이 생산하는 수백만 대의 아이맥, 아이폰, 아이패드, 그 외 많은 제품들은 해외에서 제조되어 세계 곳곳에서 판매된다.

잡스를 포함해 실리콘밸리의 주요 IT 기업 책임자들과 함께 캘리포니아에서 만찬을 하면서 어떻게 해야 애플의 생산직 일자리들을 도로 미국으로 끌어올 수 있는지 대통령이 물었다. 여러 뉴스 소식통에 따르면 잡스의 대답은 간단명료했다. 비효율성 때문에 미국 내 대규모 제조업의 시대는 끝났다고 그는 오바마 대통령에게 말했다.[82]

이윤 추구를 목적으로 하는 기업들과 그 자회사들의 입장에선 아시아와 라틴아메리카 같은 곳에서 제품을 제조하는 것이 그야말로 더 쉽고 저렴하다. 핸드폰, 델 컴퓨터, 텔레비전, 자판기, 나이키와 컨버스 운동화, 마텔 장난감, 롤링스 야구공, 샘소나이트 여행 가방, 리바이스 청바지 등 전부 해외에서 제조된다.[83]

19세기 미국을 초강대국으로 만든 산업화와 제조업이 이제는 국경 너머 다른 나라들의 경제 원동력이 되어 그들로 하여금 위업 달성의 순간을 향해 계속해서 장대를 쥐고 높이 뛰어오르게 한다.

위의 문답은 전례 없는 21세기의 현실을 분명히 보여준다. 즉, 현대 자본주의의 원칙에 따라 이윤이 인간보다 우선한다. 이 제조업 일자리들이 다시 집으로 돌아올 일은 거의 없을 것 같다. 경영자들은 세계경제에서 살아남으려면 매몰차게 군더더기를 떼야 한다고 주장한다.

경제학자 제프리 색스는 〈태비스 스마일리〉에서 다음과 같이 이야기했다.

"이건 미국의 실제 이야기입니다. 글로벌 시대를 맞아 과거 중산층의 소득원이었던 미국 내 많은 일자리들을 어떻게 시장 조직이 앗아 갔는지에 관한 거죠. 특히 제조업 부문에서 말입니다. 새로운 기술과 산업 등이 창출될 수 있도록 지원하는 대신에 정부는 이 나라에서 가장 힘 있고 돈 있는 이익 단체들과 한 팀이 되었죠. 선거운동들이 그렇게 해서 있는 것이고 지난 30년간 그런 식으로 쭉 상위 1퍼센트 편에 붙어서 최하위 계층, 그러니까 제일 돈 없는 사람들을 완전히 무시한 겁니다. 가끔씩 중산층을 언급하긴 하지만 진짜 유일한 관심의 대상은 최상위 계층뿐입니다."

어떤 대단한 최고 경영자라도 '일자리들은 돌아오지 않는다'라고 말할 수 있다. 정보화 시대에 미국의 독창성을 살려 새 일자리들을 창출할 수 있는 묘안을 내려면 상상력과 비전이 필요하다. 우리 사회가 신기술에 능통하고 디지털화되고 현대화될수록 보통 미국인의 상상력은 더 떨어지는 듯하다. 우리는 점점 더 상상력 부족의 희생자들이 되어가고 있다. 정치적으로 마비된 나라에서 비전의 빈곤은 기록적인 실업률과 기업의 탐욕, 무수한 빈집들과 동시에 노숙자 가정들, 기회의 감소로 이어졌다. 이런 상황에서 대담하고 혁신적인 사고마저 부족하면 그 결과는 불 보듯 뻔하다. 부자들은 더더욱 부유해지고 빈곤층, 신빈곤층, 이전의 중산층은 꾸준히 증가하는 미국의 최하층과 함께 가난의 종신형을 선고받을 것이다.

상상력에 날개를 달자

> 사람들이 감정에 따라 행동할 때의 열정에는 한계가 있지만 상상력에 영향을 받아 행동할 때의 열정은 무한하다.
> – 에드먼드 버크*

억눌려 있던 상상력이 터져 나오면 사회를 바꾸는 데 도움이 될 수 있다. 그 무엇에도 구애받지 않고 혁신을 단행하면 공정한 경제주체의 토대를 바로 세울 수 있다. 뛰어난 통찰력으로 우리는 일자리를 창출하고 지역사회를 재건하고 가족의 결속을 다질 방법을 고안할 수 있다. 또 영구 빈곤층의 수를 줄이고 막다른 길과 같은 빈곤을 누군가 경제적 안정을 이루는 과정에서 한 번쯤 거쳐가는 회전문 같은 것으로 만들어줄 생산적인 대안들을 제시할 수 있다.

이 중요한 문제를 놓고 우리의 상상력에 날개를 달기 위해 2012년 1월 '미국 재건하기' 심포지엄을 열었다. 빈곤층 순방이 끝나고 그간 보고 듣고 깊이 느낀 점을 바탕으로 그다음 단계를 모색하기 위해 우리는 한자리에 모였다. 정책적, 사회적 변화를 꾀하는 데 꼭 필요한 논의들이 제기될 수 있도록 오늘날 빈곤에 대한 인식의 수준을 새롭게 정립하

---

* 아일랜드 출신의 영국 보수주의 정치 사상가.

고 나섰다. 이 사안을 국가적 중요한 안건으로 삼게 하려는 취지에서 우리는 대침체를 초래한 요인들과 갈수록 빈부의 차가 커지는 이유들을 살피기 위해 우리 시대의 몇몇 뛰어난 인사들을 토론의 장으로 불렀다. '빈곤에서 번영으로' 가는 여정을 21세기 현실로 만들려면 우리 사회의 가장 낮은 곳에서부터 가장 높은 곳으로 불길이 이어져야 하는데 무엇보다도 우리는 이것을 가능하게 할 만한 종류의 대화에 불을 지피고 싶었다.

공개 토론에 참석한 바버라 에런라이크는 경제를 침체의 늪에 빠뜨린 기업적 사고방식에 대해 설명했다.

"지금의 자본주의는 여태껏 무슨 분야에서든 최고의 보상을 받을 수 있는 사람들, 즉 자신이 부리는 고용인의 수를 줄일 수 있는 자들을 위한 것이었어요. 그런데 더 불행한 사실은 그들이 할 줄 아는 건 그게 다라는 거예요."

그러면서 자본주의가 자멸할 수도 있다고 그녀는 덧붙였다.

"자본주의는 스스로를 파괴하고 있어요. 이게 잘 돌아갈 수가 없죠. 돈을 충분히 벌지 못하거나 아예 일자리가 없어서 근로자로서든 소비자로서든 경제활동에 참여하는 사람들의 수가 계속 줄어드는 경제체제가 제대로 돌아갈 리가 없잖아요. 이런 식으로는 안 됩니다. 이건 자본주의를 좋아하느냐 아니냐에 대한 문제가 아니에요. 그게 더 이상 기능하지 못하는 상황에서 우리가 어떻게 살아남을 것이냐에 대한 문제입니다."

같은 심포지엄에 패널리스트로 나선 유명한 경제 전문가 수지 오먼도 에런라이크의 심정에 공감했다.

"우리가 빈곤에서 벗어날 수 없는 원인은요 (……) 빈곤으로 가는 고속도로는 뻥 뚫려 있지만 거길 빠져나올 수 있는 좁은 보도조차 없다는 거예요. 빈곤에서 헤어 나오려면 소득원이 있어야 해요. 돈을 벌 수 있어야 가난하지 않겠지요. 이건 거창한 뇌과학 이야기가 아니잖아요. 마땅한 일자리가 없으면 돈을 벌 수가 없어요. 한데 돈을 번다 해도 필요한 것들을 살 수가 없네요. 시중에서 파는 식료품은 너무 비싸요."

우리를 빈곤에 붙들어두는 게 또 있다. 바로 빈곤이라는 낱말 그 자체이다. 우리가 빈곤을 무엇이라고 정의하는지, 빈곤에 대해 어떻게 생각하는지, 빈곤을 어떤 식으로 회피하는지, 그리고 과거에 어째서 우리가 빈곤을 적절히 다루지 못했는지가 전부 포함된다. 21세기에 부닥친 문제를 19세기 혹은 20세기의 무기로 쳐부술 수는 없다. 지금의 대침체로 우리는 점진적인 변화를 꾀할 수 있는 절호의 순간을 맞이했다. 이 일생일대의 기회는 빈곤의 새로운 양상, 즉 소용돌이에 갇혀 곤두박질치는 중산층의 얼굴을 하고서 미국인들에게 빈곤에 관해 실질적으로 논의하기를 종용하고 있다. 의분을 바탕으로 민중에 힘입어 동기가 유발되고 상상력에 다시 불이 붙으면 우리는 공평하고 공정한 경제를 창출해서 마침내 빈곤을 부정하기를 그만두고 더 이상 빈곤이 기하급수적으로 불어나는 것을 멈출 수 있다.

지도자의 있음과 없음

세계경제를 정상적이고 건실한 상태로 되돌리는 데 힘을 보태기 위해서 당연히 미국도 할 수 있는 일은 무엇이든 해야 한다. 건전한 경제 없이는 정치적 안정도, 확실한 평화도 있을 수 없다.
- 조지 마셜

제2차 세계대전이 끝나고 2년 뒤인 1947년 유럽은 그야말로 아수라
장이었고 경제는 파탄이 났다. 산업 생산성이 낮았고 실업률은 천문학
적으로 높았다. 기아가 만연했고 수백만 명의 사람들이 실직하고 굶어
죽고 집을 잃고 비참하리만치 가난하게 살았다.

해리 트루먼 대통령은 유럽 부흥 계획, 즉 트루먼 행정부 당시 미 국
무장관 조지 마셜의 이름을 따서 '마셜플랜'으로 더 잘 알려진 서유럽 원
조 계획에 서명했다. 1947년 3월 12일 국회가 열리기 전에 유럽 지원을
주장하면서 트루먼은 연민 어린 말을 사용해 현실적으로 호소했다.

"전체주의 정권의 씨앗은 빈곤과 결핍을 자양분으로 합니다. 이 씨
앗은 가난과 갈등이라는 악의 땅에 뿌리를 내리고 자랍니다. 사람들이
보다 나은 삶에 대한 희망을 버릴 때 이 씨앗의 잠재력은 완전히 발현됩
니다. 우리는 계속 희망을 품어야 합니다. 우리가 우리 지도부를 확신하
지 못하고 흔들리면 세계 평화가 위태로워질 수 있습니다. 그러면 분명
히 우리의 안녕도 위기에 처하게 될 것입니다."

여기에 더 많은 말을 보태어 트루먼 대통령은 유럽의 비극을 세계의
비극이라고 일깨웠다. 그는 의회 의원들에게 스스로를 국가의 안녕을
지키는 수호자로 생각하라고 요구했다. 3개월쯤 지난 1947년 6월 5일,
하버드 대학 졸업식 연설을 통해 마셜도 다시금 청중의 심금을 울렸다.

"우리 정책은 특정 국가나 독트린에 맞서는 것이 아니라, 기아와 빈
곤과 절망과 혼란에 맞섭니다. 이것이 목적하는 바는 세계에서 제대로

기능하는 경제 부흥입니다. 그 어떤 구속도 받지 않고 자유로운 단체들이 존재할 수 있는 정치적, 사회적 환경을 가능하게 하기 위함입니다."

이 구절의 핵심은 '기아와 빈곤과 절망과 혼란' 그리고 '제대로 기능하는 경제 부흥'이다. 유럽 부흥 계획은 125억 달러의 비용으로 서유럽 산업의 생산성을 4년 이내에 30퍼센트까지 끌어올리는 데에 도움을 주었다. 미국의 동맹국이 여럿 있기도 했지만 어쨌거나 유럽 부흥 계획은 대담한 정치적 상상력과 지도력의 결과였다. 미국은 높은 실업률과 기아에 허덕이는 유럽의 상황을 민주주의에 대한 위협으로 바라본 용감한 세계 리더였다.[84]

마셜플랜 이후 거의 65년이 흘렀고 이제 우리는 점점 더 많은 사람들이 실직과 가난과 배고픔에 포위당하는 시점에 서 있다. 미국의 마셜플랜은 어디에 있는가? 트루먼 대통령과 마셜과 같은 오늘날의 정치적 리더들은 어디에 있는가? 우리의 우선 과제는 무엇인가? 소득 불균등에 맞서 일어날 만큼 강하고 용감하고 두려움을 모르는 남자들과 여자들은 지금 어디에 있는가?

이 문제에 관해 심포지엄 패널리스트 바버라 에런라이크와 수지 오먼 간에 흥미로운 상호작용이 있었다. 먼저 에런라이크가 다음과 같이 말했다.

"저는 이 토론이 지도자들을 넘어서기를 바랍니다. 국회나 백악관에 있는 자들, 소위 리더라고 불리는 자들, 또는 그 외 누구든 간에 말이지요. 지난 몇 달간 지도자 없이 자랑스러운 운동을 이끌어옴으로써 우리는 아주 높이 도약할 수 있었습니다. 도대체 여기에 어떤 의미가 있을까요? 우리는 그냥 정신이 나갔던 걸까요? 잠시 미쳤던 걸까요? 아니지요.

이것은 누구나 리더가 될 수 있음을 뜻합니다. 지난 몇 달 사이에 우리는 그 어떤 개인이나 지도자, 그 외 다른 누가 가진 힘보다도 훨씬 커다란 무언가를 발견했다고 저는 말하고 싶습니다. 그것은 결속의 힘입니다. 함께 일하는 것…… 그것이 우리의 가장 큰 힘입니다."

오먼에 따르면 그것은 에런라이크가 찾고자 하는 하나 된 힘과, 결속을 이뤄내겠다고 가장 먼저 나서는 자의 힘이다.

"빈곤에서 벗어나려면 희망도 필요합니다. 빈곤에서 벗어날 거라고 믿을 수 있어야죠. 만약 어느 누가 정말로 빈곤 탈출을 위해 첫발을 디딜 수 있고 다른 사람들도 가난에서 헤어나도록 도와줄 수 있다면 바로 이때 그 결속이라는 것이 가능해집니다. 그러나 만약 다들 하나같이 내가 할 수 있는 게 아무것도 없다는 생각에 가만히 있다면 어쩔 수가 없어요. 그땐 도무지 희망이 없는 거죠."

두 여성 모두 진실을 이야기했다. 앞을 볼 수 없는 헬렌 켈러가 시각 장애인들과 다른 장애인들에 대한 잔인하고 비인간적인 처우에 도전하는 데는 통찰력이 필요했다. 생후 19개월 되었을 때에 갑자기 청각과 시각을 잃었음에도 불구하고 켈러는 후에 지체 부자유 장애인들과 권리를 박탈당한 자들을 위해 가장 영향력 있고 열정적인 목소리를 내는 사람들 중 하나가 되었다. 그녀는 여성참정권론자이면서 평화주의자, 사회주의자, 미국 시민자유연맹의 공동 설립자인 동시에 일찍이 산아제한을 지지했다. 그녀는 자신이 가장 가치 있게 생각하는 대의들을 따르고자 뜻이 맞는 사람들과 함께 행동했다. 켈러는 세계 곳곳을 돌아다니면서 장애인들에 대한 의식을 높이고 그들을 옹호하기 위해 의회에서 증언하기도 했다.

남아프리카공화국에서 민중을 고취시켜 억압적인 아파르트헤이트Apartheid*를 해체하는 데에도 역시나 탄압받던 한 사람의 승리가 필요했다. 국가반역죄로 감옥에서 27년간 복역하면서도 불굴의 투지를 보인 넬슨 만델라는 남아공의 흑인들과 온 세계를 고무하는 저항의 상징으로 떠올랐다. 1990년 남아공 대통령 프레데리크 W. 데클레르크는 만델라의 석방을 지시했다. 당시 72세의 고령임에도 만델라는 예전과 다름없이 왕성한 활동을 벌였고 소수당 정권과 여러 협상을 이끌어 마침내 아파르트헤이트가 철폐되고 다민족 정부가 들어섰다. 1994년 남아프리카공화국 최초로 흑인이 참여한 자유총선거를 통해 만델라가 대통령으로 선출되었다.

켈러와 만델라의 이야기는 오먼의 말대로 속박에서 벗어난 한 사람의 상상력, 한 개인이 수백만 명에게 영감을 불어넣을 수 있음을 보여준다. 하지만 빈곤을 종식시키자는 운동은 리더가 없는 운동일 공산이 크다고 한 에런라이크의 의견도 우리가 살고 있는 이 시대를 아주 잘 반영하고 있다. 정보화 시대의 혁명은 새로운 본보기를 필요로 한다. 한 국가에 속하는 국민들 사이에 예외란 없다. 미국 희대의 금융 사기범 버니 메이도프에게 속은 퇴직자들부터 디트로이트 시의 자동차 공장 직원들, 플로리다의 퇴직자들, 위스콘신의 지방 공무원들까지 모든 사람이 다양한 형태로 재정적 타격을 입었다. 21세기 빈곤이 우리에게 많은 것들을 가르쳐줬지만 그중에서도 특히 빈곤은 성별, 인종, 종교, 국적 등을 따지지 않는 기회 균등 고용주와 같다는 점과, 우리 모두가 예측할 수 없는

---

* 백인우월주의에 근거한 극단적인 인종차별 정책.

경제적 대혼란에 취약하다는 점을 알려주었다. 과거 모든 맹렬한 사회 운동들이 으레 그랬듯이, 이 움직임도 단 한 사람이 이끌진 않을 것이나, 단 하나의 메시지를 부르짖으며 앞으로 나아갈 것이다.

다수를 존중하라

저는 2005년을 정부가 미국 가정들에 불필요한 부담을 무더기로 떠안긴 해로 기억하고 싶지 않습니다. 적자는 늘어가는데 영세민과 중산층의 것을 훔쳐다가 부자들에게 주는 것은 전혀 책임감 있는 태도가 아닌 것 같습니다.
- 새뮤얼 대시

정치 지도부가 대단히 중요하긴 하지만 애초부터 워싱턴에 입성하려고 부유층에게 의지한 정치인들이 이 혁명을 이끌어줄 거라고 믿을 만큼 우리가 순진하지 않다. 〈태비스 스마일리〉에서 제프리 색스는 2008년 오바마 정부가 미국 부유층을 위한 부시 정부의 감세 조치를 중지하겠다는 이전의 공약을 수정할 거라는 소식을 듣고 자신이 강한 반발을 보였던 사실을 다시금 꺼냈다.

"몹시 충격적이었습니다. 정부에 서신을 보냈지요. '지금 뭐 하시는 겁니까?'라고요. 우린 학교도 재건해야 하고 이웃 동네도 재건해야 하고 진짜 사회 기반 시설을 위한 과제들에 집중해야 해요. 삽으로 흙만 뜨면 되는 단기적인 건설사업 말고요, 한 10년은 걸리는 진짜 공공시설들 말입니다. 경제학자로서 제가 아는 바로는 만약 부유층에 과세하지 않으면 말이죠, 이런 걸 재건할 수도, 그럴 만한 기술도 없게 될 거예요. 좋은 일자리가 생기지 않을 겁니다."[85]

당시 여론조사의 결과를 보면 미국인 다수가 그 세법을 중지시키는데 찬성함에도 불구하고 어떻게 2010년 정부 정책이 더 우선했는지 색스가 설명했다.

"별안간 그 감세 조치를 2년간 연장하기로 백악관과 의회가 합의를 보았습니다. 대통령이 막다른 골목에 부딪혀 그럴 수밖에 없었느냐고요? 아쉽게도 그런 건 아니었어요. 왜냐하면 국민 60퍼센트는 부유층 세율이 인상되길 바랐으니까요. 그들도 그 속사정을 다 알고 있습니다. 그런데 정치 고문들이 딴소리를 하죠. '안 됩니다, 안 돼요, 그럴 순 없어요, 재선에 출마할 거잖아요. 선거 자금이 필요할 텐데요'라고 말입니다."

알렉스 고레비치와 아지즈 라나가 2012년 2월 온라인 뉴스 사이트 살롱닷컴salon.com에서 '미국은 기회균등의 약속을 지키지 못했다'라는 제목의 기사를 통해 주장한 대로 민주당과 공화당 모두 '현대판 사회이동'에 발이 묶여 있다. 이 현대판 사회이동은 기회균등을 '사회 권력과 위신을 손에 쥔 소수를 위한 자리로 상승하는 것, 좀 더 넓은 의미에서, 경제적으로 안전한 고소득 직종에 오르는 능력'으로 정의한다.

질릴 대로 질린 다양한 출신의 힘없는 사람들이 민주주의를 위해 어쩔 수 없이 싸우게 될 때마다 미국은 늘 전보다 더 강해졌다. 또다시 우리는 그 의미 깊은 오래된 길목에 섰다. 그리고 심포지엄에서 패널리스트 마이클 무어가 열성적으로 이야기했듯이 대부분의 미국인들은 이 같은 처지에 있다.

"이 나라에 살고 있는 대부분의 사람들은 부유층이 그들에게 합당한 세금을 내기를 바라고 있습니다. 월스트리트에서도 그 원칙들이 제대로 지켜지길 바라고 있습니다. 2008년 금융 위기와 관련해서 누군가 체포되고 감옥에 수감되기를 바라고 있습니다. 그게 바로 다수의 사람들이 바라는 것입니다. 다수를 존중하십시오."

인식과 태도부터 변화하라

인도와 차도 사이를 쉽게 넘어다닐 수 있도록 갓돌을 깎아 만든 경사로에 대해 유심히 생각해본 적이 있는가? 도로변 곳곳에서 발견되는 이 경사로는 자전거를 타는 사람들이 이용한다. 유모차나 큰 짐을 끄는 사람들도 이 경사로를 이용한다. 호텔이나 식당, 공항, 그 외 많은 곳에서 우리는 이 경사로를 이용한다. 그런데 실은 모든 사람을 위해 이 경사로를 만들어놓은 것은 아니었다. 애초에 장애인들을 위해 설치한 것이지만 우리 모두가 혜택을 본다. 이 같은 논리가 시민평등권을 부르짖은 투쟁들에도 적용된다. 흑인들을 위한 투쟁이었지만 그 결과 여성들도, 라티노들도, 아시아인들도, 그 외 다른 소수집단들도 혜택을 보았다.

여기서 도로변 경사로와 시민평등권운동 이야기를 꺼낸 것은 현 투쟁과 관련해서 두 가지 요점을 말하기 위해서이다. 첫째, 빈곤이 종식되면 모두가 승자이다. 국가뿐 아니라, 모든 계층과 인종, 종교, 지역 주민들의 경제가 다 이에 포함된다. 둘째, 이 목적을 달성하기 위해서 우리가 빈곤이라는 문제를 주류에 편입시키려면 시대에 뒤진 20세기 사고방식과 인식과 태도를 바꿀 필요가 있다.

한때는 장애인들이 지금의 빈곤층처럼 엄청난 차별로 고통받았다.

장애인들은 가족들과 떨어져서 특정 시설이나 정신병원에 갇혀 지냈고 공립학교에는 다닐 수 없었으며 상류사회에는 아예 발도 들이지 못했다. 정박아, 병신, 귀머거리, 벙어리 같은 부정적인 꼬리표들이 별다른 이의 없이 쓰였고 그 결과 장애인들은 '하자 물품'쯤으로 여겨지고 사회 도처에서 거부당했다.

　　그럼에도 통솔력과 끈기를 발휘하여 줄기차게 옹호 활동을 벌인 끝에 드디어 1990년 장애를 근거로 한 차별 행위를 금지하는 미국 장애인법이 제정되는 큰 성과를 이루었다.

　　그 법안에 서명을 하고 법률로 제정하면서 조지 H. W. 부시 대통령은 "수치스러웠던 따돌림의 벽이 마침내 무너지고 평등과 자립과 자유의 새날이 밝아왔다"라고 선언했다. 미국 장애인법이 입법화되기 이전에 먼저 사람들의 인식을 변화시키고 관련 어휘들도 바꿔야 했다. 어떤 사람을 '크리플cripple*'이라고 부르는 것을 더 이상 허용해선 안 되었다. 그래서 '핸디캡트handicapped'라는 새로운 말로 장애인들을 지칭하게 되었다.

　　소외된 집단의 인간성을 천명한 또 다른 예로 레즈비언, 게이, 바이섹슈얼, 트랜스젠더 등과 관련한 명칭과 인식이 도전을 받고 달라졌을 때를 들 수 있다.

　　장애인과 성소수자 집단의 성공을 보더라도 사회 변화를 위해서는 각고의 노력이 꼭 필요함을 알 수 있다. 우리가 사람들로 하여금 진지하게 빈곤 종식을 살피게 하려면 우선 파괴적이고 그릇된 오해들부터 부

---

*　　불구자, 병신.

쉬야 한다. 빈곤 퇴치란 게토ghetto*, 바리오barrio**, 아메리카 원주민 보호구역 같은 곳에 살고 있는 가난한 사람들을 구하는 것만 뜻하는 게 아니다. 스스로 미국의 '위대한 중산층'에 속한다고 여기면서도 현재는 생활 물자를 찾느라 허덕이는 민중을 돕는 것도 뜻한다.

우리는 대화의 틀을 다시 짤 필요가 있다. 빈곤 없는 미국을 꿈꾸기 이전에 우리는 각자의 사고방식을 바꾸려는 마음가짐부터 지녀야 한다.

끔찍한 실수

> 가난한 사람들이 자연법칙에 따라서가 아니라 우리 인간의 제도 때문에 고통받는다면 우리의 죄는 실로 엄청나다.
> – 찰스 다윈

역사적으로 유색인종은 하우징레드라이닝Housing Redlining***, 비우량 주택담보대출, 고금리 대출, 그 외 미리 조작된 착취적이고 기회주의적인 대사업 등과 같은 관행들의 표적이 되어왔다. 캘리포니아 주 오클랜드에 있는 지역 경제개발을 위한 인사이트 센터의 회장 로저 클레이는 심포지엄에 패널리스트로서 참석해 다음과 같이 말했다.

"흑인들은 아주 오래오래 곤란을 당하면서 살아왔습니다. 그런데 아무도 그런 사실에 관심을 기울이지 않았습니다. 왜냐하면 우리가 실업

---

* 미국 내 가난한 흑인 및 소수민족이 모여 사는 지역.
** 미국 내 에스파냐어 사용자들이 많은 슬럼.
*** 실업률과 소득수준에 따라 특정 지역민들의 주택자금 대출 조건을 달리하는 것으로 낙후 지역에 대한 은행들의 금융 서비스 차별.

률을 따질 때 인구 전체적으로 살피지, 특정 소집단별로 살피지 않기 때문입니다. 현재 중산층에서 쭉 미끄러진 많은 백인들이 위기에 처해 있습니다."

우리는 감히 용기를 내어 홍인종, 갈색인종, 흑인종, 황인종 형제자매들도 백인 형제자매들만큼이나 존중받는 세상을 상상한다. 동시에 우리는 무슨 경위로 우리가 지금의 위치에 서게 되었든지 간에 현재 있는 그대로의 사실도 기꺼이 받아들인다. 마이클 무어에 따르면 부자들, 꼭 두각시놀음하는 기업들, 탐욕가들이 크게 오산한 탓에 대부분의 미국인들이 다 같은 생각이다.

"이 사안에 있어서 단순히 인종 관련 측면만 보자면, 백인들이 저지른 잘못은 인류가 존재하기 시작한 이래로 줄곧 편상화를 신은 발로 유색인종의 목을 밟아 누르고 있었다는 것입니다. 그들은 영원히 유지될 빈곤층을 손에 쥐고 있었죠. 그 대부분이 유색인종이었는데 이제는 가난한 백인들도 많아졌어요. 그들은 자신들이 중산층을 위협할 때 활용할 수 있는 영구적인 빈곤층을 가졌던 거예요. 만약 당신이 너무 많은 걸 바라면, 당신이 더 많은 임금을 요구하거나 의료보험 혜택을 기대하거나 하면 눈 깜짝할 사이에 당신도 '저 밑바닥 사람들'과 같은 처지에 놓이게 된다는 것이지요. 이렇듯 그들은 이 집단을 조종하는 방법을 환히 꿰고 있었습니다."

우리가 앞에서 언급한 여론조사와 설문 결과들이 시사한 바와 같이 경기 침체 이전에는 중산층 대부분이 빈부 차에 대해 서로 상반된 입장을 보였고 자신들도 부자라고 전적으로 확신했다. 보수적인 정치인들은 이런 비현실적인 기대감을 이용해서 유권자들로 하여금 트리클다운 이론을 지지하고 부유층에 대한 세금 인상을 반대하게 했다. 그러나 무어가 주장한 것처럼 월스트리트 은행가들과 금융업자들은 너무도 자신들을 과신했다.

"어마어마한 탐욕에 사로잡힌 그들이 엄청난 대재앙에 맞먹는 고도로 전략적인 실수를 저지른 것은 이미 가난한 사람들을 우릴 대로 우려먹은 후였어요. 그들은 이런 생각을 하게 됐습니다. '이런, 돈이 양껏 벌리질 않네. 중산층한테서 긁어낼 만한 게 뭐가 있을까? 가만 있자, 다들 집을 가지고 있잖아. 주택담보대출…… 그래, 그게 좋겠어. 그 일을 벌여야겠군.'"

지금껏 중산층은 제대로 된 집에 살면서 충분한 소비생활과 여름휴가에, 자식들도 대학에 보내는 등 호사를 누려왔다.

"지배 체제가 그렇습니다. '이제 그만 그런 것들을 너희한테서 가져가겠어.' 그러고 나서 그 뒤탈은 말도 못 하죠. 그들은 중산층을 뒤쫓았습니다. 중산층의 집을 쫓은 거죠. 중산층의 일자리들을 해외로 옮겨버렸어요. 중산층의 의료 혜택도 빼앗았고요. 그들이 바라던 바가 이뤄져서 이제 이 나라 역사상 처음으로 자식 세대가 부모 세대보다 훨씬 더 못사는 지경에 이르게 생겼습니다."

아랍 세계의 독재자들과 금권 정치가들처럼 미국의 엘리트들도 낡은 20세기 사고방식의 희생양이 되었다. 수 세기 동안 부유층과 권력가들은 그들의 국가와 정권이 세계 무대에서 어떤 모습으로 비칠지를 통제해왔다. 그런데 이 정권들은 지속적인 발전을 통해 위상이 급부상한 과학기술과 통제가 불가능한 산물, 즉 소셜 미디어로 불붙은 민중 봉기에 대한 준비가 전혀 안 된 상태였다. 세계의 관심을 일으켜서 튀니지,

예멘, 이집트, 그리고 여타의 지역에서 일어난 저항들을 정당화시켰던 페이스북의 포스팅, 트위터의 트윗, 그 외 많은 기술적 도구들이 이에 해당했다.

미국에서는 최고로 부유한 상위 1퍼센트가 전염성 강한 소셜 미디어의 사회운동에 서서히 휘말리고 있다. 이 운동에 불을 붙인 분명하고 힘 있는 다섯 낱말은 이것이다.

"우리가 바로 그 99퍼센트이다!"

벗어나라

상상력은 이따금 우리를 존재하지도 않은 세계로 데려갈 겁니다. 하지만 상상력 없이는 우린 아무 데도 가지 못합니다.
– 칼 세이건*****

미국의 전 역사를 살펴보면 지배층의 앞을 가린 탐욕과 압제와 지배라는 눈가리개를 벗겨버린 자랑스러운 혁명의 순간들이 있었다. 막강한 영국 왕실은 한때 여러 식민지가 부당한 조세와 기본적 자유 박탈로 괴로워하고 있음을 깨닫지 못했고, 결국에는 반란들이 일어났다. 새로운 땅에 해방과 자유와 민주주의의 씨앗을 뿌리는 데는 피비린내 나는 미국 혁명이 필요했다. 노예들의 무보수 노동으로 전례 없는 부를 쌓았지만 이것이 오히려 미국 헌법의 초안을 마련했던 건국의 아버지들과 억

---

* 미국의 천문학자. 코넬 대학교 천체연구소장, 국제 태양계 연구 잡지 『이카루스Icarus』 편집장, NASA 연구원, 방송인, 작가 등으로 활동했다.

압적인 다수 백인들의 눈을 가려 헌법에 명시된 비인간적인 처우에 대해 알지 못하게 했다. 부지불식간에 퍼진 이 음험한 잘못을 바로잡는 데 미국 노예제에 반대하는 폐지론자들의 정당한 저항이 필요했다.

그 이후로 온 시민의 자유에 관한 한 미국은 눈부신 발전을 이뤘다. 그러나 현재 미국은 뒷걸음질하고 있다. 빈곤은 새로운 형태의 노예제도이며 소수 권력층이 새 왕들이다. 다시금 눈가리개가 팽팽히 드리워지고 이내 꼭 필요한 개인 수표와 은행 잔고는 자취를 감췄다. 영구 빈곤층, 근로 빈곤층, 신빈곤층을 무시하고 보이지 않는 존재로 방치하는 데 반해 부유층을 과잉보호하고 조세 부담마저 감면해주는 지금의 과세 정책은 대의권을 반영하지 않고 있다.

이제 민주주의를 되살려야 할 때이다. 비폭력 민주혁명을 일으킬 기회이다. 미국의 가난한 사람들을 우려먹는 처사에 대해 의분을 드러낼 시간이다. 빈곤층에 대한 무관심으로 우리의 정치적 담론이 오염되었는데 이런 처지를 고려할 때 지금이야말로 적기이다.

2012년 초, 공화당의 유력한 대통령 후보 미트 롬니가 생각 없이 몇 마디 내뱉었다. "제 관심사는 극빈자들이 아닙니다"라는 그의 발언은 굉장히 많은 미국인들의 정서를 대변했지만, 확실히 롬니는 현재 스스로를 '극빈자'라고 생각하는 미국인들의 반발을 과소평가했다. 그 후보자로부터 이들이 기대했던 것은 그가 앞으로 나아갈 방향이었지, 멸시의 눈초리가 아니었다.

보수파 지지들과 권위자들이 경제 균등을 '계층 질투' 즉 상위 계층에 대한 시기와 질투의 발로로 간주함으로써 이에 대한 논의의 쟁점을 흐리려고 애썼지만 늘 허사였다. 부자들이 사랑해마지않는 세법과 정치인들과 로비스트들을 통해 제공되는 특권들과 부까지 모두 손에 쥔 자들에게 어쩐지 사람들이 심술을 부린다며 그들은 방어적인 태도를 보인다.

이를 두고 영화감독 마이클 무어가 말했다.

"그건 질투가 아니죠, 그건 계급 전쟁입니다. 부유층이 나머지 모든 사람들을 상대로 지금껏 벌여온 전쟁이에요. 계급 전쟁은 애초에 그들이 시작한 것입니다."

정부가 긴급 구제금융으로 월스트리트를 지원하면서 '빈곤층에 대한 전쟁'이 악화되었다고 심포지엄에서 제프리 색스가 덧붙였다.

"놀라운 것은 2008년 월스트리트가 세계적 경제 재앙을 일으켰을 때 거의 전 세계를 결딴낸 이 은행 최고 경영자들, 이 금융의 신들이 '예? 아, 내 잘못은 아니고요, 아무튼 우린 정부의 긴급 구제를 바랍니다. 우리한테 1조 달러를 지원하시오'라고 했다는 거죠. 그리고 나선 그 돈으로 이듬해 그들은 수십 억 달러가 넘는 상여금 잔치를 벌인 거예요."

계속해서 색스는 당시 미 국가경제회의 NEC 의장이었던 래리 서머스와 이 대화의 일부를 주고받았다.

"지금 뭘 어쩌겠다는 겁니까? 납세자들의 돈으로 저들이 상여금을 두둑이 챙기도록 가만히 놔두고 있잖아요."

월스트리트 경제 고문이기도 했던 서머스는 "글쎄요, 제프, 당신이라면 어느쯤에서 선을 긋겠소?"라고 대응했다.

색스가 대답했다.

"래리…… 납세자들의 돈이 저들의 보너스로 빠져나가고 있습니다. 그런데 월스트리트와 정치가 워낙 얽히고설켜 있어서 그 당시 그들은 둘 사이에 적당히 선을 그을 수도 없었죠. 그러다 보니 지금처럼 월스트리트가 일반 대중을 혹사하고 신뢰를 저버리고 법을 위반하는 지경에 이른 겁니다. 골드만삭스건 메릴린치건 JP모건체이스이건 간에 모든 대형 투자은행들이 증권법을 위반한 사실과 관련해서 지금 벌금을 물면서도 굳건히 제자리를 지키고 있습니다."

"우리가 바로 그 99퍼센트이다!"라던 월스트리트 점령 시위의 주요 구호는 그야말로 사실이었다고 색스가 말했다. 부유층이 더없이 풍족한 생활을 누리는 동안 정부는 지속적으로 그들에게 특혜를 제공하고, 반면에 가난한 사람들의 교육과 의료 서비스, 그 외 꼭 필요한 지원책들과 관련된 각종 혜택들은 사라져간다. 최고 부유층 1퍼센트가 상금을 차지한 탓에 생활고에 시달리는 미국인들이 염증을 내는 것이다. 이런 이유로 나라 곳곳에서 사람들이 거리에 나가 시위를 벌이는 거라고 그는 헤아렸다.

"이 나라에서 제일 돈이 많은 400명의 갑부들, 그러니까 올해 『포브스』의 부자 리스트에 이름을 올린 이 억만장자들의 재산은 1조 달러가 넘습니다. 그들 각자의 순 자산은 평균 35억 달러 이상이고요. 그런데도 워싱턴 정치인들은 '아, 우리가 할 수 있는 게 아무것도 없다, 우린 예산 위기에 처해 있다'라고만 합니다. 암, 그렇고말고요. 제일 돈 많은 갑부 중의 갑부가 우리 사회에 대한 일말의 책임감을 품기는커녕 마땅히 받아야 할 처벌도 받지 않은 채 마구 돌아다닌다면 결국 제일 돈 없는 빈민 중의 빈민을 위해서는 아무것도 남지 않게 될 것입니다. 우리가 본 사람들은요, 태비스, 당신이 순방을 통해 본 사람들 말입니다, 그들의 목소리를 미국에 들려주고자 한 것이지요. 그들이 갑자기 인식하기 시작한 거예요. '가만있자, 이건 시장경제가 아니잖아. 단순히 운이 좋으

냐 나쁘냐, 이것뿐이네. 이 사람들은 규칙을 어겼어, 법을 위반했다고. 정계의 편에 서서 돈도 가로챘어. 그런데 멀쩡히 잘살고 있네? 무슨 시장경제가 이래?' 이건 조작된 시스템이죠. 사람들이 이걸 의식하기 시작한 것입니다."

이 시스템은 단순히 조작되고 낡은 것만이 아니라, 처참할 정도로 붕괴되었다. 이 '전쟁'은 개인적이거나 정치적인 것이 아닌 시스템 전체의 탈바꿈에 관한 것이다. 인종, 종교, 정치적 신념을 초월해 모두가 군인으로 나서야 할 전쟁이다. 유독한 시스템 때문에 우리 아이들의 삶이 파괴되는 일을 막을 수만 있다면 기꺼이 위험을 감수하고 어떤 값이라도 치러야 한다. 설령 그러다 죽을 수도 있다 해도 말이다. 그렇기 때문에 이 전쟁과도 같은 시위운동은 모두 하나가 되어 과감히 빈곤을 물리치고자 했던 지도자들의 유산을 체계화하고 재개시킬 수 있는 상상력과 용기를 지닌 여러 단체와 지성, 가슴과 영혼에 반드시 집중해야 한다.

앞을 내다보는 일

상상력이 초점에서 빗나갈 때는 자신의 눈도 믿지 말아야 한다.
– 마크 트웨인

"대침체라니요?"

위스콘신 주 헤이워드에 위치한 라쿠더레이 인디언 보호구역으로 미국의 아메리카 원주민 형제자매들을 찾아갔을 때 그들이 우리에게 보인 반응이었다. 빈곤, 실업, 암과 당뇨병 같은 질병으로 인한 조기 사망이 지난 수십 년간 그 보호구역의 중심축을 차지하고 있었다. 1940년대 후반 라쿠더레이의 어느 통나무집에서 자란 역사학 교수 릭 St. 저메인에 따르면 1960년이 되어서야 그 보호구역에 전기와 포장도로가 등장했다.

고통스러운 진실을 파헤치기 위해서 우리는 라쿠더레이의 아메리카 원주민들을 찾아갔다. 수 세기 동안 미국은 극심하게 편중된 빈곤과 실업, 유색인종에 대한 착취 등을 외면했다. 그럼에도 칠전팔기하는 빈민들은 집단적 빈곤이라는 오랜 폭풍을 견뎌낼 방법들을 모색해왔다. 우리가 라쿠더레이를 방문했을 때 지방의회 의원 러셀 러스티 바버는 8만 에이커 넓이의 보호구역에서 그동안 주민들이 어떻게 살아왔으며 지역사회를 유지해왔는지 말해주었다. 그들은 필요한 자원을 공동으로 모으는 한편, 여러 카지노에서 발생한 수익을 활용하여 의료보험 혜택과 학교 발전 기금을 지원하고 많은 부족의 연장자들의 욕구에 부응하는 저임금 일자리들을 창출했다.

도박을 즐기는 카지노가 더 많이 필요하다고 말하려는 것은 절대로 아니다. 하지만 우리가 제4장 「용기의 빈곤」에서 밝혔듯이 탄압에서 살아남은 자들은 이제 혁신을 꾀해야 할 것이다. 과거 절망의 시기들과 마찬가지로 자기 것을 빼앗긴 자들이 드디어 창의적인 방법들을 짜내기 시작했다. 일부는 합법적이지만 개중에는 다소 그렇지 않은 것도 있다. 이런 묘안들을 통해 정부로 하여금 시민들의 안전과 안녕을 위해 마땅한 책임을 지도록 하면서 동시에 빈곤의 위기를 분명히 밝히려는 것이다. 그들의 목소리, 즉 풍부한 상상력을 이용한 생존 방안들은 그들의, 그리고 우리 모두의 운명을 빚는 데 대단히 중요하다.

미국 재건하기

엄연한 현실에 맞서 싸우는 것으로는 아무것도 바꾸지 못한다. 무엇을 바꾸려면 지금의
모델을 쓸모없는 것으로 만들 새로운 모델부터 세워라.
- 리처드 B. 풀러*

무슨 수를 써서라도 이윤을 내는 일을 우선시하는 기업주들이 미국
내 일자리들을 해외로 옮겼기 때문에 우리는 지역사회에 일자리를 창출
하고 온갖 가난한 사람들을 위해 정부가 당장 취업의 기회를 마련하도
록 설득할 다른 길들을 찾아 나서는 수밖에 없다.

맥아더지니어스그랜트MacArthur Genius Grant** 수상자이자, 공중파
라디오 프로그램 〈약속의 땅The Promised Land〉의 진행자인 마조라 카터
가 우리 심포지엄에 나와서 세상을 바라보는 그녀의 독특한 시각을 다
른 참석자들과 공유했다.

"우리가 내일 당장 자본주의를 폐지할 수는 없습니다. 하지만 우리
의 도심지에서, 지방에서, 못 가진 자들을 지원하고 그들의 빈곤 탈출을
도와줄 수 있습니다. 그래서 실제로 아메리칸드림을 경험하게 해주기
위한 특별한 장소들과 경제적 발전이 아주 절실하게 필요한 가난한 지

---

* 측지선 돔을 발명한 것으로 잘 알려진 미국의 건축가, 체계 이론가, 작가, 디자이너, 미래학
자이자 멘사 제2대 회장.
** 다양한 재능과 뛰어난 창의성이 엿보이는 사람들에게 투자의 의미로 맥아더 재단이 수여하
는 '천재상' 지원금.

역에서 새로운 기회를 창출할 묘안을 짜낼 수는 있습니다."

만약 중산층에게 일자리들이 되돌아오지 않는다면 카터는 미국인들의 삶의 질을 개선하는 건설업에 기대를 건다고 했다.

"교육제도 때문에 오랫동안 남들보다 뒤처져 지낸 사람들도 즉각 손을 내밀 수 있는 그런 일자리들을 창출하는 동시에 우수 관리나 에너지 절약과 같은 것들을 지지하는 친환경적인 방법들도 활용할 수 있습니다. 옥상 녹화 사업도 있고 도시 삼림 관리도 있고요. (……) 이런 식의 방법들은 실제로 공기 개선에 도움이 됩니다. 게다가 에너지 요금을 줄이는 데도 효과적이지요. 시원한 도시는 특히 여름에 에너지를 더 적게 써도 된다는 것을 뜻하니까요."

환경과 경제 면에서 카터의 비전이 상당히 타당하지만 개인 투자자들과 공무원들한테서 거의 찾아보기 힘든 상상력을 요구하는 것이기도 하다. 몇 개의 진영으로 분열된 채 정적들을 무너뜨리기에 여념이 없는 의회가 국가의 도심들과 지방들을 위해 연방정부 차원에서 지원하는 녹색 일자리 계획을 두고 과연 한 번이라도 합의에 이를 것이라고는 상상하기 어렵다.

이런 이유로 뉴욕 공익옹호관 빌 더블라지오는 연방정부의 재원에 의존하지 않는 급진적인 방안을 제시했다. 바로 지역 경제 활성화의 기반을 시의 연금 기금의 활용에 두는 것이다.

"우리는 연방정부가 우리의 바람대로 우리 곁에 있어주지 않을 것임을 이미 알고 있습니다. 우리 시의 사회 기반 시설에는 현재 문제가 많습니다. 그리고 이 경제 기반 시설을 바로 세우는 일이 뉴욕 시의 앞날을 판가름할 것입니다."

더블라지오는 2012년 2월 WNYC의 〈브라이언 레러 쇼〉 라디오 방송에 출연해서 진행자 브라이언 레러에게 말했다. 더블라지오에 따르면 2012년에 실시되는 선거들을 전부 치른 후에라도 둘 중 어느 당이 의회에서 과반수 의석을 차지해서 워싱턴의 정체를 뚫는 데 반드시 필요한 균형이 이뤄지는 일은 없다. 한편 경제정책위원회 EPI는 뉴욕 시의 실업률이 8.8퍼센트에 달하고 그중 흑인 실업률은 13.3퍼센트, 히스패닉 실업률은 8.7퍼센트라고 발표한다. 시 연방은 공공사업 투자 기금으로 활용이 가능한 1,000억 달러의 연금 투자액을 가지고 있다. 그중 약 12억 달러를 주택 사업 기금으로 사용할 수 있는 권한이 연방에 있다. 그의 제안대로라면 저렴한 주택 개발 사업비로 4억 달러가 들고 나머지 8억 달러로는 다리와 도로, 학교 같은 공공 기반 시설 사업에 집중할 수 있다.

더블라지오가 레러에게 말했다.

"정부의 통제 아래에 있는 자산을 사용해서 경제활동을 극대화해야 하고, 다른 여러 차원에서 정부가 저지른 실패 때문에 어쩌면 결코 실행할 수 없을 일들도 단행해야 합니다."

재미있는 것은 이미 가난한 사람들이 정부 도움 없이 혼자 움직여갔다는 점이다. 그들은 공유지와 압류되어서 경매로 넘어간 주택들을 점령했다. 이용 가능한 공간과 전기, 수도, 가스, 식품비를 공유하고 있다. 여러 개인들이 모여 사회적, 경제적, 생태적 재원과 문제들을 다 같이 나누고 적은 유지비로 효율적이면서 상호 의존적인 지역사회를 꾸리는 친환경적인 마을 공동체 모델을 그들이 일시적이나마 활용하고 있다고도 볼 수 있다.

　어쩌면 함께 나누는 삶을 사는 이 공동체 모델이 오늘날 경제에 꼭 필요하고 유익한 것이라는 점을 입증할지도 모른다. 구성이 다양한 21세기 가구들은 각자가 지닌 재원을 모아서 최근 경매로 넘어온 다세대주택을 적정가격에 구입하는 방법으로 혜택을 볼 수 있다. 그들은 모기지 약정서와 교통, 전기, 수도, 가스, 보육의 책임을 함께 나눌 수도 있다. 그뿐 아니라 뒤뜰을 가꾸어 영양가 높은 먹을거리를 직접 길러 식비를 아끼면서도 가족에게 건강한 식사를 제공할 수 있다.

　우리가 상상력을 발휘하면 오랫동안 침체되고 방치된 이웃 동네들의 쇠퇴를 막을 수 있다. 주택 대란을 일으킨 은행가들은 압류와 경매에 그만 열을 올리고, 그 대신 주택 소유주들과 가진 기술이 적거나 아예 없는 근로자들이 버려진 공동체들을 다시 일으켜 세울 수 있도록 도와주는 일에 더 많은 에너지를 집중해야 할 것이다.

　우리의 심포지엄이 방영되는 동안 로저 클레이는 경제 재건을 위한 2단계 접근법을 이야기했다.

　"지금 제일 급한 것은 일자리입니다. 공공 부문이건, 민간 부문이건, 사업을 지원하는, 특히 1인 기업과 영세기업처럼 소규모 사업장을 지원하는 일자리들이 시급합니다. 그런 다음에는 빈곤을 양산하고 사람들을 가난하게 내버려두는 교육제도와 형사 사법제도 같은 우리의 현행 제도들을 손봐야 합니다."

미국에서 굶주리는 사람들

우리의 '미국 재건하기' 심포지엄에서 미국 내 주요 기아 구호 자선 단체 피딩아메리카의 회장이자 최고 경영자인 비키 에스카라가 미국 내 기아와 식량 부족 문제에 마음을 쏟은 것은 당연한 일이었다.

"우리는 좀 더 장기적인 해결 방안을 찾고자 애쓰는 중입니다. 실제로 빈곤에 영향을 미친 많은 요인을 분석한 바에 따르면 기아는 미국에서 해결이 가능한 문제입니다."

1,700만 명의 어린이들이 매일 배를 곯고 등교하는 것은 '죄악'이라고 에스카라는 우리에게 말했다. 영양실조는 이 아이들이 학교에서 어떻게 수업을 이해하고 행동하고 학습하고 수행하는지에 영향을 끼친다. 분명히 이것은 해결 가능한 문제라고 에스카라는 주장했다.

"미국에서는 이 나라의 모든 사람들뿐 아니라 선진국들의 대부분을 먹이기에 충분할 만큼 많은 식량이 생산되고 있어요. 저라면 그 식량이 먹을거리가 필요한 사람들의 그릇에 담길 수 있도록 식량 체계를 개선할 방법부터 찾겠습니다."

그리고 식량 체계를 개선하는 일은 일자리를 창출하는 저비용 고효율의 또 다른 방법일 수 있다고 에스카라가 설명했다.

"실제로 사람들이 자립하려고 노력하면서 금전적 이득이 발생하고 있어요. 누구라도 식료품에 대한 걱정을 할 필요가 없으면 그땐 자립할 수 있는 거예요."

새로운 식량 생산 공급 체계를 마련하기 위해서는 정치적 합의와 정부의 개입과 재원들이 필요하다.

일부 전문가들은 경제가 다시 회복되고, 대침체로 발생한 피해를 바로잡을 정도로 충분히 강해질 것으로 내다본다. 브루킹스 연구소* 선임 연구원이자 「워싱턴 포스트」의 칼럼니스트인 로버트 케이건은 불안해하는 미국인들에게 두려움을 가라앉히려면 역사로 눈을 돌리라고 권고했다.

2008년 5월 15일 PBS의 토크 쇼 〈찰리 로즈Charlie Rose〉와의 인터뷰에서 케이건이 설명했다.

"미국은 이런 위기들을 거의 40년에 한 번꼴로 겪었습니다. 1890년 대에 대공황이 한 차례, 1930년대에도 대공황이 있었지요. 1970년대에는 경제 에너지 위기에 몰렸고요. 그로부터 40년이 흘러 현재에 이르렀습니다. 흥미로운 것은 말이죠, 만약 여러분이 눈을 돌려 지난 위기의 시기들을 들여다보면 각각의 경제 위기를 지낸 다음 10년 새에 미국은 회복되었고 세계 다른 국가들과 비교했을 때 오히려 전보다 더 강해졌음을 알 수 있습니다."

케이건과 그 외 경제학자들이 주장하는 미국의 쇠퇴에 관한 논평의 상당 부분은 미국의 무력으로 인한 타격과 영향, 그리고 세계를 둘러싼 여러 경제적 요인들을 고려하지 않고 있다. 심지어 이 힘든 시기에도 미국은 여전히 세계경제 생산량의 4분의 1을 생산하고 있으며, "세계에서 가장 크고 부유한 경제를 유지하고 있다"라고 케이건은 말했다. 많은 경제 고문들은 생산의 추가 미국을 향해 다시 방향을 바꾸고 있다고 주장한다. 이 같은 예견은 중국의 인건비가 꾸준히 증가하고 있다는 점과 미

---

* 미국의 정책 입안에 큰 영향을 끼치는 사회과학 연구소로서 보수주의의 상징인 헤리티지 재단에 반해 민주당 성향의 진보적 정책을 연구, 발표함.

국으로 들어오는 제품의 운송비가 지나치게 비싸다는 점에 근거한다. 게다가 우습게도 노동조합의 혜택 기준 덕분에 회사들이 미국인 근로자들의 완전고용을 대가로 임금과 복지 혜택을 줄이는 꼼수를 부리게 되었으니, 오히려 미국에서 상품을 제조하는 편이 비용이 싸게 먹히는 처지에 이르렀다.

비록 우리가 경제 전문가는 아니지만 이런 오만한 예측들이 20세기적 사고방식에 기반을 두고 있다고 믿는다. 먼저, 위기 회복의 역사로 미루어 보아 오늘날 이 전례 없는 대침체 이후에 우리가 더 활기찬 모습으로 제자리를 찾아갈 것 같지는 않다. 둘째로 경제 상황을 바꾸겠다고 군사력에 의존하는 것은 오로지 군산복합체의 주머니만 두둑이 살찌우고 더 많은 재원과 목숨을 허비한 채, 결국에는 미국 납세자들만 더 많은 부담을 떠안게 될 것이다. 마지막으로 근로자들이 가정을 꾸리며 빚더미를 헤치고 나오려고 발버둥 치는 가운데 이미 꼭 필요한 것들을 빼앗길 만큼 빼앗긴 그들에게 더 적은 임금과 복지 혜택을 주는 것으로 우리 경제를 부활시킨다면 그건 참으로 슬픈 일이다.

곧 경기가 회복될 거라는 예측이 날마다 흘러나오고 있지만 지금의 현실이 걱정스러운 우리로서는 '만약에'라는 생각을 떨칠 수가 없다. '만약에' 돈 많은 기업들과, 어쩌면 정부까지도 이 경제 난국에서 우리를 건져주리라고 믿어선 안 된다면? 우리 공동체, 우리 가정, 우리 아이들의 앞날은 어떻게 될까? 과거 세대들과는 달리 우리 앞에 놓인 21세기 도전 과제들은 새로운 공동의 비전과 더 큰 의미에서의 자급자족으로 돌아갈 것을 요구한다.

부족한 데서 더 많이 만들어내기

미국의 혁신으로 인해 위태로웠던 경제가 다시 살아나고 침체했던 사회가 빠른 속도로 성장하게 되었다는 사실에 대해서는 논쟁하지 않겠다. 옛것이 더 이상 쓸모가 없어지자, 대신 그 같은 새 비전이 일자리들을 창출했다. 새뮤얼 F. B. 모스의 전신기, 알렉산더 그레이엄 벨의 전화기, 토머스 앨바 에디슨의 가정용 전기와 그 외 많은 발명품 등, 유명한 과학자들과 발명가들은 상상력으로 세계의 힘을 키워주었다. 이제 우리는 미국 내 삶의 전 측면에 영향을 준 디지털 혁명을 맞은 지 겨우 20년이 지난 시점에 와 있다.

실은 그 누가 예측하는 경기회복 이야기를 믿건 간에 지금이야말로 정부에 마땅한 책임을 물어야 할 때이고 동시에 우리는 '혼자 알아서 하는' 능력을 되찾아 스스로를 책임질 수 있도록 해야 할 시기이다. 2012년 1월 심포지엄에서 수지 오먼은 새로운 경제에서 살아남기 위한 전략으로 '개인의 책임'과 '부족한 데서 더 많이 만들어내는 법'을 배우는 것을 강조했다.

"돈으로 무엇을 할지, 그걸 누구에게 주어야 할지, 퇴직 계획의 일부로 그걸 어디에 투자할지, 미래에 자신을 어떻게 돌볼지, 여러분은 반드시 알아야만 합니다. 저들이 앞으로도 계속 이 상태로 밀어붙일까, 저는 그게 제일 두렵기 때문이에요. 메디케어가 사라지는 거죠. 사회보장비도 지금 여러분이 생각하는 것과는 크게 달라질 수 있고요. 현재 일하고 있는 직장에서 연금을 못 받게 될지도 몰라요."

결과적으로 많은 사람들이 더 심각한 경제적 위기가 미국에 닥칠 것으로 믿고 있다. '일자리 없는 회복'이라는 놀라운 현상은 존재하지 않는다. 그러나 우리는 새로운 공동체를 마음속으로 그리기 이전에 먼저 위기에 빠진 가정들을 구하고 사람들이 빈곤에서 벗어날 수 있게 도와주어야 한다.

"고용 시장이 회복되지 않는 한 주택 시장도 회복되지 않을 겁니다. 하지만 제가 이해할 수 없는 것은 어째서 모기지를 발행하는 사람들이, 그러니까 왜 우리는 미국의 온 가정들이 떠안고 있는 모든 모기지론을 현재 각 주택의 시장가치를 공정히 따져서 삭감할 수 없느냐는 거죠. 주택을 보유하고 있고 또 그곳에서 쭉 살기를 바라는 사람들이 잘못한 일도 없이 곤궁에 빠지는데 어쩔 도리가 없는 거예요. 어째서 그들은 탬파의 70만 달러짜리 주택을 가져다가 10만 달러의 모기지로 내놓지 않는 걸까요? 요즘 같아선 그 값은 돼야 팔릴 수 있는데도 말이지요. 무슨 이유에서 그들이 그러려고 하지 않는지 저는 참 이해할 수가 없습니다."

우리 짐작에 오면이 '그들'이라고 칭한 것은 은행들이었다. 은행들도 과감한 정비가 필요한 또 다른 낡은 체제를 대변한다.

이제 미국 중산층 모두가 경제적 생존을 훨씬 어렵게 만드는 새 장벽들에 부딪혔다. 원칙대로 가고 있다고 믿은 사람들이 경기 침체 중에 입은 제일 큰 타격 중의 하나가 미국인들의 신용 점수의 파괴이다.

"제가 믿기에는 여러분의 잘못이 아닌데도 여러분은 집을 잃고 차를 잃었고 직장을 잃었습니다. 전부 다 잃었죠. 지불 능력도 잃었고 심지어 그들은 여러분의 신용 점수FICO Score*까지 앗아갔으니까요. 그야말

---

* 미국에서 가장 널리 활용되는 개인 신용 평가 척도로서 개인이 빚을 갚을 확률을 숫자로 나타낸 신용도 점수.

로 신용 등급에 뒤통수를 얻어맞은 셈이죠. 점수 없이는, 즉 신용 점수가 좋지 않으면 설령 차를 가지고 있대도 차 종류에 관계없이 자동차 보험료가 훨씬 높아집니다. 여러분에게 집주인들이 집을 안 빌려줘요. 고용주들도 여러분을 안 쓰려고 하고요. 그런 처지를 바꾸고 싶어서 무엇이든 하겠다면 잘해보세요. 대출이라도 받게 된다면 그야말로 최고 금리를 줘야 할 겁니다."

심포지엄에 참가한 로저 클레이가 이끄는 지역 경제개발을 위한 인사이트 센터가 '국가 번영의 초석 쌓기: 인종 간 빈부 차 축소의 의무'라는 보고서를 발표했다. 이 보고서도 신용 점수의 문제를 고심했다. 그러면서 '신축성 있는 평가 기준'에 기초하여 소비자의 신용도를 공정하게 결정해줄 연방정부의 '투명하고 정확하고 공평한' 공공 신용 평가 척도를 요구하고 나섰다. 그 보고서가 권고하는 바에 따르면 이 새로운 평가 체제는 개인이 그간 지불해온 집세를 반드시 고려해야 하고, 이민자들의 경우 출생지에서의 신용 기록도 재검토해야 하며, 부채가 없는 개인은 그런 사실도 반영해야 한다.

열정이 정책을 만날 때

폴리시링크, 하프인텐, 미국 진보센터The Center for American Progress, 푸드트러스트, 그리고 그 외 알려지지 않은 많은 비영리단체들과 진보적인 싱크탱크들이 지난 수십 년간 미국 내 소득 불평등의 문제들을 검토해왔다. 그들은 취약 계층과 직접 이야기를 나누고 보살폈을 뿐 아니라, 해결 방안들을 조사해서 획기적인 모델들을 만들고 일자리와 관련하여 실행 가능한 계획들을 발표하기도 했다.

그럼에도 아직 부족한 것이 있다. 정보화 시대에 꼭 맞춘 또 하나의 미국 마셜플랜을 도입하기 위해 당파적인 봉쇄의 벽을 쳐부술 민중의 힘 없이는 결코 불붙지 않을 정치적 의지가 바로 그것이다. 적절한 일자리와 생활급의 인상은 미국의 신구 빈곤층의 고통을 즉시 줄여줄 수 있다. 이렇게 되면 우리는 사회 탈바꿈을 위한 '하나의 지도자 대 지도자 없는 운동'이라는 논쟁의 원점에 다시 서게 된다. 킹 목사가 존슨 대통령을 독려했듯이, 엘리너 루스벨트가 가난한 자들을 살필 수 있어야 한다고 그녀의 남편 프랭클린 델라노 루스벨트 대통령을 독려했듯이, 프레더릭 더글러스는 링컨 대통령에게 노예해방을 요구했다.

더글러스에게는 노예제를 해체하고자 하는 링컨의 정치적 의지를 강화시킬 상상력과 미래를 내다보는 안목이 있었다. 노예해방을 고취한 사람이 더글러스 하나였던 것은 아니지만, 노예 출신으로 링컨의 신뢰를 받고 또 많은 자들이 상상조차 할 수 없다고 여기는 것을 상상하도록 링컨을 격려한 사람은 그가 유일했다.

21세기에 들어 용감한 민권운동들과 전통적인 흑인 지도자들의 목소리가 과거에 그랬던 것처럼 효과를 내지 못하는 데는 이유가 있다. 미국 첫 흑인 대통령의 탄생과 흑인 정치체의 분열로 교전규칙에 변화가 생긴 것이다. 권력에 진실을 고하고 가난한 자들의 고통을 입증한다는 사명이 대통령에 대한 예우를 이유로 오히려 억압받고 침묵하도록 강요당한다. 빈곤이 널리 퍼지면서 다양한 계층과 문화에 충격을 끼치고 그 결과 다차원적인 반응이 일어나고 있다. 불길처럼 번지는 이 반응은 애초에 젊은이들이 일으켰지만 필요한 땔감은 반드시 원숙한 집단(비록 이 반응의 성과들을 번갯불에 콩 볶아 먹듯 전자기파 속도로 주고받는 일에는 익숙하지 않은 집단이지만)이 마련해야 한다. 젊은 에너지와 열정이 노련함을 만나면 굉장한 변화를 일으킬 수 있는 아주 훌륭한 기폭제가 된다.

우리는 엄청난 도전에 직면해 있다. 그것을 곧장 뚫고 가는 것만이 위대한 사회정의에 이를 수 있는 유일한 길이다. 빈곤층에 대한 인식을 바꾸는 것, 많은 사람들로 하여금 '가난'을 떠올리기만 해도 몸을 움츠리게 만드는 고정관념에 이의를 제기하는 것, 정치적 의지를 격려하는 데 꼭 필요한 개인과 공동의 의지를 부추겨 행동에 나서게 하는 것은 한결같이 벅찬 과제들이다.

만약 역사를 시금석으로 활용하기만 한다면, 누군가 상상조차 할 수 없다고 여기는 것을 우리는 용감하게 상상할 수 있다.

제7장 빈곤 성명서

우리가 이 책을 집필한 것은 우리 사회에 만연해 있는
빈곤의 실태와 빈곤을 야기한 실제 요인들과
빈곤이 민주주의에 가하는 위협에 대해서
생각해보자는 뜻에서이다. 우리는 빈곤에 관한
의식을 높이고 우리가 살아 있는 동안 빈곤을
종식시킬 수 있는 최선의 방책을 논의하고 싶다.
-태비스 스마일리&코넬 웨스트

현재 미국에는 대략 1억 5,000만 명의 사람들이 대침체에 대해 아무런 책임이 없음에도 불구하고 장기간 빈곤 및 유사 빈곤의 궁지에 몰려 있다. 미국의 산업 공동화, 어마어마한 폭리를 취하는 기업들의 탐욕, 지난 10년간 해외에서 벌인 전쟁들, 규제 없이 부유층이 누리는 세제 혜택 등의 일을 꾸민 것은 빈곤층이 아니다. 세계를 상대로 하는 커다란 금융 기관들이 공동으로 제 기능을 못 하게 되자, 그들은 구제를 받으러 정부 앞으로 슬금슬금 다가갔다. 이에 정부는 도움을 베풀어 월스트리트가 실패의 부담을 미국 내 일반 중산층의 등에 나눠 싣도록 허용했다. 그들이 일으킨 주택난과 취업난은 게토와 바리오 같은 도심지 빈민가에서뿐 아니라 도시 근교에서도 인종, 나이, 성별을 초월해 여러 세대에 걸쳐 빈곤을 양산했다. 대부분 부양 자녀가 딸린 미국 중산층의 3분의 1 정도가 빈곤의 나락으로 떨어졌다.

현 경기 침체의 여진은 실제로 적어도 지난 3세기 동안 경제지표를 흔들어댄 미진으로 불황의 전초전에 불과했다. 38만 달러 이상을 버는 미국 내 최고 부유층 1퍼센트의 소득이 지난 20년간 33퍼센트 증가한 반면에 미국인 99퍼센트, 즉 나머지 우리의 소득은 그대로이거나 오히려 감소했다. 미국 국세청 자료에 따르면 2008년 평균 소득은 3만 3,000달러였다. 물가 상승률을 적용했을 때 꼭 20년 전인 1988년 평균 미국인은 3만 3,400달러를 벌었다.

    고용 시장이 회복세를 보이고 있다고들 하지만 미국에서 일자리 찾기는 여전히 하늘의 별 따기와 같다. 게다가 많은 사람들은 일자리가 있어도 생활이 어렵다. 심지어 기업 이윤이 급등하고 그 40퍼센트가 대형 은행들로 돌아가는 상황에서도 여느 때보다 더 많은 성인들이 빈곤에 허덕이고 있다. 2011년 고임금 산업은 신규 일자리의 겨우 14퍼센트를 차지했다. 한편 전체 고용 증가분의 절반 이상은 저임금 직종이었다. 도저히 정규직을 찾을 수가 없어서 시간제 근무를 한다고 말한 사람만 900만 명에 달했다.

    살림이 가난한 사람은 게으르다거나 스스로 피할 수 있는데도 잇달아 잘못된 선택을 내렸다는 식으로 판단해선 안 된다. 그 같은 지나친 속단과 고정관념들 때문에 미국에 기회의 빈곤이 존재한다는 엄연한 진실이 우리 눈에서 멀어져가고 있다. 신체 건강한 사람들을 위한 일자리가 미국에는 충분하지 않으며 생활급조차 받지 못하는 근로자들이 너무나도 많다. 대침체의 결과이자, 미국 최고 부유층 1퍼센트에 대한 부당한 세금 공제 혜택으로 훨씬 악화된 지금의 비극적인 경제 난국 때문에 수많은 사람들이 미국에서 생계를 유지할 능력을 잃어버린 집단이라는 결코 달갑지 않은 꼬리표를 달게 되었다.

    우리가 수치와 모욕이라는 구시대적인 빈곤 패러다임을 계속 받아줌으로써 빈곤에 관한 그럴듯한 거짓말들이 난무하고 있다. 이런 거짓말들로 인해 우리는 으레 빈곤이 성격적 결함에 의한 실패라거나 중독, 정신질환, 전과 기록 등에서 비롯한 것이라고 생각하게 되었다. 빈곤의 정의에 관해서 우리는 당나귀 꼬리 붙이기 게임을 하는 형국이다. 눈을 가린 참가자들이 당나귀 그림의 엉덩이 옆 꼬리 자리만 쏙 빼놓고 나머지 엉뚱한 위치에 꼬리를 가져다 붙이니 말이다. 우리는 '일자리가 없어서 생계를 유지할 수 없는 처지'만 아니라면 다른 어떤 거짓 핑계라도 끌어다가 빈곤의 원인으로 쓰고 싶어 한다.

거짓말 만세

최소한 지난 4세기 동안 대부분의 미국인들은 빈곤층을 무시하고 빈곤의 규모를 부정할 수 있었다. 중산층은 저소득층을 폄하하고 저소득층은 노동자들을 헐뜯고 노동자들은 굶주린 노숙자들을 깔본다. 소위 위신이라는 것을 세우고 싶어 하는 까닭이다.

그 바탕이 수치와 모욕이든 순전히 경멸이든 간에 이런 태도가 당연시된 것은 빈곤층을 둘러싼 고정관념과 왜곡과 거짓말 때문이었다. 대침체를 계기로 빈곤은 미국인들의 의식 속에 실재하는 위협으로 자리 잡았다. 그러다 틀에 박힌 빈곤층의 이미지에 절대 들어맞지 않는 사람들마저 사업을 망치거나 실직을 당해 집을 잃고 정부 지원금에 기댈 수밖에 없게 되자, 미국인들은 눈떴다.

우리가 걱정하는 것은 빈곤에 대한 이런 인식이 일시적인 현상에 그칠까 하는 점이다. 제조업과 수출이 약간 호전되고 주식시장이 소폭 상승하고 실업률이 미미하게 감소한 사실을 크게 떠벌리는 머리기사들 때문에 많은 미국인들이 어쩌면 속 편히 빈민들을 싸잡아 욕하고 죄인 취급하던 옛 시절로 되돌아갈 수도 있다.

이런 얄팍한 정보들은 피할 수 없는 것과의 대면을 그저 잠시 미룰

뿐이다. 혁신과 제조업과 생산에 있어서 미국은 더 이상 세계적 선두 주자가 아니다. 설상가상으로 불황이 끝나간다며 섣불리 자축하는 지금의 분위기는 몹시 중요한 빈곤이라는 문제의 해결책을 찾아 진지하게 고심할 수 있는 기회를 우리가 또 한 번 날려버렸음을 의미한다.

우리는 이 책을 통해 미국 빈곤의 역사뿐 아니라 빈곤 퇴치를 위해 야심 차게 시작된 행보들과 그것들이 돌연히 멈춘 순간들, 고통스러운 경기 침체의 시기들까지 상세히 기록했다. 거짓말은 그것대로 생의 순환이란 게 있다. 거짓말이 일단 돌기 시작하면 널리 퍼지고 무성해진다. 그러다 소중한 사실로 간주되기에 이른다. 이에 대해서는 오바마 대통령한테 물어봐도 좋다. 그가 미국 땅에서 태어나지 않았다거나 혹은 그가 이슬람교도라는 지독한 거짓말들을 부인하는 데 임기 중 상당한 시간을 들였으니까 말이다. 오바마 대통령이 사회주의자가 아니라는 건 누구나 확실히 알 터이다.

우리가 이 책을 집필한 것은 우리 사회에 만연해 있는 빈곤의 실태와 빈곤을 야기한 실제 요인들과 빈곤이 민주주의에 가하는 위협에 대해서 생각해보자는 뜻에서이다. 우리는 빈곤에 관한 의식을 높이고 우리가 살아 있는 동안 빈곤을 종식시킬 수 있는 최선의 방책을 논의하고 싶다. 전략 계획 마련에 착수하기에 앞서 우선 빈곤에 관한 새빨간 거짓말들을 짚고 넘어가야 한다.

빈곤에 관한 열 개의 거짓말

1. 빈곤은 성격적 결함이다

    거짓이다. 빈곤은 돈이 부족하다는 것, 그 이상도 이하도 아니다. 1억 5,000만 명의 미국인들이 빈곤층이나 유사 빈곤층의 처지에 놓인 것은 실업과 전쟁, 대침체, 기업의 탐욕, 소득 불평등의 결과이다.

2. 미국의 제조업이 다시 회복세를 보이고 있다

    거짓이다. 2001년 이래로 미국에서는 매달 평균 5만 개의 제조업 일자리가 사라지고 있다. 오늘날 세계의 제조업은 중국이 지배하며, 중국은 '세계 정상 제조업 국가'라는 지위를 양보할 의향이 없다.

3. 대침체는 끝났다

    꼭 그렇진 않다. '경기회복'이 시작된 이후에 창출된 새 일자리들은 저임금직에 집중되어 있다. 경기 침체 중에 사라진 일자리의 60퍼센트가 중간 임금직이었던 반면에 새로 생긴 일자리의 70퍼센트는 계산대 직원, 물류 창고 관리자, 주방 보조원 등 저임금직이었다. 한때 특별한 기술이 없는 근로자들은 우체국 취직을 통해 중산층 수준의 안전한 보금자리를 마련하곤 했으나 최근 우체국도 3만 5,000개의 일자리를 줄인다는 인력 감축안을 발표했다. 이 근로자들은 신경제의 어느 부문에 어떻게 흡수될 것인가?

4. 정부가 지원하는 재정 혜택은 대부분 소수민족 집단들이 받는다

거짓이다. 미국 인구조사국의 통계자료에 따르면 전 미국인의 절반 가까이, 정확히 말해서 48.5퍼센트가 2010년 1분기에 일종의 정부 혜택을 받았던 가구의 일원이다. 푸드스탬프 수령자의 70퍼센트는 백인이다.

5. 미국에서는 누구도 배를 곯지 않는다

거짓이다. 피딩아메리카에 의하면 매일 밤 5,000만 명의 미국인들이 허기진 배를 안고 잠자리에 들고 다음 끼니를 무슨 수로 때울지 미리 알지 못한다. 대침체가 시작된 이래로 푸드뱅크를 찾는 이용자 수가 30퍼센트 늘었다.

6. 미국은 참전 용사들을 소중히 보살핀다

사실이 아니다. '노숙자가 된 참전 용사를 위한 국립연합회'에 따르면 어느 밤이든 노숙하는 참전 용사 수가 6만 7,000명을 넘고 가난과 사회 지원망 부족, 열악한 생활환경, 불량 주택 때문에 노숙할 위기에 처한 참전 용사가 약 150만 명에 이르는 것으로 추정된다.

7. 정부 지원금 때문에 국가 재정 적자가 발생했다

거짓이다. 재정 적자 딜레마를 초래한 지배적인 요인은 국가 예산의 15퍼센트를 차지하는 재량 지출이 아니라, 부시 정권의 세금 감면, 이라크와 아프가니스탄에서의 전쟁, 무역수지 적자, 모기지 사태, 그리고 대침체이다.

8. 미국에서는 가장 많이 가진 자들이 세금을 더 낸다

   이 말이 '진짜 사실'처럼 들리는 까닭은 순전히 진실을 은폐하는 탓이다. 현재 최고 부유층 봉급생활자들은 양도소득이 아닌 개인소득의 약 21.5퍼센트를 세금으로 낸다. 1990년대까지는 양도소득 세율이 28퍼센트였다. 부시 정부의 세금법에 따라 미국에서 제일 많이 가진 자들에게 부과되는 양도소득 세율은 겨우 5.5퍼센트이다. 오바마 정부에 의하면 연간 소득이 25만 달러 이상인 사람들에 대한 양도소득 세율을 20퍼센트로 인상하면 2014년까지 120억 달러가 추가로 미 재무부에 유입될 것이다.

9. 메디케어는 노인들의 건강 관리를 위해 필요한 요구들을 잘 살핀다

   꼭 그렇지는 않다. 나이 많은 미국인들이 혼자서 감당할 수 없는 의료비를 메디케어와 그 외 더 많은 비용이 드는 보건 의료 정책들이 충당해주었다. 55세부터 64세 사이의 국민들을 위해 정부가 지출한 의료비는 35세부터 44세 사이의 국민들을 대상으로 지출한 액수의 두 배에 달한다. 의료비 부담의 증가는 노인들 사이에서 파산 신청이 급증하는 주된 원인이다.

10. 교외에는 빈곤이 존재하지 않는다

    거짓이다. 이 나라 교외 지역에 살고 있는 사람들 중에서 점점 더 많은 이들이 경제적 안정을 잃고 빈곤층의 처지에 놓이고 있다. 대도시 근교의 빈민은 2006년 1,440만 명에서 2010년 1,780만 명으로

24퍼센트 증가했다. 그에 비해 도심지의 빈민 수는 20퍼센트가량 증가했다.

빈곤에서 번영으로, 무엇이 필요한가?

민주국가라면 부자들보다 가난한 사람들의 힘이 더 셀 것이다. 그들이 수적으로 우세하고 다수의 뜻이 으뜸이기 때문이다.
– 아리스토텔레스

미국 내 빈곤을 종식시키기 위해서는 우리가 빈곤에 대해 이야기할 때 그 자세와 생각과 느낌이 변해야 하고, 이보다 더 중요한 것은 빈곤과 관련해서 우리가 무엇인가를 해야 한다는 점이다. 만약 "소득 불평등은 늘 존재했고 또 바라건대…… 늘 존재할 것"이라는 공화당 릭 샌토럼의 관점에 우리가 동의해버린다면 미국의 빈곤과 관련해서는 어떤 조치도 내려지지 않을 것이다.

반면에 우리가 정신을 가다듬지 못하고 지나치게 많은 민주당원들이 선전하고 나선 경기회복의 거짓 신호에 마음을 뺏긴다면 결국 우리는 아무 일도 못 하게 될 것이다. 이 두 가지 시각은 전부 미국 내 불건실한 경제 격차에 입각한다. 만약 우리 민주주의의 토대가 빈부 격차로 흔들린다면 우리는 반드시 잠에서 깨어나든지 아니면 미국에서 벌어지는 악몽과도 같은 이 독특한 사태를 직시할 각오를 해야 한다. 만약 우리 민주주의의 토대가 빈부 격차를 바탕으로 한다면, 그래서 사람보다 이윤이 우선한다면 부자들은 호화롭게 살 것이다. 하지만 나머지 우리와 국가 경제는 고통에 시달릴 것이다.

우리의 통증 역치는 얼마쯤일까? 관련 수치들은 이미 나빠질 대로 나빠져 있다. 현재 미국인 두 명 중 하나는 빈곤하게 살거나 빈곤에서 간신히 벗어난 생활을 어렵사리 유지하고 있다. 지금이 우리한텐 기회이다. 만약 이 기회를 놓치고 난 후에 엄청난 경제 실패를 향해 곤두박질치는 기차를 멈추려고 해봐야 때는 이미 늦지 싶다. 우리가 빈곤을 부정하기를 그만두고 빈곤을 위한 행동에 나서려면 무엇이 필요할까?

역사를 통틀어 미국 민중은 일단 자신들이 무엇을 위해 희생하고 싸우는지를 진정 이해하고 나면 언제나 스스로를 희생하고 남들과 힘을 합쳐 열심히 싸웠다. 우리에게 이러한 사실을 다시 일깨워주는 미국 역사가 바로 이 책의 구성 배경이다. 우리가 뜻하는 바는 정의로우면서도 급진적인 사고와 21세기에 걸맞은 획기적인 행동을 꾀하도록 사람들의 의식을 깨우는 것이다. 이에 따라, 여기서 우리는 빈곤 급증의 시대에서 번영의 미래로 나아가게 도와줄 열두 가지 정책 변화 방안을 제시하겠다.

빈곤에서 번영으로, 열두 가지 정책 변화 방안

1. 근본적인 공정성 확립

   물가 상승률이 임금 상승률을 계속 앞선다. 근본적인 공정성이란 첫째, 생활급이 보장되는 일자리와, 둘째, 사람들이 생존과 계층 상승을 위해 사회보장연금과 푸드스탬프와 각종 정부 보조금에 더 이상

매달릴 필요가 없도록 그들로 하여금 빈곤선 위에서 살 수 있게 해주는 경제체제를 의미한다.

2. 여성과 아동을 우선으로!

한 부모들, 특히 싱글맘들이 빈곤을 탈출할 수 있도록 생활급을 보장하는 일자리 창출 없이는 160만 명에 달하는 미국의 빈곤 아동들을 보살필 수가 없다. 직장 내 어린이집 시설과 헤드스타트 같은 아동 보육 프로그램들에 반드시 투자해서 더 이상 엄마들이 생계유지와 육아 사이에서 갈등하는 일이 없어야 한다. 자녀들이 보살핌과 교육을 받는 사이 엄마들은 일을 하거나 직업훈련을 받을 수 있어야 한다. 미취학 아동들이 결정적인 배움의 시기에 학습을 시작할 수 있도록 해주는 헤드스타트 같은 프로그램들의 가치는 충분히 입증된 사실이다. 미국이 국내 여성과 아동을 우선시하는 데 무엇이 더 필요한가?

3. 일자리, 일자리, 더 많은 일자리 창출

미국 제조업 일자리들은 돌아오지 않는다. 이제 우리는 이에 어떻게 맞서야 하는가? 무수히 많은 신체 건강한 일꾼들을 실업 상태에 내버려두는 블루칼라 일자리의 암울한 공백을 어떻게 극복할 수 있는가? 우선, 우리의 성장과 생존에 필수적인 각종 서비스와 생산품을 국가에 제공하는 데 기반을 둔 21세기형 일자리 계획의 도입에서부터 시작할 수 있다. 우리가 기꺼이 소질과 고용 기회를 맞춰보려고만 한다면, 가진 기술이 적거나 아예 없는 국민들의 다수는 직업훈

련과 동시에 지역사회를 위한 사회 기반 시설 사업들에 투입이 가능
하다.

4. 저밀도 공영주택과 주택 재건 프로그램 마련
   국민에게 집이 없다는 것은 국가적 비극이다. 대침체와 주택 압류로
   수많은 지역사회와 주민들이 큰 혼란을 겪고 있다. 미국은 지역사회
   를 안정시키고 사회 취약 계층의 가장 기본적인 요구를 충족할 저밀
   도 공영주택과 주택 재건 프로그램이 시급하다. 실제 시장가치를 바
   탕으로 자산 가치를 재평가해서 담보대출금을 조정할 때일뿐더러
   집 없음을 퇴치할 때이다.
   주택 압류로 집을 잃은 미국인들이 정부 당국에 맞서 방치된 주택들
   을 되돌려달라고 요구하기 시작했다. 야호! 지역사회의 위축을 막
   고 빈집들에 사람들을 들어앉히는 풀뿌리 전략을 전개해서 접근 금
   지의 빨간 띠를 넘어가는 방안들을 정당화하고 합법화하자.

5. 나라 구석구석에 도움의 손을 뻗치는 식량 배달 체제 확립
   누구도, 특히 어린이들은 배를 곯는 일이 없어야 한다. 그러기 위해
   서는 기아와 식량 불안을 종식시킬 식량 배달 체제가 필요하다. 이
   체제는 지방의 작은 농장들을 격려하는 동시에 도시 농장 계획들을
   지원하고, 식량 증대와 수확과 분배를 통해 새로운 고용 기회를 제
   공하기도 할 것이다. 우리가 이를 잘해내면 미국은 인류의 복잡한
   문제들을 해결할 능력이 있음을 입증할 수 있다.

6. 교도소와 대량 투옥 문제 점검

소수집단들의 대량 투옥은 나라의 파산으로 이어지고 영구히 2등급 시민으로 남을 계층을 양산한다. 이전에 징역을 살았던 개인들을 다시금 거리에 나앉혀 경제적 강제수용소에 잡아 가두고 있다. 구제받을 가능성이 있는 사람들이 지난 20년간 인종차별적으로 계속된 '마약과의 전쟁'과, 차라리 범죄적이라 할 만한 사법제도의 희생자로 전락했다. 범산 복합체의 대대적인 점검이 필요한 때이다.

7. 공공 자산에 대한 적극적인 공공투자

과거에 정부가 꾸리고 자금을 지원했던 지역 사업들을 민영화하려는 움직임은 곧 모든 병원과 학교와 교도소가 이윤 추구를 목적으로 하는 기업들의 통제 아래에 운영될 거라는 것을 의미한다. 우리는 교육과 범산 복합체와 건강보험의 공공투자를 적극적으로 추구해야 한다. 그리고 주요 공공 자산이 개인 투자자들에게 이양될 때 투명성이 요구된다.

8. 근본적인 공정성을 기반으로 한 로비

'가진 자들'로부터 재정 지원을 받는 싱크탱크들과 로비스트들이 '못 가진 자들'의 운명을 쉽사리 결정하고 우리 나라의 사회경제 정책을 추진하도록 더 이상 두어선 안 된다. 워싱턴에는 1만 3,000명 이상의 로비스트들이 있고 그 다수는 부자들의 관심사를 돌본다. 이에 대등한 대리인이 나서서 빈곤층을 위해 근본적인 공정성을 옹호하고, 보수 단체 시티즌스유나이티드를 상대로 한 대법원의 판

결(그 결과, 부유층은 이제 몰래 선거판을 사들일 수도 있게 되었다)
처럼 민주주의를 파괴하는 책략들에 이의를 제기할 필요가 있다.

9. 공정한 조세법 제정

    미국의 일자리를 외부에 위탁하고 비밀 역외 계좌를 이용해 소득을
    빼돌리는 부유한 기업들을 대상으로 세금 감세와 혜택들을 주던 것
    을 그만 철회해야 할 때이다. 조세 구멍을 메우고 부자들도 그들에
    게 정당한 몫의 세금을 내게 하라.

10. 대침체에 대한 배상

    미국에서 범죄자들은 죗값을 치르도록 되어 있다. 범죄를 저지르면
    징역을 살아야 한다. 기만과 부정행위로 대침체를 부채질한 자들에
    게도 반드시 책임을 물어야 한다. 죄를 지은 무리들은 꼭 추징금을
    납부해야 한다. 아울러 대침체 기간에 고객들을 등쳐먹은 것으로 드
    러난 대출 관행의 피해자들을 위해서 정부는 즉시 채무면제와 중재
    프로그램을 실시하고, 빈곤을 이용해 이득을 챙기려는 모든 시도들
    을 금지해야 한다.

11. 건강보험 보장

    매년 약 4만 5,000여 명의 사람들이 의료보장을 받지 못해 사망한
    다. 보험에 가입되지 않은 사람들은 의료 서비스가 필요해도 꾹 참
    거나 치료 가능한 질환들이 손을 쓸 수 없는 상태로 진행한 뒤에야
    비로소 1차 진료를 위해 응급실로 달려갈 가능성이 높다. 건강보험

개혁의 노력을 수포로 돌아가게 하려는 당파적인 논쟁과 활동들에도 불구하고 모든 미국인은 단일 보험자 방식을 선택할 수 있는 건강보험과 의료 서비스의 혜택을 누릴 수 있어야 한다.

12. 정부 차원의 빈곤 퇴치 회의

정말로 미국의 빈곤 종식을 심각하게 생각한다면 그러한 노력에 범국민적 관심을 끌어모으는 데 있어서 백악관 빈곤 퇴치 회의보다 더 나은 방법은 없다. 대통령의 안내에 따라 이 과업을 진행하면 어떻게 빈곤을 종식시킬 수 있는지를 진지하게 탐구하는 다양한 견해들 중에서 그야말로 최선의 방법이 당장에 도출될 것이다. 여기에 동참하는 자들에 힘입어 우리 사회에 근본적인 긍정성을 확립하려는 미국의 확고한 의지를 온 나라와 세계가 알게 될 것이다.

현재 우리의 사회 정치적 환경에서는 이 방안들의 상당수가 너무 급진적인 것으로 비칠 수도 있다. 하지만 우리는 급진적이고 전반적인 변화를 갈망하는 사람들 모두를 위해 전채 요리쯤으로 이 방안들을 권한다. 우리와 이 방안들을 더 깊이 있게 살피다 보면 거기서 얻은 지식으로 어느새 허기도 채워질 것이다.

근본적인 공정성 문제

빈곤은 중산층과 근로 빈곤층과 영구 빈곤층의 경계를 무너뜨렸다. 새로 개정된 미국 인구조사국의 자료를 보면 5,100만 명의 사람들이 빈곤선의 1.5배에 해당하는 소득으로 간신히 살아간다. 이들의 절반쯤, 즉 49퍼센트가 교외에 사는 백인들이다. 흑인이 18퍼센트를, 라티노가 26퍼센트를 차지한다.

미국 인구조사국이 새로운 방법들을 써서 도시마다 다른 지역별 생계비를 조사한 결과에 따르면 사람들을 저소득층으로 내몬 요인에는 크게 세 가지가 있었다. 800만 명 이상은 세금 때문에, 600만 명은 병원비 때문에, 그리고 400만 명은 각종 필요 물품, 옷, 교통비, 보육비 등 직장 생활 유지 비용 때문이었다.[86]

간단히 따져서 '물가 상승률에 못 미치는 수입+제조업과 외부에 위탁되는 고객 서비스 관련 일자리들의 감소+생활급을 보장하지 못하는 일자리 창출+실업 증가와 중산층 감소를 부른 대침체=워킹 푸어, 즉 취업이 되어서 일을 함에도 불구하고 빈곤에 시달리는 근로 빈곤층'이라고 볼 수 있다.

이제 중산층은 없다

대부분의 경제학자들은 전형적인 중산층의 연봉이 3만 5,000달러쯤 된다고 본다. 가구 전체 수입이 1년에 5만 달러 이상이면 그 가구는 중산층에 속한다. 6만 내지 8만 달러가 넘으면 해당 가구는 '확고한' 중산층으로 간주된다. 그런데 중산층이 되려면 정말로 무엇이 필요한지 우리가 자세히 들여다보니, 그 기반이 어째 '확고함'과는 영 거리가 멀다는 사실이 눈에 띈다. 앞서 보인 소득 관련 등식에 아주 작은 변화라도 생기는 즉시 어떤 가구라도 저소득층의 형편에 빠질 수 있다.

미국 가정들 대부분은 '중산층' 기준에 가까이라도 가려면 수입원이 두 개는 되어야 한다. 미국 최대 채용 정보 사이트인 커리어빌더닷컴careerbuilder.com의 발표에 따르면 미국 근로자 열 명 중 여덟 명, 좀 더 정확히 말해서 77퍼센트가 겨우 입에 풀칠하면서 하루 벌어 하루 먹고 산다고 말한 것으로 드러났다. 다섯 명 중 한 명은 2009년부터 공과금을 제때 못 내기 시작했고 같은 해에 23퍼센트는 생활이 몹시 빠듯해졌다고 밝혔다.[87]

이 수치가 의미하는 바는 이제 중산층 미국인 대부분은 한 번이라도 병을 심하게 앓거나 한 번이라도 심각한 사고를 당하거나 가족 내 한 사람이라도 직장을 그만둔다면, 즉 수입원을 하나라도 놓치면 저소득층으로 전락하게 된다는 것이다. 꾸준히 오르는 생활비가 미국인들의 주급을 전보다 더 많이 잡아먹는데도 그런 실정은 아예 차치했다. 지난 20년간 소득은 겨우 20퍼센트 증가했지만 생활비는 지속적으로 증가했다. 2001년 5월 일반 휘발유 1갤런의 미국 내 평균 가격은 약 1달러 70센트 정도였으나, 2012년 2월에는 대략 3달러 50센트에 달했다. 미국의 건강 보험비도 급등했다. 2002년 미국인 가구들은 건강보험비로 9,791억 달러를 냈다. 보건 전문잡지 『헬스 어페어』는 현재 그 비용이 거의 2조에 이른다고 보고한다.[88]

따라서 만약 중산층 대열에 끼려면 두 개의 저소득 수입원이 필요하고 게다가 그 지위가 생활비 때문에 매일 위협을 받는다면 중산층 되기가 현실이라기보다는 미국인들의 열망에 불과한 것은 아닌지 우리는 의

심해봐야 한다.

　　한 세대 전만 해도 일자리가 든든한 가장 한 사람의 벌이로 온 가족이 그럭저럭 먹고살 수 있었다. 오늘날 미국에서 중산층의 꿈을 유지하려면 수입원이 두 개는 되어야 하고 그 중산층의 생활양식이라는 건 어떤 작은 재정적 문제에도 당장 뒤집힐 만큼 취약하다. 한 세대 전에는 설령 가족의 주요 소득을 책임진 가장이 병을 얻거나 실직을 당해도 다른 가족원이 생활비를 위해 일터를 잡을 수 있었다. 요즘에는 한 가족 내 돈 벌이하는 두 사람 모두 가장과 같고 그들의 소득은 그 가족이 생계를 유지하는 데 똑같이 절대적으로 필요하다.

　　하버드 대학교 로스쿨 교수이자 여러 책의 저자인 엘리자베스 워런은 중산층을 일종의 정신 상태, 즉 사람들이 실제로 벌어들이는 것이나 벌어들이길 희망하는 것이라기보단 그들이 하는 일로 정의했다. 워런은 ABC 월드뉴스 스페셜 리포트 '귀환: 대침체 속 미국 중산층을 정의하다[89]'에서 "중산층 사람들은 잔디를 깎고 학부모회의에 나가고 자신만 아니라 자식들과 지역사회에도 투자하는, 여유가 있는 사람들입니다"라고 말했다.

　　수입원이 하나만 사라져도 재정이 완전히 무너질 위기에 처해 있는 가구들을 위해서 반드시 근본적인 공정성을 갖춘 체제가 빈곤층과 근로빈곤층을 가난에서 구해내고 위험에 노출된 나머지 중산층을 안정시킬 필요가 있다.

　　미국의 근본적인 공정성에 대해 솔직한 탐구가 이뤄져야 빈곤층을 겨냥한 대화와 정책들이 바뀔 것이다. 그러면 중산층의 붕괴가 그만 멈추고 향상된 생활수준에 맞게 임금이 인상되고 사회 안전망도 재건되어서 1억 5,000만 명의 미국인들이 이 고된 역경의 시기에서 살아남게 될 것이다.

여성과 아동을 우선으로!

만약 어느 대중가요의 가사처럼 정말로 '아이들이 우리의 미래'라면 우리는 무시무시한 앞날을 맞이할 운명에 처해 있다. 빈곤은 세대 간에 되풀이된다. 오늘 가난한 집의 아이는 커서도 없이 살기 십상이다. 사회 경제 정책을 연구하는 초당파 싱크탱크인 어번인스티튜트에 따르면 가난의 대물림 현상은 흑인 백인 가릴 것 없이 모든 아이들한테서 뚜렷이 나타났다. 2010년 이 단체가 발표한 '아동기 가난의 지속, 그 진상과 결과'라는 제목의 연구 결과를 보면 가난한 부모 밑에서 태어난 백인 아동들 중에서 대략 그 3분의 1, 즉 31퍼센트가 커서도 계속 가난할 것으로 예측된다. 그리고 가난한 집의 자식으로 태어난 흑인 아동들 중에서 그 3분의 2 이상, 즉 69퍼센트가 성인이 되어서도 가난에 쪼들릴 것으로 보인다. 빈곤에 시달리는 아동이 160만 명에 달하는 현시점에서 분명히 이에 대한 즉각적인 조치가 필요하다.[90]

미국 인구조사국의 통계에 따르면 아버지 없이 어머니 혼자서 이끄는 가구의 수가 1,500만을 넘는다.[91] 생활급을 보장하는 일자리를 창출해서 배우자 없이 혼자 자식을 키우는 한 부모들, 특히 싱글맘들이 빈곤에서 벗어나도록 해주지 않고서는 빈곤에 시달리는 미국의 아이들을 제대로 보살필 수 없다. 연구를 통해 이미 입증된 바와 같이, 아이가 학습을 일찍 시작하면 할수록 학업에서 성공할 가능성은 더 높아진다. 따라서 만약 우리가 정말로 빈곤의 대물림을 걱정한다면 여성과 아동을 먼저 생각해야 한다. 직장 내 보육 시설과 헤드스타트 같은 아동 보육 프로그램들에 반드시 투자해서 더 이상 엄마들이 생계유지와 육아 사이에서 갈등하는 일이 없어야 한다. 자녀들이 보살핌과 교육을 받는 사이 엄마들은 일을 하거나 직업훈련을 받을 수 있어야 한다.

21세기 제조업

2001년 이래로 미국에서는 매달 평균 5만 개의 제조업 일자리들이 사라져갔다. 수출산업 생산량에 있어서 이제 이 나라는 최상위 15개 제조업 국가들 중에서 맨 꼴찌를 달린다. 참으로 암울한 초상이다. 미국 산업이 심각하게 쇠퇴하자, 미국 국가정보기관 수장인 리처드 매코맥은 『포브스』를 통해서 급감하는 미국의 제조업 활동이 안보에 어떤 영향을 미칠지 알아보는 작업에 이미 착수했다고 밝혔다.[92]

하버드 대학교의 윌리엄 줄리어스 윌슨 교수가 지적한 대로 미국 제조업의 쇠퇴는 어제오늘의 일이 아니라 수년간 계속된 것이지만 확실히 이번 대침체 직전부터 급속도로 악화되었다.

"생산직 노동자들의 일자리가 감소하는 현상은 1930년대 초반 대공황 때와 아주 흡사합니다"라고 보스턴에 위치한 노스이스턴 대학 노동시장연구소장인 앤드루 섬 교수가 말했다.[93]

2011년 말에 사라진 일자리 열 개 중 일곱 개는 건설 현장, 트럭 운송, 창고영업, 그 외 여러 생산 노동직이었다. 섬 교수의 말처럼 이 일자리들의 감소 규모는 그야말로 '전례 없는' 것이다.[94]

21세기 일자리 계획은 지역사회에 기반을 둔 경제 기관들의 막힌 부분을 반드시 뚫어야 한다. 지역 경제에 다시 불을 붙이기에 적당한 곳에서는 수많은 사회단체와 중소기업체가 개발, 제시한 모델들을 확대해야 한다. 불완전고용 상태에 있거나 실직한 근로자들에게 새 경제를 위한 새 기술들을 재교육할 수 있는 획기적이고 특별한 방안들을 모색하는 일이 필수적이다.

일자리, 일자리, 더 많은 일자리 창출

사라진 제조업 일자리를 만회하는 이 엄청난 도전에 우리는 어떻게 맞설 것인가? 이 답도 재차 우리 역사의 자랑스러운 순간들에서 구할 수 있다. 유럽이 커다란 경제 혼란에 빠졌을 때 기근을 종식시키고 나라의 재건을 돕기 위해 마셜플랜을 세웠다. 오늘날 대침체로 큰 충격을 입은 지역사회들을 겨냥해 이와 비슷한 노력이 필요하다. 바로 앞 장 「상상력의 빈곤」에서 우리는 친환경적이면서 비용 면에서도 효과적인 거주 공간을 마련할 획기적인 방안들을 논의했다. 그러니 우리가 조금만 더 상상력을 발휘하면 이 야심 찬 방안들을 현실에서 멋지게 실천할 수 있다. 우리는 처참히 뚫린 블루칼라 일자리의 구멍을 막을 수 있을 뿐 아니라, 가진 기술이 적거나 없는 신체 건강한 미국인들이 지역사회 기반 공공 시설 사업들과 관련해서 일할 수 있게 도와줄 수도 있다. 우리가 기꺼이 앞으로의 비전과 현재의 요구들을 맞춰보고자 한다면 우리의 성장과 생존과 더 나은 삶을 위해 꼭 필요한 서비스와 상품을 제공하는 품위 있는 일터를 마련할 수 있다. 특히 생활고에 시달리는 지역 주민들을 겨냥해서 새로운 고용 기회를 끌어다 줄 마셜플랜과 같은 계획과 먹고살기에 충분한 임금을 주는 일자리들이 마련된다면, 우리는 각종 고지서에 치인 가정들을 일으켜 세우고 불안에 빠진 국가를 재건할 수 있다.

빈곤 속 이윤

신빈곤층의 숫자가 늘면서 이젠 중산층 가구들마저 과거 오랫동안 가난한 미국인들이 의지해온 지원 혜택들을 필요로 하게 되었다.

미국 농무부의 2012년 통계에 따르면 현재 4,600만 명 이상의 미국인들, 즉 이 나라 전체 인구의 14퍼센트가 푸드스탬프에 의지해 살고 있으며, 보통 수급자의 경우 한 달 평균 150달러어치를 지급받는다.[95] 사실 미국에서 푸드스탬프는 단장을 새로 했다. 1990년대 후반에 정부는 지폐처럼 찍어낸 쿠폰을 점차 없애고 대신 식료품 가게나 주요 소매업 상점들에서 일반 소비자들과 똑같은 결제 과정을 밟을 수 있도록 직불카드 체제를 특별히 도입했다.

우리 대부분은 푸드스탬프 복지카드를 발급받을 정도로 가난한 4,600만 명의 사람들을 생각하면 마음이 울적해진다. 하지만 금융 투자 거인 JP모건체이스의 경우에는 푸드스탬프 카드가 하나씩 새로 발급될 때마다 오히려 이익이 생긴다. 이 기업은 미국에서 가장 크고, 최초이자

유일하게 푸드스탬프 복지카드들을 받아서 처리해주기로 계약을 맺은 회사이다. 공식적으로 대침체가 시작되기 2년 전인 2009년에 이 회사는 1,156억 달러의 수익에, 117억 달러의 이익을 낸 것으로 발표했다. 전년과 비교하면 수익은 14퍼센트 증가하고 이익은 109퍼센트 급증한 것이었다.[96] JP모건체이스의 공공부문 보조금지급부서의 책임자, 크리스토퍼 패튼이 사회보장 카드가 기업 기윤에 기여하는 과정을 설명했다.

"현시점을 기준으로 최근 몇 년 새 관련 업무량이 엄청나게 늘어났습니다. 우리가 전에 지은 사회 기반 시설이 이만한 업무량의 증가를 감당해낼 수 있다는 건 JP모건체이스의 입장에서는 희소식이지요."[97]

당연히 패튼의 관점에서는 그의 회사가 빈곤이라는 오명 때문에 고심하는 '신빈곤층'에게 특별히 사회 편익을 제공하고 있는 것이다. 전국적으로 체인을 운영하는 타깃, 코스트코, 월마트, 패밀리달러 같은 대형 마트들도 늘어나는 빈곤층의 수요에 맞춰 본사 마케팅과 운영 전략들을 조정하는 중이다. 푸드스탬프 복지카드는 특히 빈곤에 익숙지 않은 사람들에게 편리한 수단이다.

편리 문제를 떠나서 수백억 달러짜리 금융 투자회사들이 돈 못 버는 수많은 영세민을 이용해 수백만 달러를 더 벌어들인다는 것은 씁쓸한 아이러니이다. 그리고 경제 위기의 그늘에서 급성장을 보이는 금융기관이 JP모건체이스 하나만 있는 게 아니다. 2007년 말 로이터 통신에 따르면 JP모건체이스와 여타 3개의 금융기관, 즉 웰스파고, 시티 그룹, 뱅크오브아메리카가 전체 예금의 39퍼센트, 정확히 3조 8,000억 달러 상당의 예금을 보유했다. 비교 예시로 이해를 돕자면, 바로 같은 날 2007년 6월 30일 미국 연방예금보험공사 FDIC의 예금보험 기금 잔액은 겨우

104억 달러였다.[98]

　걷잡을 수 없을 만큼 널리 퍼진 담보대출 사기들의 혐의와 관련해서 260억 달러를 지급하기로 연방정부와 합의한 미국의 대형 은행들 중에는 이 네 개의 금융 기업들도 포함돼 있다.

　은행들만 대침체의 포상금을 누리는 것이 아니다. 2009년 300만 명에 가까운 사람들이 민간 의료보험금을 잃은 반면에 미국 의료보험 회사들의 이익은 56퍼센트 증가했다. 진보정치연합체가 발표한 보고서에 따르면 영리 목적의 미국 5대 보험회사들은 2009년 합산 이익 122억 달러를 기록했다.[99]

　그러는 사이 더더욱 많은 미국인들은 150달러로 한 달간 가족을 먹여 살리는 방법을 터득하기 시작했고 동시에 대부호들은 사치품 구입에 다시 돈을 쓰기 시작했다. 2011년 초, 일간지 「USA 투데이」는 부유한 미국인들이 '다시 돈을 펑펑 써도 괜찮다'라고 판단한 것으로 보인다고 밝혔다.[100] 8만 달러짜리 배터리를 장착한 자전거, 52만 5,000달러짜리 시계, 63만 달러짜리 스포츠카, 100만 달러짜리 요트, 매사추세츠의 코드 곶이나 사우스캐롤라이나의 힐튼 헤드 같은 멋들어진 곳에 위치한 별장들의 매입으로 미국 시장이 다시 들썩이고 있다.

대침체에 대한 배상

　살기 위해 발버둥 치는 미국인들에게 필요한 좋은 일자리를 창출하는 식으로 기업들이 이윤을 투자할 수도 있다고 상상한다면 너무 순진한 것일까? '미국 재건하기' 심포지엄에서 이 사안을 다루면서 영화감독 마이클 무어는 이렇게 말했다.

"기업체 같은 미국, 여기서 복 받은 500명이 은행 계좌에 2조 달러를 쌓아놓고 돈방석에 앉아 있습니다. 과거에는 결코 이런 일이 없었어요. 기업들이 돈을 벌면 그다음에 하는 일은 목돈을 들여서 더 많은 일자리를 창출하는 것이었습니다. 그들은요, '오, 우리가 발명한 이 물건이 썩 잘나가네. 공장을 또 하나 짓자. 그러면 같은 물건을 더 많이 생산할 수 있잖아. 더 많은 인력을 고용해야겠군.' 예전에는 대충 이런 식으로 돌아갔습니다. 지금 기업인들의 행태는요, 기록적인 수익을 거두고 그런 후에 그 돈을 자기네 은행 계좌에 넣어버립니다. 그렇게 하는 이유가 부분적으로는 어려울 때를 대비해서 자금을 마련해두려는 거죠. 나머지 신발 한 짝이 채 떨어지지 않았다는 걸, 즉 어려운 고비가 또 닥칠 거라는 걸 그들은 알고 있습니다. 그들은 2008년도의 시장 폭락이 끝이 아니라는 것을 알고 있어요. 그들은 신용부도 스와프Cred Default Swap*와 그 외 유사 파생 상품들을 포함해서 말도 안 되는 도박판을 월스트리트에서 아직도 벌이고 있습니다. 또 다른 위기가 올 거라는 것을 그들은 알고 있어요. 노아의 방주에 현금 2조 달러를 예치해놓고 자신들의 안전을 확실히 해두고 싶은 겁니다."

부자들이 자신들의 실수를 50만 달러짜리 시계와 수백만 달러짜리 요트로 기념하는 사이 미국인들이 고통에 시달리는 것을 그대로 방치해선 안 된다. 반드시 정의가 있어야 한다. 월스트리트 은행가들은 탐욕과

---

* 부도 발생에 따른 채권 및 대출 원리금 손실 위험에 대비한 신용 파생 상품.

속임수와 부정행위로 온 나라를 불황에 빠트리는 데 일조했고 미국의 수 많은 주택 보유자들과 근로자들의 삶에 더할 수 없는 고통을 가져왔다. 정부가 '은행가들은 너무 중요해서 파산하면 안 된다'라고 여긴 탓에 은 행가들에겐 더 많은 자금이 지원되었고 그들 중 많은 이들은 그 돈으로 사상 초유의 성과급 잔치를 벌이곤 했다. 미국의 모든 법정은 범죄자들 에게 그들이 저지른 범죄의 피해자들에게 즉시 배상하라고 명령할 법적 권한이 있다. 최고 부자인 월스트리트 은행가들이 실제로 법정에 기소될 가능성은 거의 희박하기 때문에 그들은 꼭 국민의 심판에 따라 철저한 조사와 그 결과를 받아들여야 한다. 미국을 희생시킨 화이트칼라 범죄자 들에게 보상을 요구하는 연방정부대침체배상법이 필요하다.

저밀도 공영주택과 주택 재건 프로그램 마련

모든 사람에게는 의식주, 의료, 필요한 사회복지를 포함하여 자신과 가족의 건강과 안 녕에 적합한 생활수준을 누릴 권리가 있으며, 실업, 질병, 장애, 배우자의 사망, 노령, 혹 은 불가항력적인 여타의 상황에서 생계 곤란을 당한 경우에 사회보장을 요구할 권리가 있다.
– 세계인권선언

노숙하는 사람들은 인권에 위배되는 온갖 위험 요소들에 노출되어 있다. 위생 상태가 열악하고 질병에 노출되어 있을 뿐 아니라 비바람과 강도, 강간, 살해, 부당한 감금, 그 외 많은 위험들로부터 충분히 보호받 지 못하고 있다. 매일같이 은행들이 1만 개 이상의 주택담보대출 건에 대해 담보권을 행사하고 압류된 주택에 살고 있는 사람들에게 퇴거 명

령하는 상황에서 국제사면위원회는 이런 현실과 350만 미국인 노숙자들 사이의 모순적인 역학 관계를 이야기한다.

모든 국민은 적절한 주택이나 안전한 쉼터 같은 곳을 누릴 수 있어야 한다고 우리는 믿는다. 비전의 빈곤에 시달리는 동시에 가용 토지와 버려지고 압류된 건물들은 넘쳐나는 상황에서 주택과 노숙의 해결책은 우리 가까이에 있다. 나라 구석구석에 도움의 손을 뻗칠 유니버설하우징플랜은 국민 모두에게 주택을 공급할 수 있는 획기적이고 장기적인 방안들을 찾아낼 것이다.

대침체와 주택 압류 사태로 너무 많은 지역사회들이 큰 혼란에 빠졌다. 지역사회를 안정시키고 사회 취약 계층의 가장 기본적인 요구를 충족시킬 저밀도 공영주택과 주택 재건 프로그램이 시급하다. 압류되고 버려진 주택들을 되찾아 활용하려는 노숙자들의 몇몇 생존 기술과 대담한 행동들에 힘입어 이 하우징플랜은 빈곤층을 위해 실제로 실행 가능한 주거 선택권들을 마련할 길을 모색할 것이다.

유니버설하우징플랜은 압류되고 버려진 건물들을 재건하려는 노력을 정당화하고 합법화함으로써 지역사회의 쇠퇴와 노숙을 종식시키는 데 힘쓸 것이다. 대침체 이전의 건물들을 재평가하고 실제 주택 가치에 맞춰 담보대출금을 조정할 것이다. 장기적인 지역사회 개발, 특히 불균형적으로 큰 타격을 입은 유색인종 거주 지역들의 개발을 향한 이런 새로운 접근 방식은 적정 자격을 갖춘 저소득 주택 소유주들의 주거 요구에도 부합할 수 있을 것이다.

나라 구석구석에 도움의 손을 뻗치는 식량 배달 체제 확립

피딩아메리카 회장 비키 에스카라에 따르면 전국적으로 푸드뱅크를 찾는 발길이 30퍼센트 증가했다. 지금 이 나라에는 배고프고 다음 끼니를 어디서 구할지 전혀 알지 못하는 미국인이 5,000만 명 이상이다. '미국 재건하기'에서 에스카라가 말한 이 수치는 신빈곤층, 즉 대침체 때문에 갑자기 빈곤층으로 전락한 중산층 미국인들을 나타낸다. 하지만 사회 곳곳에 만연한 기아 문제는 대침체가 닥치기 훨씬 이전부터 있었다.

어린이들과 노인층은 특별히 배를 곯는 일이 없어야 한다는 데 다들 고개를 끄덕이지만 실제로 엄청난 수의 어린이들과 노인층이 기아에 허덕인다. 심지어 경기가 호황을 맞거나 평균 수준에 머물 때에도 미국은 한 번도 나라 안의 기아 문제를 해결한 적이 없다. 특히 신선한 먹을거리를 구하지 못하는 저소득층의 거주 지역에서 빈곤과 노숙, 기아, 건강 문제들이 서로 뒤얽혀 있다는 것을 우리는 잘 안다. 이런 까닭에 빈곤 성명서는 미국 내 기아를 고발할 뿐 아니라 농업, 가공, 지방 및 전국 유통 센터로의 수송과 관련된 장기적 일자리들을 창출할 유니버설 식량 배달 체제의 개발을 부르짖는 것이다.

'미국 재건하기' 심포지엄에 참여한 환경 평등의 개척자 마조라 카터는 지역 식량 체제를 개선해줄 새로운 기술들을 활용해서 도심지와 지방에 유통이 가능한 방향으로 먹을거리를 기르고자 오랫동안 많은 노력을 기울여왔다. 하지만 카터는 혼자가 아니다. 푸드트러스트, 윌앨런스그로잉파워, 폴리시링크 같은 단체들이 관련 법안을 입법화하고, 건강에 좋고 저렴한 식품에 대한 접근성을 개선시킬 수 있는 모델들을 개발하고, 영양에 대해 아동들과 그 가족들을 교육하는 일에 힘써왔다.

　미국 내 기아는 해결 가능한 문제이다. 기름진 땅과 농장으로 활용 가능한 공간이 많은 대도시들을 확보한 이 나라가 직면해 있는 모든 도전 과제들 중에서 새로운 식량 배달 체제를 마련하는 일은 가장 해결하기 쉬운 사안이다. 유니버설 식량 배달 체제는 신선한 농산물을 통조림에 담아 포장해서 배고픈 사람들에게 배달하는 일에 중점을 둔 지역적, 전국적, 국제적 노력들을 지지 및 촉진할 뿐 아니라 그 과정에서 현재 본인 능력 이하의 일을 하거나 실직 상태인 미국인들을 위해 생활급을 보장하는 장기적 일자리를 창출하도록 독려할 것이다.

교도소와 대량 투옥 문제 점검

　미국에서 빈민층을 상대로 자행되는 불평등 행태가 또 있다. 게다가 그 부당함의 정도는 날로 심해지는 듯하다. 「월스트리트 저널」은 2011년 11월 보고서를 통해 채무자 감옥들이 다시 등장하기 시작했다는 사실을 분명히 했다.[101] 부채를 갚지 못하거나 갚지 않는 채무자들이 지금 감옥에 갇히고 있다. 피의자들이 법원에 출두하지 않으면 채무와 관련해서 구속영장이 발부되도록 신용카드 회사들이 굉장한 솜씨를 발휘한다. 빚을 떠안은 채 먹고살기 위해 발버둥 치는 많은 사람들이 재판 날짜를 맞추지 못해 결국 철창에 갇히고 만다. 그 기사가 언급한 것처럼 어떤 경우에는 법원이 보석금의 일부를 신용카드 회사들에 넘기기도 한다. 대부분의 법원들이 영장 기록을 범죄 유형에 따라 구분해서 보관하지 않기 때문에 전국적인 수치는 아직 알려지지 않았다. 「월스트리트 저널」의 해당 기사를 토대로 그나마 알려진 바는 이 나라를 구성하는 모든 주들의 3분의 1이 2010년 초 이래로 그 같은 영장을 대략 5,000건 발부했다는 것이다.

이것이 바로 범산 복합체를 철저히 정비해야 하는 또 다른 이유이다. 미국의 감옥들이 불균형적으로 아프리카계 미국인들과 라틴아메리카계 미국인들로 넘쳐나는 것과 관련해서 빈곤과 교도소는 서로 직접적인 연관이 있다. 가난은 인종을 가리지 않는다는 점을 기억하라. 구빈곤층에게 일어났던 일이 이제는 신빈곤층을 위협하고 있다. 부당한 인종차별 외에도 가진 걸 전부 잃은 가난한 사람은 부채 때문에 감옥에 갇히는 반면 도덕적으로 파탄이 난 은행가들은 온 나라를 빚더미 위에 올려놓고도 무죄로 풀려나는 이 부패하고 큰 희생을 부르는 체제에 우리는 분노해야 한다. 참된 정의가 사법제도에 뿌리를 내려야 할 때이다.

공공 자산에 대한 적극적인 공공투자

이윤을 앞세워 씨실과 날실처럼 얽혀 있는 빈곤과 교도소의 관계망에 세 번째 낚시꾼이 낚싯대를 드리우고 있다. 간단히 말해서 각 주州는 수십억 달러를 들여 재소자들을 수용하고 민간 기업들은 그들 몫의 이윤을 바란다. 아마도 이런 이유로 미국에서 가장 큰 영리 목적의 사설 교도소 운영업체 CCA가 최근 48개 주의 교도소들을 매입하겠다고 제안한 것일 수도 있다. 주 정부 관료들 앞으로 발송된 그 편지의 사본을 인터넷 신문 〈허핑턴 포스트〉가 입수했고 2012년 2월에 그 거래 제안을 심도 있게 다룬 기사를 게재했다. 그 편지 내용에 의하면 CCA의 운영 제안은 20년 계약에, '각 교도소는 수용 가능한 전체 수감자 인원의 최소 90퍼센트를 항상 채우겠다'라고 확약하는 흥미로운 조건을 내걸고 있었다.[102]

이 제안은 바로 사회 전반에 걸친 우리 시대의 동향, 즉 자기 이윤을 위해 공공 기관을 민영화하려는 돈 많은 기업들의 욕망을 여실히 보여준다. 많은 도시와 주 정부가 예산 문제에 시달리는 상황에서 차터스쿨Charter School* 운동을 통한 공립학교의 민영화나 병원과 정신 질환자 보호시설 등의 민영화는 귀가 솔깃한 반가운 기회이다. 지금 우리는 사유권이나 공공 기관 서비스를 민영화하는 것이 사회 전면에 영향을 미치는 악이라고 말하는 게 아니라, 이윤 추구를 위한 민영화가 위험한 결과를 초래할 수도 있다고 말하는 것이다. 이 공공 기관들은 빈민층을 지원하고 그들의 거처를 마련한다. 하지만 경기 침체에서 우리가 배웠듯이 국민의 관심사보다는 이윤이 무게가 더 나간다. 이런 동향을 우리는 꼭 뒤집어야 한다. 공공 서비스의 공공 재정은 반드시 우선시되어야 한다.

---

* 학부모, 교사, 지역단체 등으로 구성된 공동위원회가 정부 지원으로 학교를 운영하는 특수 교육기관.

근본적인 공정성을 기반으로 한 로비

정계의 눈에는 실업자들이 보이지 않습니다. 그들은 중요한 선거 자금을 기부하지 않거든요. 의회를 상대로 로비를 벌이지도 않고요. 전국실업자협회 같은 건 존재하지도 않습니다.

– 로버트 라이시*

지금 워싱턴 D.C.에서는 1만 3,000명 이상의 유급 로비스트들이 특별 이익집단과 개인들의 옹호자로 활동 중이다. 정부 지원의 근본적 공정성을 원칙으로 하는 로비 회사는 신빈곤층과 근로 빈곤층, 만성 빈곤층의 삶을 개선하는 법률 제정을 목표로 활동하게 될 것이다. 아울러 그들은 그 지지자들의 안녕을 위협하는 기관들의 활동과 입법 행위를 무산시키기 위해 애쓸 것이다. 여기에는 빈곤층에 반하는 차별적 관행들과 주택 및 고용 차별 외에도 빈곤을 이용해 이득을 보려는 부유층과 권력층의 약탈 행위들까지 포함된다.

이런 노력의 결과 고용과 사회복지로의 접근을 부정하는 행태를 합법적으로 꼬집을 수 있는 수단이 마련될 것이고, 빈곤층에 반하는 그 어떤 차별 행위들도 위헌인 동시에 법에 따라 기소할 수 있게 될 것이다.

---

* 미 정치경제학자 및 정치 평론가로서 빌 클린턴 집권 당시 노동부 장관 역임. 현재는 캘리포니아 대학교 버클리 캠퍼스 정책대학원 교수로 재직.

공정한 조세법 제정

모든 시민을 대상으로 공정한 조세가 이뤄지지 않고서는 근본적인 공정성도 있을 수 없다. 공정한 조세법 제정은 진정한 경제 회복에 필수적이다. 소득의 공정성을 추구하는 로비스트들이 '버핏의 규칙Buffett Rule*'과 같은 공정한 조세 법안의 통과를 지원함으로써 미국 최상위 1퍼센트 부유층과 주요 기업들이 그들 몫의 세금을 공평히 부담하도록 할 것이다.

'소득의 공정성' 로비스트들은 끊임없이 세법에 관한 입법안들을 논의하고 가능한 모든 제안을 검토할 것이다. 근본적 공정성을 원칙으로 하는 변호사들도 지속적으로 세법 개정안들을 짜내고 그 외 다양한 계획들과 노력 방안들을 지원할 것이다. 예를 들어 저소득 가구와 근로 빈곤층을 위한 세금 감세, 미국의 사회 안전망 체계를 강화하는 과세와 부유층의 증세, 부유층이 합법적으로 세금 부담에서 벗어날 목적으로 먼 나라에 세운 페이퍼 컴퍼니, 즉 서류상으로만 존재하는 유령 회사들에 대한 규제와 과세, 미국의 일자리를 외부에 위탁하는 기업들에 유익한 감세 조치 중단과 조세제도의 허점을 막는 일 등이 전부 포함된다.

---

* 버핏룰 혹은 버핏세. 연간 소득이 100만 달러 이상인 부유층의 자본소득에 적용되는 부자 증세로서 오바마 대통령이 도입을 적극 시도했으나 상원 통과에 실패.

건강보험 보장

하버드 의과대학교와 케임브리지 의료연맹Cambridge Health Alliance*
이 2009년에 실시한 연구 결과에 따르면 제대로 의료 혜택을 받지 못해
죽는 사망자가 매년 4만 5,000명에 이른다. 민간 건강보험에 들지 못한
취업 연령대 미국인들의 사망 위험은 같은 연령대 보험 가입자들보다
40퍼센트 이상 높으며 이 수치는 1993년 25퍼센트였던 데서 더 늘어난
것이라고 연구원들은 밝혔다.[103] 건강보험을 들지 못한 비보험자들은 꼭
필요한 의료 서비스를 받지 않고 그냥 참는 경우가 많고 그러다 결국 응
급실로 실려 가기가 쉬운데, 이때는 미리 예방할 수 있었던 질병들이 상
당히 진행된 후이거나 벌써 치명적인 상태에 이른 경우가 많다.

　대통령의 의료보험 개혁안으로 수백만 명의 미국인들이 2014년에
는 더 많은 의료 혜택을 누릴 수 있다는 것을 우리는 잘 알고 있다. 하지
만 그 개혁안을 뒤집으려는 우파의 적극적인 노력도 우리는 인식하고
있다. 당파적인 정치적 계략들에 관계없이 그 누구든 건강보험에 가입
이 안 되어서, 혹은 적절한 의료 혜택의 기회가 주어지지 않아서 죽는 일
이 없어야 한다. 단일 보험자 방식을 선택할 수 있는 건강보험이 모든 국
민을 대상으로 실현되어야 하고 우리는 정부 지원의 지역 보건센터와
병원 들에 반드시 투자해야 한다. 그런 후에라야 빈민층과 건강보험 비
가입자들에게 있어서 주된 치료나 조기 사망의 제공처였던 응급실 외에
도 가능한 선택의 폭이 넓어질 것이다.

---

*　지역사회 건강 증진을 위해 보스턴 북쪽에 위치한 시립 및 민간 병원들을 주축으로 설립된
　보건 의료 체제.

백악관 빈곤 퇴치 회의

이 모든 방안들을 실현시키고 가난에 시달리는 미국인들이 영원히 빈곤에서 벗어나도록 도와줄 진지한 운동에 법안 제정의 힘을 더하기 위해서 우리는 백악관 빈곤 퇴치 회의를 외친다.

2009년 1월 29일 자신의 취임식이 있은 지 9일 후 오바마 대통령은 릴리레드베터 평등임금법Lilly Ledbetter Fair Pay Act에 서명했다. 1997년 앨라배마에 위치한 굿이어타이어 공장의 생산 관리자 릴리 레드베터가 조기 퇴직 6개월 전에 남성 동료들과의 임금 차별에 불만을 느껴 동일 임금 소송을 제기했다. 그리고 2007년 미국 연방대법원은 레드베터 대 굿이어타이어앤드러버 사社 재판에서 레드베터에게 불리한 판결을 내렸고 그 결정은 반차별법에 따른 근로자들의 권리를 심하게 제한하는 것이었다. 2009년에 제정된 릴리레드베터 평등임금법은 이러한 임금 차별로부터의 보호책을 되찾아주었다.

1909년 이래로 미 대통령실은 국내 최고의 브레인들을 한자리에 불러 모아 중요한 국가적 사안들의 해결책을 논의하기 위해서 전국 단위의 회의들을 지원해왔다. 1966년 백악관 시민평등권 회의와 현재 진행 중인 백악관 노인문제 회의는 대통령 주도로 소집된 유명한 정책 싱크탱크들의 일부에 불과하다. 백악관 회의들은 해당 관심 분야에서 지정된 시간 안에 미국 대통령을 위한 보고서 준비라는 목표를 달성할 수 있는 그야말로 최고들을 소집한다. 각 회의의 최종 보고서는 행정 및 입법 조치들을 요구할 대통령의 청사진으로 활용된다.

백악관 회의를 위한 인물들을 소집하는 데 오랜 시간을 들일 필요가 없다. 빈곤 감소와 궁극적으로는 퇴치를 목표로 하는 국내 및 국제 프로그램들과 계획들은 벌써 존재한다. 따라서 대통령은 실존하는 모델들과 계획들 중에서 최선을 가려내는 데 기꺼이 자신의 지식과 기술을 이용하려는 헌신적인 정보통 국민들을 선택하기만 하면 된다. 그들 중에는 전에 극심한 빈곤을 겪으면서 그것을 극복하는 방법들을 모색해낸 사람들이 있을 것이다. 조력자와 고문 역할을 하는 전문가들은 빈곤층에 아주 가까이 다가가야 하고 빈곤층의 경험들과 그들이 직면한 도전 과제들을 깊이 인식해야 한다.

3P: 프라이어러티priority, 플랜plan, 그리고 패스path

우리는 정치인도, 정책 입안자도 아니라는 점을 분명히 밝힌다. 대신, 연단에 올라 대중을 향해 중요한 문제들에 대해 외칠 수 있는 복을 받은 민주적 지식인이다. 아울러 우리는 이 백악관 빈곤 퇴치 회의가 소집될 수 있도록 우리에게 주어진 작은 역할에 전념하고 있다.

'일자리 없는 회복'이라는 비현실적인 현실 속에서 빈곤에 허덕이고 있는 수백만 명의 사람들을 감안하여 2013년 1월 21일 대통령의 첫 공식 행보가 백악관 빈곤 퇴치 회의의 소집 발표가 될 수 있도록 도시와 주, 연방정부 관료들에게 진정서를 제출하라고 우리는 전국 방방곡곡의 보통 사람들에게 촉구했다.

백악관 빈곤 퇴치 회의를 소집할 것을 대통령에게 고합니다.

대통령님께

저는 수많은 미국인들이 실업과 불완전고용, 빈곤에 처해 있는데 상위 1퍼센트 부유층 미국인들만을 위해 돌아가는 나라가 지긋지긋합니다. 이에 저는 빈곤에 시달리는 나머지 99퍼센트를 옹호해줄 것과 모든 국민을 위한 장기적인 해결책들과 생활급이 보장된 일자리들을 가져올 백악관 빈곤 퇴치 회의를 소집하기를 대통령님께 강력히 촉구합니다.

우리 나라는 비상사태에 있으며, 용기와 결단력 있는 지도자가 필요합니다. 빈곤에 빠진 국민의 수가 유례를 찾기 힘들 만큼 많은 현시점에서 미국인들에겐 일자리와 즉각적인 해결책이 필요합니다.

저는 이 나라가 빈곤을 종식시키는 데 필요한 자원과 전문 지식을 가지고 있다고 믿습니다. 이 같은 노력은 국가 최고 공직자의 지시에 따라 반드시 국가적 최우선 과제가 되어야 합니다.

빈곤을 완전히 종식시킬 법안들을 우선적으로 처리하고 수백만 명의 실업자들과 가난에 시달리는 가구들을 안심시키고자, 미국 대통령으로서 첫 공식 행보로 백악관 빈곤 퇴치 회의를 소집해주실 것을 저는 간절히 요청합니다.

그럼 이만 줄이겠습니다.

(여기에는 당신의 이름을)

자, 이제 빈곤에 관한 담론을 바꾸는 것과 관련해서 우리 스스로 맡은 바 책임을 다할 때이다. 오늘날과 같은 디지털 시대에는 유튜브, 페이스북, 트위터, 그 외 다양한 소셜 미디어 수단들이 이용 가능하기 때문에 대침체 중에 중산층 혹은 근로자 계층으로서의 자기 기반을 잃어버린 보통 사람들도 자신의 이야기와 해결책들을 경제적인 어려움에 처해 있는 또 다른 사람들과 얼마든지 공유할 수 있다. 만약 빈곤 문제가 '근본적 공정성'으로 풀이된다면 우리는 대중을 일으켜서 사회 변혁이라는 미국 유산에 또 하나의 자랑스러운 장章을 더할 수도 있다.

백악관 회의의 준비 단계로 우리는 전국에 걸쳐 열 개의 타운홀 미팅을 열어서 99퍼센트에 해당하는 각계각층의 사람들이 소득 불평등의 현실에 대해, 늘 제자리걸음인 임금에 대해, 식비, 주거비, 의료비, 교육비 등을 포함한 물가 인상에 대해 논의하도록 할 것이다.

미국의 '제조업 경제 이후의 신경제'라는 맥락에서 빈곤 종식을 정면 돌파할 때에만 이 사안이 의미 있게 다뤄질 수 있음을 우리는 잘 알고 있다. 아울러 미국 국민들이 직면한 도전 과제들을 위에서 아래로, 아래에서 위로 동시에 살펴야 한다는 것도 인식하고 있다. 국민의 힘에서 비롯된 일관된 압력의 약속 없이는 모든 도시와 주와 연방정부들에 흩어져 있는 우리의 대표자들이 백악관 회의 소집을 국가적 우선 과제로 삼고자 로비 활동을 벌일 가망은 거의 없다.

빈곤에 시달리는 5,000만 미국인들과 더불어 우리는 편하게 계속 진실을 부정할 수 있는 부정 보호소에서 활발히 경기가 이뤄지는 행동의 스타디움으로 꼭 옮겨 가야 한다. 우리의 아이들, 그 아이들의 아이들, 우리 나라, 그리고 민주주의의 앞날이 바로 이 실제 위기에 우리가 어떻게 대처하느냐에 달려 있다.

　온 이웃 동네들과 도시들과 주들이 벼랑에 몰려 있으니, 이제 미국 내 빈곤을 재정의하고 더 효과적으로 빈곤에 맞서 싸워야 할 때이다. 미국의 동맥들이 출혈하는 것을 막도록 고안된 지원책들이 돈 많은 소수의 이익을 지키기 위해 헐값에 팔려 갔으니, 그 소수는 꼭 도전받아야 한다.

　상위 1퍼센트 부유층과는 달리 영구 빈곤층과 신빈곤층, 유사 빈곤층은 워싱턴에서 자신들의 소송을 변호해줄 막강한 투사나 로비스트 부대가 없다. 다들 실직을 당하는 판국이어서 개인들이 더 이상 먼 친척들이나 친구들로부터 약간의 도움이나 위안도 기대할 수 없는 정도에 이르면 빈곤은 이제 새로운 의미를 띠게 된다. 대침체의 심각성으로 보건대 빈곤은 더 이상 개인의 재난이 아니다. 빈곤은 사회적 위기이다.

　한때 미국에서 흑인, 장애인, 성적 소수자, 그 외 많은 사람들에 대한 차별과 억압을 만든 파괴적인 언어와 부정적인 고정관념, 뿌리 깊은 편견들을 깨부숴야 했던 것처럼 이제 우리는 미국 내 빈곤을 둘러싼 풍조를 재조정해야 한다. 빈곤의 오명을 벗기고 빈곤의 실재를 인정하는 일은 진정한 빈곤 퇴치에 꼭 필요한 첫걸음이다.

　기회와 긍정, 연민, 용기와 상상이 차고 넘치면 우리는 빈곤을 낡은 유물, 즉 미국이 예전에는 어떠했는지 보여주는 것쯤으로 여기게 될 것이다. 앞으로도 계속될 것이고 꼭 승리할 이 투쟁의 주인공들인 저 귀하고 소중한 민중을 위하여!

×××
부록
×××

빈곤층 순방: 양심에 외치다

2011년 8월 6일~12일 회고록

현재의 경제 상황으로 어려움에 빠진 사람들이
그들은 혼자가 아니며 사람들에게 잊히지 않았다는 것을 알았으면 좋겠습니다.
- 태비스 스마일리

우리가 보통 사람들의 고통에 관한 진실을 말함으로써
가난한 근로자들이 우리 형제 마틴 루서 킹 목사의 유산에서 힘을 얻기를 바랍니다.
- 코넬 웨스트

2011년 8월 6일 우리는 버스에 몸을 싣고 11개 주, 18개 도시를 향해 빈곤층 순방을 떠났다. 그 여정은 강도 높은 것이었지만 깨달음을 주기도 했다. 우리는 미국 빈곤층의 고통에 대해서 국민의 양심에 호소하고 싶었다. 우리는 힘겨운 투쟁과 갈등에 관한 비참한 이야기들을 전해 들었고 대침체로 어려움에 처한 모든 인종의 사람들을 만났다. 놀라운 회복력과 투지와 연민을 보여주는 그들의 행동들은 고무적이었다. 구체적으로 우리가 순방을 어떻게 꾸렸는지 그 매일의 일정을 여기에 싣는다. 이 모든 만남들은 우리 가슴속에 영원히 남을 것이다.

2011년 8월 6일

위스콘신 주, 헤이워드

우리가 처음으로 들른 곳은 토착언어보존운동의 일환인 헤이워드 시의 와두코다딩 오지브웨 언어몰입 차터 학교와 라쿠더레이 부족 사무소였다. 위스콘신 보호구역이 서서히 빈곤에서 벗어남에 따라 교육 영역에서는 진보하고 있지만 의료와 주택 문제로 여전히 어려움을 겪고 있다.

위스콘신 주, 오클레어

위스콘신 주 오클레어에서는 벌써 100년 전부터 그 지역 농민들이 과일과 채소와 그 외 농산물을 도심에 내다 팔았다. 그곳에서 우리는 몽 족 농민들, 즉 베트남전쟁 이후에 미국으로 건너온 베트남 이민자들을 만났다. 나라 경제가 어려우면 흔히 이민자들은 먹고살기가 더 힘들어지기 때문에 우리는 그 이민자들의 이야기를 듣고 싶었다.

위스콘신 주, 매디슨

'매디슨은 땅을 반납하라'라는 전국 운동 단체가 압류당한 두 세대용 주택 앞에서 시위를 벌이고 있을 때 우리 버스가 그 옆에 멈춰 섰다. '주거권은 인권'이라고 믿는 그 단체는 압류당한 주거용 건물들을 점령한다.

그날 저녁 우리는 위스콘신-매디슨 대학교의 저소득층 대학 입학 지원 방안인 '오디세이프로젝트'를 이끄는 학생들과 책임자들과 함께하는 자리를 마련했다. 그 프로젝트의 혜택을 받았던 사람들과 직접 마주한 뜻깊은 방문이었다.

2011년 8월 7일
위스콘신 주, 밀워키

빈곤층 순방 둘째 날 첫 도착지는 밀워키 시에 위치한 그로잉파워 농장시설이었다. 이 신 나는 프로젝트에 참여 중인 근로자들의 절반은 가난에 시달린다. 지역 주민들에게 자율권을 부여해서 각자 식량 체계를 개발하고 일종의 자립심을 키우도록 한다는 그로잉파워의 목표는 참으로 주목할 만하다.

일리노이 주, 시카고

같은 날 우리는 시카고까지 달렸다. 저소득층을 위한 주거 공간으로 45가구를 수용할 수 있는 마틴 루서 킹 레거시 아파트 앞에 버스를 세웠다. 여길 방문한 것은 이 장소가 우리 스스로 맡은 바 임무를 다시 한 번 가슴에 새길 수 있는 상징적인 장소였기 때문이다. 1966년 마틴 루서 킹 목사와 그 가족은 아프리카계 미국인들이 직면한 주택 위기에 관심을 일으키고자 바로 이 아파트 단지에서 살았다.

일리노이 주, 졸리엣

미국 전기노동자연합이 설립한 '정의를 위한 창고 노동자Warehouse Workers for Justice'의 노동자들을 만나기 위해서 우리는 졸리엣으로 향했다. 이 단체는 쉼 없이 구성원들을 옹호한다. 천대당하고 임금을 제대로 받지 못하는 창고, 물류 센터 근로자들이 노동자의 권리를 지키기 위한 자신들의 투쟁과 관련해서 충격적인 사연들을 들려주었다.

일리노이 주, 시카고

우리가 시카고의 낯익은 동네에 도착했을 땐 장대비가 퍼붓고 있었다. 가슴 뛰는 타운홀 미팅을 위해 우리는 사우스사이드 지역의 세인트사비나 성당에 모였다. 선견지명이 있는 운동가 목회자인 마이클 플레거 목사를 모임 진행자로 모시고 수백 명의 시카고 시민들이 우리와 함께 뜨거운 만남을 가졌다. 세인트사비나 공동체는 고령의 시민들이 지금의 경제 대란뿐 아니라 흔히 노인 문제와 함께 발생하는 유기 문제를 피할 수 있도록 사전 대책을 강구하느라 무척 바쁘다. 교회가 80가구를 수용할 수 있는 주택단지를 지은 덕에 다행히 세인트사비나의 많은 고령자 시민들은 그곳에서 살고 있다. 이것은

연장자들을 향한 경의, 존중, 보살핌이라는 아프리카계 미국인들의
전통을 구현하는 것이다.

2011년 8월 8일

미시간 주, 앤아버

우리는 버려진 쇼핑몰 주차장에 버스를 세우고 I-94 고속도로의 갓
길을 따라 걸었다. 인적이 드문 숲길을 지나니, 집과 사회 지위를 잃
은 중년의 백인 남성들과 몇몇 여성들이 밀집한 텐트촌 '주목! 캠프
장'이 나왔다. 가난하고 집 없는 많은 사람들이 현재 '집'이라고 부
르는 곳이다.

미시간 주, 디트로이트

다음에는 디트로이트로 향했다. 첫 목적지는 우드워드아카데미였
다. 전체 학생의 90퍼센트가 무료 급식이나 급식비 할인 혜택을 받
는 그곳에서 우리는 교사, 학생들과 시간을 가졌다. 그곳을 나선 후
에는 디트로이트 시청으로 이동해 상당히 인상적인 타운홀 미팅을
가졌다. 존 코니어스 하원의원이 특별 연사로 참여했으나, 역시 그
행사의 하이라이트는 현재 경기 불황에 시달리는 사람들의 솔직하
고도 분노에 찬 목소리였다.

오하이오 주, 애크런

그날 저녁의 마지막 행사로 애크런 지역에서 가장 가난한 동네에 있
는 밀러애버뉴유나이티드 그리스도 교회에 들렀다. 그곳에서 우리

는 참전 용사 출신의 노숙자들이 전하는 가슴 아픈 사연을 통해 그
들의 길거리 삶을 보았고 그들의 삶이 어떻게 빈곤으로 무너졌는지
알게 되었다.

2011년 8월 9일
웨스트버지니아 주, 찰스턴

찰스턴에서 2010년 어퍼빅브랜치 광산 참사에서 살아남은 생존자
들의 이야기를 듣고 우리는 침묵에 빠졌다. 이 참사로 인한 사망자
는 스무 명이 훨씬 넘었다. 그곳에서는 참사 이후 삶의 터전을 다시
세우는 일이 빈곤만큼이나 중요한 문제였다.

메릴랜드 주, 캐피틀하이츠

가톨릭 자선단체가 참전 용사와 노숙자 등 독신 남성들을 위해 운
영하는 프린스조지스하우스 비상대피소를 방문하려던 우리 일정은
법률 절차상의 문제로 취소되었다.
대신 그날 밤 우리는 워싱턴 D.C. 3가와 E가를 잇는 차갑고 딱딱한
거리에서 잠을 청했다. 박스를 깔고 앉은 우리가 집 없이 별빛 아래
에서 지내는 삶에 대해 이야기를 나누는 사이, 임신한 소녀를 비롯
해 노숙하는 청소년들이 우리 곁을 지켰다.

2011년 8월 10일
워싱턴 D.C.

'미국 개신교가 낳은 국민 시인'으로 유명한 93세의 가드너 C. 테일

러 목사에게 경의를 표하고자 우리는 개혁침례교전국총회를 찾아 갔다. 그러고 나서 우리는 D.C.센트럴키친DCCK으로 향했다. 여기 는 과거에 실직과 노숙을 경험한 요리사들이 궁극적으로 쉼터와 임 시 주택, 재활 센터 등으로 배달될 음식을 만드는 곳이다. DCCK는 몸을 튼튼히 하고 마음에 힘을 불어넣고 공동체를 세우는 수단으로 음식을 이용하자는 좌우명을 가지고 있다.

2011년 8월 11일

조지아 주, 애틀랜타

에버니저 감리교회 지하실에서 우리는 '조지아 라틴계 선출직 공무 원 연합회Georgia Association of Latino Elected Officials'의 회원들과 문서 상 허가를 받거나 받지 않은 멕시코 출신의 노동자들을 만났다. 여 기서 겨우 반 블록 떨어진 곳에서는 트롤리리빙웰팜의 설립자를 만나 애틀랜타의 심장부에서 지역사회 기반의 식량 체계를 개발하 고자 하는 그 단체의 비전에 대해 논의했다.

애틀랜타에서 우리의 영웅이자 영감의 원천인 킹 목사에게 경의를 표하는 시간을 갖지 않았다면 우리의 마음 한구석이 허전했을 것이 다. 우리는 킹 목사와 그의 부인 코레타 스콧 킹 여사의 묘지를 찾아 가 헌화하고 묵념했다.

미시시피 주, 칼레도니아

우리는 데이빗과 리 윌슨이 사는 미시시피 주 칼레도니아로 차를 몰 았다. 군인이었던 데이빗은 자식들이 건강보험 혜택을 받을 수 있도록 자신의 복무 기간을 연장했다. 윌슨 부부는 '사랑의 집짓기' 단체에서 지어준 새집 문을 활짝 열고 반갑게 우리를 맞아주었고 그날 밤 우리는 그들의 열 명의 자식들과 개 한 마리, 고양이 두 마리와 함께 그 집에 머물 수 있었다.

앨라배마 주, 버밍햄

버밍햄에서 다논프로젝트 팀과 미팅을 통해 우리는 개인과 집단의 구원의 힘에 대해 배웠다. 그 단체는 전에 비폭력 범죄들로 투옥된 적이 있는 사람들과 일한다. 주로 젊은이들에게 두 번째 기회를 제공하고 그들이 삶을 제자리로 돌릴 수 있게 도와주는 그 단체를 통해서 우리는 다시 한 번 생생한 연민의 장을 목격했다.

미시시피 주, 콜럼버스

그날 밤 우리는 윌마 마이노의 집을 방문했다. 그녀의 아들 스티비는 매그놀리아볼 미식축구 경기에서 뛰다가 목이 부러졌다. 스티비는 전신 마비 상태이고 그 후 16년간 윌마는 아주 작고 낡은 집에서 아들을 돌봤다. 우리가 찾아갔을 때 윌마는 '사랑의 집짓기'에서 지어 준 널찍한 새집에서 우리를 맞이했다.

저소득층, 노인, 장애인 가족들이 자급자족 능력을 기를 수 있도록 필요한 서비스들을 제공함으로써 지역 수준의 빈곤과 싸우고 있는 단체. 행동 기관 프레리 오퍼튜니티의 이야기를 듣기 위해서 우리는 짬을 냈다. 우리가 본 그 기관의 활동 참여자들은 전문적이고 자발적이었을 뿐 아니라 재능도 있어서 일하고자 하는 열망이 대단해 보였다. 그들에 관한 한, 꼭 하나 없는 게 있다면 그것은 바로 지역 내 일자리였다.

2011년 8월 12일

미시시피 주, 클라크스데일

클라크스데일에서는 그라운드제로블루스클럽을 찾아가 서정적이고 듣기 좋은 블루스 같은 시간을 가졌다. 이 클럽에서 코호마 오퍼튜니티와 그 외 지역사회 서비스 기관들이 팀을 이루어 편안하면서도 힘이 솟는 분위기 속에 저소득 가구들을 대상으로 무료 점심을 제공했다.

테네시 주, 멤피스

'빈곤층 순방: 양심에 외치다'는 마땅히 멤피스에서 끝났다. 우선 우리는 국립인권박물관에 들렀고 거기서 1968년도 환경미화원들, 킹 목사가 암살당하기 직전에 벌인 투쟁의 주인공들이었던 사람들 몇몇을 만났다. 아울러 고용인의 임금과 생계를 위협하는 위생 시설의 민영화 계획을 놓고 시 당국과 분쟁에 휘말린 지금의 환경미화원들도 만났다.

이내 우리는 킹 목사의 사망 장소인 역사적인 로레인 모텔에 들러 잠시 숨을 골랐다. 테네시 주 멤피스에 위치한 세인트앤드루아프리칸 감리교회에서 멋진 타운홀 미팅을 갖는 것을 끝으로 우리는 모든 공식적인 일정을 마쳤다.

XXX
옮긴이의 말
XXX

우리 서로 같고도 다른 세상

누구나 청바지를 입어요, 다들 똑같죠, 그런데 실은 똑같지 않거든요. 평등 정신이 심각한 불평등 요소들과 얽혀 있어요. 그러다 보니 스트레스가 아주 심한 상황으로 치닫는 것이지요.

– 알랭 드 보통, 2009년 7월 테드 글로벌 강연 '보다 온화하고 부드러운 성공 철학A Kinder, Gentler Philosophy of Success' 중에서

인간 삶에 관한 여느 일이 그렇듯 가난과 부도 매우 복잡한 문제이다. 먹고사는 것과 직결된 문제이기에 이 책의 저자도, 독자도 누구 하나 이 문제에서 자유롭지 못하다. 그런데 워낙 복잡하게 얽히고설켜서 해결책을 찾고 싶어도 어디서부터 시작해야 할지, 도대체 해결이 가능하긴 한 것인지 알 수 없어서 포기할 때가 많다. "세상이 원래 그렇고 사는 게 다 그런 것이지"라고 한숨지으면서. 그러나 마냥 눈을 감고 지낼 수는 없다. 달걀로 바위 치는 격이라도 뭐든 시도해야 한다. 그렇지 않으면 내일도 어제와 같을 것이고 오늘도 온종일 헤매기만 하다가 해가 질 것이기 때문이다.

2009년 7월 테드 글로벌 강연 중에 작가 알랭 드 보통은 지난 몇백 년간 가난을 이해하는 우리 시각의 변화를 'unfortunate'와 'loser'로 간결하게 이야기했다. 그의 말처럼 오늘날 우리는 내가 이렇게 살게 된 책임이 신이 아닌 '나'에게 있다고 믿는 경우가 많다. 이 책의 두 저자, 스마일리와 코넬 박사는 조금 더 나아가 사회구조를 말한다. 애초에 이 사회가 누군가는 가난할 수밖에 없는 구조로 만들어졌다면 가난한 이들의 고통을 사회가 구조적으로 분담해야 마땅할 것이다. 이 책의 저자들이 빈곤의 존재를 인정할 것과 그 원인을 바로 규정할 것을 특별히 강조하는 이유도 바로 지금 우리 사회 구성원들의 가난을 더 이상 개인의 탓으로 돌릴 수 없기 때문이다.

단돈 몇 달러라도 아끼려는 사람들과, 자식의 신발을 사야 하는데 푸드스탬프 말고는 가진 게 없는 사람들이 자연히 만나서 현금과 푸드스탬프를 맞교환하는 것이 현실이다. 이미 언급한 것처럼 이 사회는 우리 모두가 평등하다고 광고하지만 실은 그러지 못하다. 어느 다국적기업의 설립자가 즐겨 신은 운동화를 수많은 사람들도 손쉽게 구입해 신을 수 있다는 것과 평등은 전혀 별개의 사안이다. 2011년 『포브스』 발표에 따르면 그 설립자는 미국에서 39번째, 세계에서 110번째로 재산이 많았다.

이 책에 인용된 아리스토텔레스의 말, '민주국가라면 부자들보다 가난한 사람들의 힘이 더 셀 것이다. 그들이 수적으로 우세하고 다수의 뜻이 으뜸이기 때문'이라는 구절이 오래도록 잊히지 않는다. 가진 자들보다 못 가진 자들이 더 많은 상황에서 다수의 뜻이 통하지 않는 나라는 어떤 나라인가? 민주주의에 여러 갈래가 있지만 국민 누구나 한 표를 행사

하는 힘은 평등하고 정부는 국민의 복지를 위해 존재한다는 기본 원칙
에는 차이가 없을 것이다.

어쨌거나 기존의 사회구조를 탈바꿈하는 차원의 변화를 기득권 계
층이 시작하는 경우는 무척 드물다. 이미 가진 자, 힘 있는 자들은 혁명
에 불을 붙이지 않는다. 그들의 입장에선 굳이 자기 것을 털어 가진 게
없는 약한 자들과 나눌 필요가 없다. 그래서 더더욱 못 가진 사람들, 약
한 사람들이 꿈을 가져야 한다. 희망을 잃지 말아야 한다. 상상의 날갯짓
을 계속해야 한다. 돈과 권력을 손에 쥔 자들이 두려워하는 것이 있다면
그것은 바로 지칠 줄 모르는 약한 자들이 가슴에 품은 꿈과 희망, 상상의
날개일 것이다.

×××
인용문 출처
×××

1) Byron Pitts, 'Half of U.S. Poor or Low-Income', CBS News, 2011년 12월 15일.
http://www.cbsnews.com/8301-201_162-57343397/census-data-half-of-u.s-poor-or-low-income/

2) Annalyn Censky, 'How the Middle Class Became the Underclass', 〈CNN Money〉, 2011년 2월 16일.
http://money.cnn.com/2011/02/16/news/economy/middle_class/index.htm

3) Don Peck, 'Can the Middle Class Be Saved?', 『The Atlantic』, 2011년 9월.
http://www.theatlantic.com/magazine/archive/2011/09/can-the-middle-class-be-saved/308600/

4) Jesse Washington, 'Food Stamp Families to Critics: Walk in Our Shoes', 〈Equal Voice〉, 2012년 1월 26일.
http://www.equalvoiceforfamilies.org/food-stamp-families-to-critics-walk-in-our-shoes/
'Gingrich: Obama Is the Best Food Stamp President in American History', CBS News, 2012년 1월 19일.
CBS 뉴스는 "깅리치가 상습적으로 오바마 대통령을 'The Food Stamp President'라고 부르고 있다. 이 별명은 (……) 깅리치 자신과 오바마 대통령의 이미지를 '취업을 통한 월급 VS 푸드스탬프'로 자주 그려내고 있다"라고 보도했다.
http://mediamatters.org/research/2012/01/19/fox-gets-the-message-calls-obama-the-food-stamp/186357

5) 위의 출처와 동일.

6) Judy Mosca, 'Poorhouses in 19th-Century America', helium.com, 2009년 7월 19일.
http://www.helium.com/items/1521990-poverty-in-america

7) Michael B. Katz & Mark J. Stern, 'Poverty in Twentieth-Century America', America at the Millennium Project, Working Paper #7, 2001년 11월.
http://www.sp2.upenn.edu/america2000/wp7all.pdf

8) Jerry D. Marx, Ph.D., 'Women, Settlements, and the Redefinition of Poverty', The Social Welfare History Project, 발표 날짜 불분명.
http://www.socialwelfarehistory.com/eras/women-settlements-and-poverty/

9) 위의 출처와 동일.

10) 제2차 세계대전 당시 미국 내 전선에 관한 이야기들과 공예품, 사진 등을 보여주는 미국 국립공원 관리청의 온라인 전시회 'Rosie the Riveter: Women Working During World War II'.
http://www.nps.gov/pwro/collection/website/home.htm

11) Katz & Stern, 'Poverty in Twentieth-Century America'.

12) 위의 출처와 동일.

13) Michael Harrington, 『The Other America: Poverty in the United States』, New York: Macmillan Book, 1962년.

14) Maurice Isserman, 'Michael Harrington: Warrior on Poverty', 「The New York Times」, 2009년 6월 19일.
http://www.nytimes.com/2009/06/21/books/review/Isserman-t.html

15) Katz & Stern, 'Poverty in Twentieth-Century America'.

16) James Truslow Adams, 『The Epic of America』, New York: Little Brown & Company, 1931년.

17) Woodrow Wilson 대통령의 취임 연설, 1913년 3월 4일.
http://www.bartleby.com/124/pres44.html

18) David Kamp, 'Rethinking the American Dream', 『Vanity Fair』, 2009년 4월.
http://www.vanityfair.com/culture/features/2009/04/american-dream200904

19) 위의 출처와 동일.

20) 더 자세한 사항은 아래 사이트를 참조.
https://www.metlife.com/individual/life-advice/personal-finance/american-dream-study/index.html

21) Marisol Bello, 'Report: Child Homelessness Up 33% in 3 Years', 「USA Today」, 2011년 12월 13일.
http://usatoday30.usatoday.com/news/nation/story/2011-12-12/homeless-children-increase/51851146/1
National Coalition for the Homelessness가 2009년 9월 발행한 소식지.
http://www.nationalhomeless.org/factsheets/veterans.html

22) 'Poverty in America: A Threat to the Common Good', Catholic Charities Policy paper, 2006년.
http://catholicsocialservice.org/home/files/doc_details/104-poverty-in-america-a-threat-to-the-common-good

23) 필라델피아 남부 지역을 중심으로 한 Kathryn Edin의 연구에 관한 Don Peck의 인터뷰, 'How a New Jobless Era Will Transform America', 『The Atlantic』, 2010년 3월.
http://www.theatlantic.com/magazine/archive/2010/03/how-a-new-jobless-era-will-transform-america/307919/

24) Julia Cass, 'Held Captive: Child Poverty in America', Children's Defense Fund, 2010년 12월 20일.

http://www.childrensdefense.org/child-research-data-publications/data/held-captive-child-poverty.html

25) North Delta Youth Development Center의 설립자이자 책임자인 Robert Jamison과 진행한 Julia Cass의 2009년 인터뷰.

26) 'America's Youngest Outcasts 2010', The National Center on Family Homelessness, 2011년 12월.
http://www.homelesschildrenamerica.org/whatsnew.php
http://www.homelesschildrenamerica.org/whatsnew_press-coverage.php
http://www.homelesschildrenamerica.org/media/184.pdf

27) 'State of America's Children', Children's Defense Fund, 2011년.
http://www.childrensdefense.org/child-research-data-publications/state-of-americas-children-2011/
Annie E. Casey Foundation 전무이사 Patrick McCarthy가 2011년 8월 23일 〈Tavis Smiley〉에 출연해 가졌던 인터뷰.
http://video.pbs.org/video/2102593097/

28) Marian Wright Edelman, 'Children Can't Vote but You Can - And Must', 2010년 10월 22일.
http://www.childrensdefense.org/newsroom/child-watch-columns/child-watch-documents/children-cant-vote-but-you-can-and-must.html

29) Michael Harrington, 『The Other America: Poverty in the United States』, New York: Macmillan Book, 1962년.

30) Richard Nixon 대통령 후보 지명 연설, 플로리다 마이애미 비치에서 열린 공화당 전당 대회, 1968년 8월 8일.

31) Francis Wilkinson, 'Benign Neglect', 「The New York Times」, 2008년 6월 11일.
http://campaignstops.blogs.nytimes.com/2008/06/11/benign-neglect/
Adam Clymer, 'Former Senator Daniel Patrick Moynihan Dead at 76', 「The New York Times」, 2003년 3월 26일.
http://www.nytimes.com/2003/03/26/obituaries/26CND-MOYNIHAN.html

32) Jimmy Carter 대통령의 텔레비전 연설 'Crisis of Confidence', 1979년 7월 15일.
http://www.pbs.org/wgbh/americanexperience/features/primary-resources/carter-crisis/

33) 빈곤 순방 제4장의 일부로 진행된 Jeffrey Sachs와의 인터뷰 'Nothing Moves without Us', 〈Tavis Smiley〉, 2011년 10월 13일.
http://video.pbs.org/video/2153490649/

34) Peter Dreier, 'Reagan's Legacy: Homelessness in America', The National Housing Institute가 2004년 5월/6월에 발행한 135호 잡지에 실림.
http://www.nhi.org/online/issues/135/reagan.html

35) 위의 출처와 동일.

36) Robert Lekachman, 『Greed Is Not Enough: Reaganomics』, New York: Random House, 1982년 2월.

37) Kristin Seefeldt 외 공동 집필, 『At Risk: America's Poor During and After the Great Recession』, School of Public and Environmental Affairs, Indiana University Bloomington, 2012년

1월.

38) 'Remaking America: From Poverty to Prosperity' 심포지엄 중 Barbara Ehrenreich 발언 내용. 본 행사는 2012년 1월 12일 워싱턴 D.C.에 위치한 조지워싱턴 대학교에서 이뤄졌고 C-SPAN을 통해 전국으로 방영되었다.

39) Peter Dreier, 'Reagan's Real Legacy', 『The Nation』, 2011년 2월 4일.
http://www.thenation.com/article/158321/reagans-real-legacy#axzz2WiuaDTjY
레이건 대통령은 몰인정하다는 비난에 맞서 자신을 변호했다.
http://thereaganyears.tripod.com/reaganquotes.htm

40) 위의 출처와 동일.

41) Ehrenreich, 'Remaking America' 심포지엄 중 발언 내용.

42) 위의 출처와 동일.

43) 〈Rush Limbaugh Show〉 중 'The Smiley & West Poverty Tour Stops at ABC, C-SPAN, and MSNBC', 2011년 8월 11일 방송 원고.
http://www.povertytour.smileyandwest.com/2011/08/1846/

44) 'United States Department of Agriculture: Personal Responsibility and Work Opportunity Reconciliation Act', 1996년 8월 22일
http://www.fns.usda.gov/snap/rules/Legislation/history/PL_104-193.htm

45) Sanford F. Schram & Joe Soss, 'Success Stories: Welfare Reform, Policy Discourse, and the Politics of Research', 『The Annals of the American Academy of Political and Social Science』(Vol. 577), 2001년 9월.
http://www.jstor.org/discover/10.2307/1049822?uid=18927784 & uid=3738392 & uid=2134 & uid=2 & uid=70 & uid=3 & uid=5910920 & uid=5910936 & uid=25896 & uid=67 & uid=62 & uid=5911704 & sid=21102509080427

46) Liz Schott & LaDonna Pavetti, 'Many States Cutting TANF Benefits Harshly Despite Unemployment and Unprecedented Need', Center on Budget and Policy Priorities, 2011년 10월 3일.
http://www.cbpp.org/cms/?fa=view & id=3498

47) 전, 현직 후보자들의 웹사이트를 방문하면 다양한 인용문을 통해 그들의 정치적 시각을 확인할 수 있다.

48) Robert Rector & Rachel Sheffield, 'What Is Poverty in the United States Today?', The Heritage Foundation, 2011년 7월 19일.
http://www.heritage.org/research/reports/2011/07/what-is-poverty

49) U.S. Department of Agriculture, Center for Nutrition and Policy Promotion, 'Official USDA Food Plans: Cost of Food at Home at Four Levels, U.S. Average', 2011년 7월.
http://www.cnpp.usda.gov/Publications/FoodPlans/2011/CostofFoodJul2011.pdf

50) Bruce Watson, 'Does It Really Cost This Tea Party Congressman $200,000 to Feed His Family?', 『Daily Finance』, 2011년 9월 11일.
http://www.dailyfinance.com/2011/09/19/does-it-really-cost-this-tea-party-congressman-200-000-to-feed/

51) 〈The Colbert Report〉, 2011년 7월 26일 방송에서 Peter Edelman은 왜 미국이 미군을 본국으로 철수할 수 없는지, 빈곤과의 전쟁에 관한 한 왜 무기 대신 쟁기를 쥐고 사람 살리는 일에 나서지 못하는지를 설명했다.

http://www.colbertnation.com/the-colbert-report-videos/393169/july-26-2011/-poor--in-america---peter-edelman

52) Ilyce Glink , 'Tea Party: Don't Let Renters Vote', CBS News, 2010년 12월 1일.
http://www.cbsnews.com/8301-505145_162-37143350/tea-party-dont-let-renters-vote/

53) Tonyaa Weathersbee, 'Tea Party Just Rich Whites Exploiting Poor Ones', BlackAmericaWeb.com, 2010년 10월 6일.
http://www.africanamerica.org/topic/tea-party-just-rich-whites-exploiting-poor-ones

54) Matt Taibbi, 'The Truth about the Tea Party: Matt Taibbi Takes Down the Far-Right Monster and the Corporate Insiders Who Created It', RollingStone.com, 2010년 9월 28일.
http://www.rollingstone.com/politics/news/matt-taibbi-on-the-tea-party-20100928

55) 'Many See Those in Poverty as Not So Poor', RasmussenReports.com, 2011년 8월 19일.
http://www.rasmussenreports.com/public_content/lifestyle/general_lifestyle/august_2011/many_see_those_in_poverty_as_not_so_poor

56) Lymari Morales, 'Fewer Americans See U.S. Divided into 'Haves', 'Have-nots'', Gallup.com, 2011년 12월 15일.
http://www.gallup.com/poll/151556/fewer-americans-divided-haves-nots.aspx

57) Rasmussen Report, '45% Say Government Programs Increase Poverty in America', 2011년 4월 6일.
http://www.rasmussenreports.com/public_content/business/general_business/april_2011/45_say_government_programs_increase_poverty_in_america

58) 'Bill O'Reily, Tavis Smiley, and Cornel West Have Fiery Clash Over Wall Street, Poverty', 〈Roland Martin Reports〉, 2011년 10월 12일.
http://rolandmartinreports.com/blog/2011/10/bill-oreilly-tavis-smiley-and-cornel-west-have-fiery-clash-over-wall-street-poverty-video/

59) Bruce Watson, 'It's Official: Wealth Gap Has Turned America into a Seething Pit of Class Resentment', DailyFinance.com, 2012년 1월 13일.
http://www.dailyfinance.com/2012/01/13/its-official-wealth-gap-has-turned-america-into-a-seething-pit/

60) Howard Zinn, 『A People's History of the United States: 1492-Present』,New York: Harper Perennial, 2003년.

61) 'Industrial Revolution' 기사, History.com.
http://www.history.com/topics/industrial-revolution
http://www.history.com/topics/child-labor

62) Andrew Gavin Marshall, 'Robber Barons, Revolution, and Social Control: The Century of Social Engineering, Part I', Global Research.ca, 2011년 3월 10일.
http://www.globalresearch.ca/robber-barons-revolution-and-social-control/23639

63) http://www.history.com/topics/child-labor

64) S. Mintz, 'Learn about the Gilded age', 〈Digital History〉, 2007년.
http://www.digitalhistory.uh.edu/teachers/modules/gilded_age/

65) Stephanie Siek, 'King's Final Message: Poverty is a civil rights battle', CNN, 2012년 1월

16일.
http://inamerica.blogs.cnn.com/2012/01/16/kings-final-message-poverty-is-a-civil-rights-battle/

66) Martin Luther King, Jr. 'Beyond Vietnam / A Time to Break Silence' 전체 원고.
http://www.mlkonline.net/vietnam.html

67) Teresa Tritch, 'How the Deficit Got This Big', 「The New York Times」, 2011년 7월 23일.
http://www.nytimes.com/2011/07/24/opinion/sunday/24sun4.html?_r=0

68) David Szydloski, 'The Costs of War: A Must-Read Study', The Watson Center for International Studies at Brown University, 2011년 9월 23일.
http://inthesetimes.com/ittlist/entry/12001/the_costs_of_war_a_must_read_study/

69) 위의 출처와 동일.

70) Bill Lyne, 'Fortunate Sons and Daughter', United Faculty of Washington State 블로그 포스팅, 2009년 11월 12일.
http://www.ufws.org/2009/11/12/fortunate-sons-and-daughters/

71) John Glaser, 'Billions Lost in Secret Federal Reserve Funding of Iraq War', news.antiwar.com, 2011년 10월 25일.
http://news.antiwar.com/2011/10/25/billions-lost-in-secret-federal-reserve-funding-of-iraq-war/

72) 'State of Homelessness in America 2011', National Alliance to End Homelessness, 2011년.
http://www.endhomelessness.org/library/entry/state-of-homelessness-in-america-2011
의학박사 Ellem Bassuk 외 공동 집필, 'America's Youngest Outcasts 2010', National Center on Family Homelessness.
http://www.homelesschildrenamerica.org/media/NCFH_AmericaOutcast2010_web.pdf

73) Stephanie Siek, 'King's Final Message', 2012년 1월 16일, CNN.

74) 'Facing the School Dropout Dilemma', The American Psychological Association.
http://www.apa.org/pi/families/resources/school-dropout-prevention.aspx

75) Julia Cass, 'Held Captive: Child Poverty in America', Children's Defense Fund, 2010년 12월 20일.

76) Roger Caldwell, 'Single Parents More Likely to Be Below Poverty Line, According to Census', imperfectparent.com, 2011년 9월 17일.
http://www.imperfectparent.com/topics/2011/09/17/single-parents-more-likely-to-be-below-poverty-line-according-to-census/

77) 위의 출처와 동일.

78) Les Christie, 'Number of People without Health Insurance Climbs', 〈CNN Money〉, 2011월 9월 12일.
http://money.cnn.com/2011/09/13/news/economy/census_bureau_health_insurance/index.htm

79) Bruce Western & Becky Pettit, 〈Incarceration & Social Inequality〉, The American Academy of Arts & Sciences가 발행하는 학술지 2010년 여름호(vol.139, no.3).

80) Michelle Alexander, 『The New Jim Crow: Mass Incarceration in the Age of Colorblindness』.

81) Peter S. Goodman, 'Despite Signs of Recovery, Chronic Joblessness Rises', 「The New York Times」, 2010년 2월 20일.
http://www.nytimes.com/2010/02/21/business/economy/21unemployed.html?pagewanted=all & _r=0

82) Charles Duhigg & Keith Bradsher 'Jobs aren't coming back to U.S.', 「The New York Times」, 2012년 1월 23일.
http://www.heraldtribune.com/article/20120123/ARTICLE/301239999

83) Anika Ananda & Gus Lubin, 'Iconic Products That America Doesn't Make Anymore', Businessinsider.com, 2010년 11월 1일.
http://www.businessinsider.com/19-iconic-products-that-america-doesnt-make-anymore-2010-11?op=1

84) 제2차 세계대전 이후 유럽을 구하기 위한 정책들과 원조 계획들에 대해 더 알고 싶다면 다음 사이트들을 방문할 것.
(1)the Truman Plan, U.S. National Archives and Records Administration
http://www.archives.gov/exhibits/featured_documents/marshall_plan/
(2)the Marshall Plan, Spartacus.schoolnet.com
http://www.spartacus.schoolnet.co.uk/USAmarshallP.htm
(3)What economic conditions existed in Europe after World War II?
http://curiosity.discovery.com/question/european-economic-conditions-after-wwii

85) 〈Tavis Smiley〉에 출연한 Jeffrey Sachs의 발언 내용. 더 자세한 사항은 인용문 출처 (33)번 참고.

86) Jason DeParle, Robert Gebeloff, Sabrina Tavernise, 'Older Suburban and Struggling, 'Near Poor' Startle the Census', 「The New York Times」, 2011년 11월 18일.
http://www.nytimes.com/2011/11/19/us/census-measures-those-not-quite-in-poverty-but-struggling.html?pagewanted=all & _r=0

87) 'Number of Workers Living Paycheck to Paycheck at Pre-Recession Levels, Reveals New CareerBuilder Survey', CareerBuilder Press, 2011년 8월 11일.
http://www.careerbuilder.com/share/aboutus/pressreleasesdetail.aspx?sd=8%2F11%2F2011 & id=pr651 & ed=12%2F31%2F2011

88) Judy Isikow, 'The Comeback: Defining the American middle Class Recession', ABC World News Special Report.
'Ten Years ago, health insurance cost American families $979.1 billion per year. Today, America is spending $1.88 trillion (……) according to Health Affairs, a leading journal of health policy in the United States.'
http://abcnews.go.com/WN/comeback-diane-sawyer-reports-american-middle-class/story?id=10085746

89) 위의 출처와 동일.

90) Caroline Ratcliffe, Signe-Mary McKernan 간이 보고서(Brief 14), 'Childhood Poverty Persistence: Facts and Consequences', The Urban Institute, 2010년 6월.
http://www.urban.org/UploadedPDF/412126-child-poverty-persistence.pdf

91) Households and Families: 2010년 Census Summary File.

http://factfinder2.census.gov/faces/tableservices/jsf/pages/productview. xhtml?pid=ACS_10_3YR_DP05 & prodType=table

92) Loren Thompson, 'Intelligence Community Fears U.S. Manufacturing Decline', Forbes. com, 2011년 1월 14일.

http://www.forbes.com/sites/beltway/2011/02/14/intelligence-community-fears-u-s-manufacturing-decline/

93) Molly Line, 'Job Hunt: Blue Collar Workers Struggle Most' Fox News가 운영하는 Live Shots 블로그, 2010년 3월 23일.

http://liveshots.blogs.foxnews.com/2010/03/23/job-hunt-blue-collar-workers-struggle-most/

94) 위의 출처와 동일.

95) 'Supplemental Nutrition Assistance Program: Number of persons participating', U.S. Department of Agriculture, 2012년 2월 1일.

http://www.fns.usda.gov/pd/34snapmonthly.htm

96) Kimberly Weisul, '23 Who Laughed at the Recession', CNNMoney.com, 2010년 4월 28일.

http://money.cnn.com/galleries/2010/fortune/1004/gallery.fortune500_recession_big_profits.fortune/

97) 진행자 Margaret Brennan과 Christopher Paton 인터뷰 동영상, 'JPMorgan's Paton Discusses U.S. Food Stamp Use', Bloomsberg.com , 2010년 1월 8일.

http://www.bloomberg.com/news/2010-10-08/jpmorgan-s-paton-says-food-stamp-use-to-keep-rising-video.html

98) Rolfe Winkler, 'Break Up the Big Banks', Reuters, 2009년 9월 15일.

http://blogs.reuters.com/rolfe-winkler/2009/09/15/break-up-the-big-banks/

99) Emily Walker, 'Health Insurers Post Record Profits', 2010년 2월 12일.

http://abcnews.go.com/Health/HealthCare/health-insurers-post-record-profits/story?id=9818699

100) Gary Strauss, 'For the Wealthy, A Return to Luxury Spending', 「USA Today」, 2011년 2월 21일.

http://usatoday30.usatoday.com/money/economy/2011-02-21-1Aluxury21_CV_N.htm

101) Jessica Silver-Greenberg, 'Welcome to Debtor's Prison 2011 Edition', 「Wall Street Journal」, 2011년 3월 17일.

http://online.wsj.com/news/articles/SB10001424052748704396504576204553811636610

102) Chris Kirkham, 'Private Prison Corporation Offers Cash in Exchange for State Prisons', Huffington Post.com.

http://www.huffingtonpost.com/2012/02/14/private-prisons-buying-state-prisons_n_1272143.html

103) David Cecere, 'New Study Finds 45,000 Deaths Annually Linked to Lack of Health Coverage', Cambridge Health Alliance, 2009년 9월 17일.

http://news.harvard.edu/gazette/story/2009/09/new-study-finds-45000-deaths-annually-linked-to-lack-of-health-coverage/